Bodo H. Hauser / Ulrich Kienzle

NOCH FRAGEN, KIENZLE?
JA, HAUSER!

Der offizielle deutsche Meinungsführer

Herausgegeben von Stephan Reichenberger
unter Mitarbeit von Karl Hoche und Friederike Rasponi

Hoffmann und Campe

Die Deutsche Bibliothek – CIP-Einheitsaufnahme
Noch Fragen, Kienzle? Ja, Hauser! : Der offizielle deutsche Meinungsführer /
Bodo H. Hauser/Ulrich Kienzle. Hrsg. von Stephan Reichenberger unter
Mitarb. von Karl Hoche und Friederike Rasponi.
– 3. Aufl. – Hamburg : Hoffmann und Campe, 1995
ISBN 3-455-11075-4
NE: Hauser, Bodo H.; Kienzle, Ulrich; Reichenberger, Stephan [Hrsg.]

INHALT

Einführung

Der offizielle deutsche Meinungsführer

ZWEI MEINUNGEN ZUM PREIS VON EINER!
Ein Buch für alle Streitfälle

»Ein Kerl muß eine Meinung haben«, meinte Alfred Döblin. Die Frage ist nur: welche? Eine bestimmte Meinung oder Hauptsache irgendeine? Und: Was müssen zwei Kerle haben – zwei Meinungen? Irgendzwei? Oder möglichst gegensätzliche? Überhaupt: Sollten Kerle mit ihrer Meinung nicht besser hinterm Berg halten? Denn mit der Meinung kam das Böse in die Welt, es machte sie zur Ansichtssache und bald darauf zum Schauplatz von Kriegen – Meinungskriegen. Freundschaften brechen auseinander, Ehen gehen entzwei, Geschäftspartner machen sich das Leben zur Hölle, Schulen, Religionen, Parteien spalten sich, Bündnisse splittern, Völker schlagen aufeinander – alles nur, weil dem einen die Meinung des anderen nicht paßt.

Wo der Stärkere dem Schwächeren seine Meinung aufzwingt, sie ihm diktiert, herrscht Diktatur. Wo Mehrheitsmeinung regiert, aber Minderheitsmeinung respektiert wird, herrscht Demokratie. Wo Meinung und Gegenmeinung frontal und doch (meistens) friedlich aufeinanderprallen, herrschen Hauser & Kienzle, die beiden Meinungsmacher des ZDF.

Über hundertmal haben die beiden Moderatoren des politischen Magazins *Frontal* einander schon unverblümt die Meinung ins Gesicht gesagt und damit ihr Publikum nicht etwa auseinanderdividiert, sondern zusammengeschweißt, informiert, unterhalten und vermehrt. Das erfolgreichste Meinungsmagazin im deutschen Fernsehen, Woche für Woche von durchschnittlich vier Millionen Zuschauern eingeschaltet, läßt auf großen Meinungsbedarf schließen. Aber eben nicht einseitig tendenziös und magensauer mit schmaler Lippe vorgetragen, sondern heiter, angriffslustig und auf der Stelle mit Widerspruch konfrontiert.

Hauser & Kienzle verkörpern idealtypisch den rechten und den linken Mainstream der öffentlichen und veröffentlichten Meinung in Deutschland. Beide sind legitimiert durch journalistische Kompetenz, langjährige Berufserfahrung an den Fronten der Zeitgeschichte und durch gelebte Weltanschauung – vor und hinter der Kamera. Von allen denkbaren Maßstäben legen sie mehr oder weniger die Elle der großen Volksparteien an die Probleme des täglichen Lebens, Hauser als CDU-Sympathisant, Kienzle SPD-nah. Sollten rechte und linke Meßinstrumente einmal versagen, und das ist nicht selten der Fall, dann greifen die beiden nicht zum Holzhammer oder zur Dachlatte, sondern zu Humor und Selbstironie – offenbar ein Erfolgsrezept. Das Dialog-Ritual »Noch Fragen, Kienzle?« – »Ja, Hauser!« ist hierzulande so sprichwörtlich geworden wie der Teenie-Ausruf »geil«, stellte TV-Meinungspäpstin Ponkie in der »Münchner Abendzeitung« fest.

Was liegt also näher, als die Meinungsvielfalt noch zu vergrößern und das Hauser-Kienzle-Prinzip jenseits der Tagesaktualität auf elementare Streitfälle deutscher Gegenwart anzuwenden? Für alles hält der Buchhandel Führer bereit, Reiseführer, Restaurantführer, Stadtführer, Museumsführer, Theaterführer. Doch es gibt keinen einzigen Führer durch den Meinungsdschungel. Wer kann schon aus dem Stand den linken Standpunkt zu Reizthemen wie Ausländer-, Sicherheits- oder Medienpolitik formulieren? Wer hat auf Anhieb die konservativen Essentials zu Dauerbrennern wie Drogen, D-Mark, Datenautobahn parat? Was ist »politisch korrekt«? Brauchen wir eine privatisierte Post? Ist Boykott eine sinnvolle Waffe gegen Umweltsünder? Welches Affärenkonto ist weiter überzogen, das rote oder das schwarze? Was gehört heute überhaupt noch zum Rüstzeug für einen aufrechten Linken und einen gestandenen Rechten? Antworten gibt dieses Buch – der erste Versuch, grundsätzlich geteilte Meinungen über Gott und die Welt nicht in heuchlerischen Sowohl-als-auch-Kommentaren zusammenzuzwingen, sondern plakativ gegenüberzustellen, in alphabetischer Reihenfolge und ohne Anspruch auf Vollständigkeit. Einziges Ziel: den Leser smalltalkfähig zu machen für die Stammtischthemen der Nation.

Auswahlkriterium war die Medienpräsenz der Schlagworte, aber auch schiere Willkür seitens Hauser & Kienzle. In zivilisierter Form spiegelt dieses Buch nämlich den permanenten Meinungskleinkrieg zweier Haudegen des Nachrichtengewerbes wider. Zwischen beiden liegen Welten, die im Mainzer ZDF-Gebäude auf die heikle Distanz eines gemeinsamen Vorzimmers schrumpfen. Einmal die Woche rücken Hauser & Kienzle einander dann buchstäblich auf den Pelz – immer wieder dienstags beim Nahkampf im *Frontal*-Studio: Was gibt's Neues, Hauser ...?

Daß aus unzähligen Notizzetteln voller Grobheiten und Sticheleien, aus einer Loseblattsammlung mit Dialogfetzen, Phrasen, Polemiken und Pamphleten im Laufe der Zeit ein übersichtlicher, nachvollziehbarer und für jedermann benutzbarer Meinungsführer werden konnte, ist neben der unermüdlichen Streitlust von Hauser & Kienzle der physischen und psychischen Robustheit einiger Mitarbeiter zu verdanken, deren Sachkenntnis von beiden Kombattanten gleichermaßen anerkannt und ausgebeutet wurde. Wenn sie schon nicht bereit waren, aufeinander zu hören, so überprüften Hauser & Kienzle die eigenen Standpunkte doch regelmäßig in konspirativer Kollaboration mit diesen Gewährsleuten – allen voran Friederike

Rasponi, deren Seitensprung aus dem Zentrum parteipolitischer Zwietracht ins journalistische Feindesland durch Pseudonym geschützt werden muß, gefolgt von Karl Hoche, der auch die zweite Seele, ach, in seiner Brust zur Sprache brachte. Hanjo Seißler war mit geistlichem Zwei-Rat zur Stelle. Hubertus Meyer-Burckhardt hielt Zwiesprache mit dem eigenen kommerziellen Alter ego. Auch Ute Buddenberg erwies sich als spaltbare Persönlichkeit. Tomas F. Lansky rechnete alles zweimal nach. Der Deutsche Jagdschutzverband lieferte Munition für doppelläufige Auseinandersetzungen. Markus Goldschmidt hat ein neues Lieblingslied – Don't Think Twice. Anette Kothe weiß nun, daß der Postmann pro Tag mindestens zweimal klingelt. Lionel von dem Knesebeck ist zu wünschen, daß sich seine Zitterpartie als Diener zweier Herren nun auch doppelt auszahlt. Das Zweite Deutsche Fernsehen hat dankenswerterweise die stets zwiefachen Strafaktionen gegen *Frontal* bis jetzt tapfer ausgehalten. Und nicht zuletzt muß Elgin Schmidt, Ingrid Doublet und Horst Werner gedankt werden, ohne die Hauser & Kienzle unmöglich wären.

New York, im August 1995   Stephan Reichenberger

Peter Glotz

VORWORT

Journalismus ist Vermittlung. Nicht nur passives Darstellen von
Fakten und Debatten, sondern die Anregung zu neuen Gedanken, die Stimulation von Streit, die Konfrontation von potentiellen Gesprächspartnern. Insofern ist die Idee der Doppelmode-
ration, die *Frontal* verwirklicht, eine regelrecht journalistische.
Die Kontroverse von Hauser und Kienzle – die dieses Buch
sozusagen katalogisiert – beleuchtet die Welt aus zwei Ecken.
Der Zuschauer wird von vornherein hin- und hergerissen, aufge-
stört, verunsichert. Das ist nicht nur spannender, sondern auch
demokratischer als das Gesinnungsmagazin des früheren *Pa-
norama* oder Gerhard Löwenthals *ZDF-Magazin*. Es formiert
keine Gemeinden, es provoziert Zoff. Da die beiden sich aber
nicht beharken, sondern frotzeln, schimmert ein Grundkonsens
durch. Wir brauchen beides: Konsens und Dissens.

Wo zwei Gesprächsanwälte am Werk sind, kann Ausgewo-
genheit etwas anderes bedeuten als eingeschlafene Füße. Die
Kommentare der Dioskuren kommen mit einem Minimum an
beruhigenden Relativsätzen aus. Hauser kann sehr schlicht
»Stolz auf Deutschland« fordern; Kienzle warnt dann schon vor
allzuviel »Normalität«. Und wenn der den Glauben als »Firlefanz« attackiert, beschwört Hauser das Reich Gottes. Gemeinsam artikulieren sie die Meinung von vielen (nicht allen), aber
eben nicht als *Bolito misto* (Zusammengekochtes), sondern auf
separaten Tellern. Das schärft den Geschmack für Nuancen.

Und sieh an: Hauser und Kienzle sind der lebendige Beweis
dafür, daß Rechts und Links keinesfalls nur die Gesäßgeografie

des 19. Jahrhunderts markieren. Natürlich kann man als Linker
– gegen Kienzle – für eine Liberalisierung des Ladenschlusses
sein; und als Rechter – gegen Hauser – für entschiedene
Europäisierung. Aber das Buch zeigt schon, daß die Herren aus
unterschiedlichen Lagern kommen; also muß es solche »Lager«
noch geben. Und wenn die zwei Streithammel unterschwellig
erkennen lassen, daß sie einander nicht hassen, ist das auch
kein Schaden. So setzen sie fort, was die Gesellschaft million-
enfach betreibt: die ausdrucksstarke Kontroverse, allerdings
mit gebremstem Schaum. Unsere Stammtische (und Talk-Shows)
sind besser als ihr Ruf.

Übertreiben darf man die Fairneß im übrigen nicht, Kienzle
hat natürlich öfter recht als Hauser, aber beide treffen des
öfteren den Nagel auf den Kopf, gelegentlich sogar gemeinsam, zum Beispiel auf den Seiten 200 und 307!

                                        Peter Glotz, SPD

Helmut Markwort

VORWORT

MONTAG
Schon wieder zwei Pfund Papier mehr auf dem Schreibtisch.
Bodo Hugo Hauser, die rechte Hälfte des *Frontal*-Pärchens,
hat mir die Druckfahnen seines Buches geschickt mit der
seltsamen Bitte um ein halbes Vorwort. Weil er nur ein halbes
Buch schreiben durfte, soll ich auch nur ein halbes Vorwort

liefern. Warum schreibt er denn nicht wenigstens sein Buch alleine, wenn er sich schon den Bildschirm dauernd mit Kienzle teilen muß? Sind die zwei assoziationsmäßig schon so zusammengewachsen, daß ihnen solo nichts mehr einfällt? Sind ein paar rechte Gedanken nur noch »correct«, wenn gleich genau so viele linke dagegengestellt werden? Oder steckt nur simples Siamesen-Marketing dahinter, weil das ZDF den Markenartikel doppelköpfig aufgebaut hat? Egal. Ich werde auf jeden Fall absagen. Ich schreibe kein halbes Vorwort. Ganz oder gar nicht.

DIENSTAG
Wen sie wohl über Hauser schreiben lassen, wenn ich nein sage? Wahrscheinlich irgend so einen Sowohl-als-auch-Schleimer, der gleichzeitig in der »FAZ« und in der »taz« gelobt werden möchte. Das hätte der Hauser nicht verdient. Eher sollte man ihm einen Orden verleihen für Berufscourage. In dieser Branche nicht grün-rot zu reden und zu schreiben grenzt schon fast an Heldentum.

MITTWOCH
Zu lange gelesen und zu spät aufgewacht. Das Buch erklärt zwar kein einziges Thema mit Computergrafiken, ist aber originell gegliedert. Man kann es schadlos in Portionen lesen und muß sich, wenn einer anruft, nicht merken, an welcher Stelle man gestört worden ist. Wer sich durch diesen Meinungsführer zappt, landet immer bei einem neuen Kapitelchen, Glößchen, Analyschen – mal witzig, mal ernst. Die zwei halten sich an die These von Dürrenmatt, daß purer Jux und reine Tragödie out sind. Nur die Tragikomödie wird unseren Zuständen gerecht. Diese Stimmungsbreite verdanken sie ih-

ren Show-Duellen im ZDF, wo sie verschiedene Gesichter zeigen dürfen. Bednarz, der nur dieses eine Gesicht machen kann, hätte an einem solchen Buch wegen Gesichtsverlust nie mitwirken können. Wahrscheinlich ist das Buch in Leserhythmus und Tonfall sogar ein Beispiel für gelungenes Infotainment. Fakten mit Zimt und Zucker.

DONNERSTAG
Selbstverständlich hat Hauser an diesem Zweier-Stammtisch den wichtigeren Part. Die Linken, für die Kienzle argumentiert, waren in Theorie schon immer stark und werden – debattensicher und szenegeschult – an seinen Thesen nur überprüfen, ob sie dem neuesten Stand der Diskussion entsprechen. Hauser dagegen liefert vielen Koalitionswählern endlich den geistigen Unterbau. Viele seiner Kunden, die Union und F.D.P gewählt haben, aber nie genau sagen konnten, warum, weil sie wegen Geldverdienens nicht zum Lesen gekommen sind, kriegen von ihm Futter und Selbstbewußtsein für ihre Talk-Shows in Firma und Verein.
Hauser kann der Ghostwriter für Millionen bürgerlicher Wähler werden. Was der Duden für die Rechtschreibung, wird der Hauser für die Rechtswähler.

FREITAG
Auffällig, wie oft Hauser Franz Josef Strauß zitiert. Ist der Kojak aus Krefeld ein Enkel des Bayern? Der könnte ja wirklich ein paar brauchen, wenn man bedenkt, wie viele der Willy Brandt hat.

SAMSTAG
Gewöhne mich immer mehr an die doppelte Buchführung.

Man liest, wie man eine Schachpartie nachspielt. Meistens gewinnt Schwarz.

SONNTAG

Werde das Vorwort vielleicht doch schreiben, weil Anschlußchance für »Focus«. Das Buch hat nämlich einen Doppelfehler: Es endet abrupt bei Redaktionsschluß. Was sollen die Deutschen über neue Reizworte denken wie Chaotentage, Kaschmir-Krise und Vorwahlen in der SPD? Meine Lösung: Wir aktualisieren die Stichwortliste auf »Focus«-Online. Notfalls täglich. Hauser hat dabei wieder einen leichten Vorteil, weil er (Seite 139 f.) die Chancen dieser Kommunikationstechnik kapiert, während dem fortschrittsfeindlichen Linken Kienzle (Seite 140 f.) fast nur Bedenken einfallen.

Helmut Markwort, FOCUS

Hauser

ALS KONSERVATIVER UNTER LINKEN

In der Printmedienlandschaft sind Konservative und Linke bis
heute so sorgfältig voneinander getrennt wie in den fünfziger
Jahren Buben und Mädchen in bayerischen Schulbussen. Wer
sich aus Versehen oder aus Gründen der beruflichen Existenz
ins andere Lager verirrt, setzt vorsichtshalber eine Tarnkappe
auf. In den Rundfunkanstalten dagegen ist die Apartheid aufgehoben – bei den öffentlich-rechtlichen wegen des Proporz-
prinzips, bei den Privaten mehr aus Zufall. Der konservative
Journalist, der in eine linke Zelle gerät – bei den Linken
beginnt die Zellenbildung spätestens ab zweien –, sollte sich
rechtzeitig die notwendigen Überlebensregeln zurechtlegen.
    Zunächst aber überwiegt die Verblüffung. Bereits nach zwei
Tagen vergißt der Konservative alles, was er bis dahin über
Linke gehört hat: Revolutionär seien sie, wollten ständig alles
in Frage stellen, verändern und verbessern. Tatsächlich findet
er Kolleginnen und Kollegen vor, denen nichts mehr zuwider
ist als jede Form der Veränderung. Gegenüber allem Neuen
schließen sie sich zusammen wie eine Igelherde. Von einem
Konservativen haben sie feste Vorstellungen, und sie sind
zutiefst irritiert, wenn er ihren Erwartungen nicht entspricht:
keine Bundesfahne hinter dem Schreibtisch, kein Bild von
Helmut Kohl an der Wand, aus dem CD-Player weder Patrick
Lindner noch das Deutschlandlied, sondern Herbert Gröne-
meyer – also ein verdächtiges, daher um so gefährlicheres
Subjekt.
    Die erste Nagelprobe in der vormittäglichen Redaktions-

konferenz: Die Agenturen melden einen Brandanschlag auf eine Ausländerunterkunft. Er wird Verständnis zeigen für die Angst der Bevölkerung vor der Ausländerflut und für die Sorge um den Erhalt der kulturellen Identität der Deutschen. Aber was macht dieses subversive konservative U-Boot? Es verurteilt den Anschlag ohne jede Einschränkung, spricht davon, daß den Gewalttätern mit allen rechtsstaatlichen Mitteln entgegengetreten werden müsse. Peinliches Schweigen. Ein Linker schließlich faßt sich ein Herz: »Aber als Rechter, Verzeihung, als Konservativer müssen Sie doch wenigstens die Motive der Täter nachempfinden können.« – »Es gibt kein Motiv, das Gewaltanwendung rechtfertigen könnte«, lautet die Antwort.

Am Mittagstisch der linken Zelle gedrückte Stimmung. Ein Konservativer, den man nicht gleich am ersten Tag beim Evangelischen Pressedienst und bei der IG-Medien anprangern kann, willfähriges Werkzeug der CDU zu sein – eine schöne Enttäuschung! Dabei war der Resolutionsentwurf schon fertig, die Blankounterschriften der Kolleginnen und Kollegen waren schon aufgeklebt.

Nachmittagskonferenz. Aus der CDU/CSU-Bundestagsfraktion ist bekannt geworden, daß eine Reihe von Abgeordneten entgegen dem Mehrheitsvotum ihrer Fraktion gemeinsam gegen die Strafbarkeit des Schwangerschaftsabbruches stimmen wollen, wenn diesem eine Beratung vorausgegangen ist. Die schwarzen Dissidenten berufen sich auf ihr Gewissen. Die Linken sind voll des Lobes und der Anerkennung für die Abweichler von der Mehrheitslinie.

Eine Stunde später flattert die Meldung herein, daß mehrere SPD-Abgeordnete angekündigt haben, mit der Regierung für den Einsatz von Tornados im Bosnien-Konflikt zu votieren, dies sei für sie eine Frage des Gewissens. Helle Empörung auf der Linken. Die Parteitagsbeschlüsse seien eindeutig. Es gehe nicht an, daß einige Bellizisten ihr Gewissen vorschöben und die pazifistische Grundlinie der Partei in der Öffentlichkeit kompromittierten. Dies müsse auf dem bevorstehenden Parteitag zu Konsequenzen führen.

Der Konservative bittet um Aufklärung über die unterschiedliche Beurteilung von Gewissensentscheidungen. Die Linke triumphiert. Endlich haben sie ihn! Genau diese moralisch-intellektuelle Gleichsetzung von Links und Rechts, diese zwanghafte Äquidistanz ist es, die Deutschland immer weiter nach rechts treibt.

Minuten später klingeln beim Evangelischen Pressedienst und bei der IG-Medien die Telefone: »Unsere schlimmsten Erwartungen sind übertroffen worden. Wir faxen euch gleich unsere Resolution. Überschrift: Redaktion soll gleichgeschaltet werden.«

Kienzle

WARUM NOCH LINKS?

Das Herz sitzt bekanntlich links, der Geldbeutel rechts. Dazwischen liegen Welten. Ein Kosmos voller Ungereimtheiten. Kein Wunder, daß die Rechten mit großem Erfolg ideologische Verwirrung stiften, wie die Zahl der vielen ratlosen Linken beweist. Schon 1988 verunglimpfte Heiner Geißler das Rechts-Links-Schema als »Gesäßgeografie des 19. Jahrhunderts«. Genüßlich nutzte er, der linke Rechte, das klägliche Ende des »Sozialismus« für weitere Desinformations-Kunststücke: »Christdemokratisierung der SPD«, höhnte er. Ein Schlag-Wort, daß manchem Genossen inzwischen als Holzhammer gegen Parteifeinde dient.

Klarheit ist also vonnöten. Was tun, wenn die Linke nicht mehr weiter weiß? Vielleicht hilft ein Blick in die Bibel. Und siehe da, bei Matthäus (25,31ff.) wird das Links-Rechts-Prinzip erstmals urkundlich erwähnt. Am Tage des Jüngsten Gerichts nämlich trennt Jesus die Schafe von den Böcken. Die Schafe, also die Gerechten, zu seiner Rechten. Die Böcke, also die Verfluchten, zu seiner Linken. Diese Urform bilateraler Weltsicht hat, bei aller Infamie, einen tröstlichen Aspekt: Schon der Evangelist bezeichnet die Rechten als Schafe. Eine biblische Erkenntnis, die 1789 dazu geführt hat, daß Frankreichs Royalisten die rechte Seite der Kammer besetzten, im festen Glauben, daß rechts die bessere, weil richtige Seite sei. Schafe eben. Das Links-Rechts-Schema aber war endgültig erfunden. Bis heute ist es unersetzliche Orientierungshilfe.

Die Lexikonweisheit besagt: Die Rechten wollen durch Beharren bewahren, die Linken durch Verändern verbessern. Pustekuchen! Die Wirklichkeit ist ein bißchen anders. Ein Selbstbedienungsladen für Besserverdienende, als soziale Marktwirtschaft getarnt, das ist unsere Gesellschaft heute – und auf dem Weg in eine gefährliche Richtung. Die Reichen werden immer reicher, die Armen immer ärmer – und die Linke schaut ratlos zu. Dabei bräuchten wir sie heute nötiger denn je. Nein, nicht die altlinke Truppe, die ihre Unschuld durch die Vernichtung der großen Utopien verloren hat. Aber wie wär's denn, bitteschön, mit einem beherzten Rückgriff auf linke Klassiker wie Freiheit, Gleichheit, Brüderlichkeit? Ziele, die Linke eigentlich reizen müßten. Nicht neue Systeme sind gefragt. Im Gegenteil: Lebenshilfe, Vorschläge, wie man sich bestimmten Systemzwängen entziehen und Machtapparate abbauen kann. Es gibt ein richtiges Leben im falschen, wie Joschka Fischer beweist. Die Grünen sind zwar gegen Kernkraft, Nato, Bundeswehr – und trotzdem erweckt der Oberrealo in der Opposition den Eindruck, daß mit seinesgleichen gut Staat zu machen ist.

Aber es gibt auch ein falsches Leben im richtigen, wie die Rechte gerade vorlebt. Die steckt mindestens genauso tief in der Krise wie die Linke. Sie hat es nur noch nicht gemerkt. Die ewigen Werte, für die Konservative sich einst verkämpften, Familie, Gott und Vaterland – alles zum Aussterben verdammt. Der Traum von einer festen, verläßlichen Ordnung – ausgeträumt. Schuld ist der neue Turbokapitalismus. Der fegt Traditionen und Moralvorstellungen hinweg und sorgt mit seiner unglaublichen Seichtigkeit des Seins für die Umwertung aller Werte. Berufe sterben aus, althergebrachte handwerkliche und künstlerische Traditionen gehen unwiederbringlich verloren, bald gibt es für die Konservativen nichts mehr zu konservieren, das dauert keine Generation mehr. Rechte Gewißheiten sind in Auflösung begriffen. Die deutsche Einheit – keiner dankt sie den Einigern. Die deutsche Nation – auf dem Weg nach Europa. Die Deutsche Bank – ein Peanuts-Betrieb in den roten Zahlen. Und ein schwarzer Finanzminister als Schuldenkaiser. Eine apokalyptische rechte Trümmerlandschaft!

Genug politischer Zündstoff für die Zukunft also und genügend Feuer für die Linke, die vielleicht doch eines Tages begreifen wird, daß eine Sache nicht getan ist, wenn sie begriffen ist, und die Programme mit Politik verwechselt. Menschen haben die Linke schon immer ein wenig gestört, weil sie überzeugt werden müssen. Und mit der Überzeugungskraft hapert es, je weiter man nach links kommt. Manchmal müssen sich die Linken dann doch bei einem Rechten nach dem Weg erkundigen. Der altersweitsichtige Helmut Kohl zum Beispiel kann inzwischen Auskunft geben, wo's langgeht. Er hat die neue Gefahr von links als erster erkannt: die rot-grüne Koalition in Nordrhein-Westfalen. Sie führe in eine andere Republik, hat er gesagt. Es wird ja auch höchste Zeit!

DER OFFIZIELLE DEUTSCHE MEINUNGSFÜHRER

Hauser

ABGEORDNETER
Wer allen dient, muß auch verdienen

Obwohl die überwältigende Mehrheit der Bevölkerung zur
repräsentativen, parlamentarischen Demokratie ja sagt, ist das
Ansehen der Abgeordneten miserabel. Diese Bewertung ist
ungerecht, sie kommt vor allem aus einer verzerrten Darstellung der Abgeordneten in den Medien, meist aus der Feder
von Journalisten, die noch nie die parlamentarische Arbeit
aus der Nähe erlebt haben. Geradezu lustvoll werden immer
wieder leere Abgeordnetenreihen im Plenarsaal abgelichtet
und als Beleg für angebliche Pflichtvergessenheit der Volksvertreter gewertet. Dabei weiß jeder Kundige, daß Plenarsit-
zungen nur ein Bruchteil der Abgeordnetentätigkeit sind. Zu
den gängigen Vorurteilen gehört auch das Gerede von der zu
hohen Bezahlung und sonstigen Privilegien. Verschwiegen
wird, daß Zehntausende von Beamten erheblich mehr verdienen als diejenigen, die sie kontrollieren, und jeder Bürgermeister einer mittleren Stadt über weit bessere Arbeitsbedingungen verfügt als ein Abgeordneter.

Nur selten ist die Rede von der mühevollen Kleinarbeit des
Abgeordneten in den Ausschüssen des Parlaments, in der
Fraktion und im Wahlkreis, von der in der Regel 80-Stunden-
Woche und dem vollen Terminkalender auch am Wochen-
ende. Neben Spezialwissen auf einzelnen Feldern wird vom
Abgeordneten erwartet, daß er Generalist auf allen Gebieten
der Politik ist und sich in der Außenpolitik ebenso gut aus-
kennt wie im Dickicht behördlicher Genehmigungsverfahren.

Nach dem Grundgesetz ist der Abgeordnete nur seinem Gewissen verpflichtet. Dies macht ihn unabhängig von Interessengruppen und notfalls auch von seiner eigenen Partei. Wer die Kompetenz des Abgeordneten durch immer mehr direkte Abstimmungen der Bürger einschränken will, untergräbt die Verantwortung der vom Volk Gewählten und leistet damit einer Stimmungsdemokratie Vorschub, in der Entscheidungen nicht mehr nach rationalen Gesichtspunkten, sondern aufgrund kurzfristiger und von Minderheiten manipulierbarer Emotionen gefällt werden. Die in diesem Zusammenhang oft als Vorbild empfohlene Schweiz taugt nicht für deutsche Verhältnisse. Oder wollen wir auch solche Abstimmungen über Ausländer und ihre Arbeitsrechte wie bei den Eidgenossen haben? Dies wäre das Ende jeder verantwortungsvollen und berechenbaren Politik.

Kienzle

ABGEORDNETER
Leere Sitze, volle Feste

Kurt Tucholsky sagt: »Wer in der Öffentlichkeit Kegel schiebt, muß sich vorrechnen lassen, wieviele er getroffen hat.«

Die Säuernis des Wahlvolks ist mehr als verständlich, wenn die meisten Abgeordneten an jenem Arbeitsplatz durch Abwesenheit glänzen, an dem sie ihre Wähler sichtbar repräsentieren sollen. Der Hinweis auf hinter den Kulissen der Öffentlichkeit geleistete Arbeit ist dafür keine Entschuldigung, sondern Beweis

für die mangelnde Fähigkeit der Abgeordneten, Sitzungsab-
läufe nach Prioritäten zu koordinieren. Überdies: Wieso mußte
der Deutsche Bundestag mehrfach für Milliarden Mark umge-
baut werden, wenn seine Abgeordneten darin nichts zu suchen
haben, weil sie's vorher in den Ausschüssen fanden?

Verglichen mit der Mehrheit derer, die sie gewählt haben,
werden die Abgeordneten prächtig bezahlt. Die meisten von
ihnen haben mit Erreichen des Mandats einen finanziellen
Sprung nach oben gemacht, den sie in ihrem vorher erlernten
Beruf – vorausgesetzt, sie hatten überhaupt einen – zeitlebens
kaum erreicht hätten. Es ist keineswegs so, wie manche glauben machen, daß die Parlamente voll wären von bedeutenden
Persönlichkeiten, die allein aus altruistischen Motiven auf Vor-
standsposten in der Wirtschaft verzichten.

Die vielzitierte 80-Stunden-Woche und der Mangel an freien
Wochenenden sind weniger ein Beleg für den rastlosen Einsatz
des Abgeordneten um das Gemeinwohl als vielmehr Ausdruck
von Gschaftlhuberei. Der Besuch jedes Feuerwehrfestes sichert
die Wiederwahl. Das ständige Schielen auf den Mandatser-
halt – für viele Abgeordnete schiere Existenznotwendigkeit –
beweist: Der nach seinem Gewissen entscheidende Volksvertreter ist ein Gerücht. Der Zwang, sich Mehrheitsentscheidungen der Fraktion zu beugen, und die mangelnde persönliche
Kompetenz in vielen Fragen machen aus den meisten Abgeordneten gesichtslose Schlattenschammesse.

Im Interesse einer lebendigen Demokratie ist es daher notwendig, die »parlamentarische Willensbildung« durch ver-
stärktes Mitwirken des Souveräns – das ist das Volk! – anzurei-
chern und zu bereichern. Anreize zur Mitmachdemokratie sind
das beste Mittel gegen Politikabstinenz und -verdrossenheit.
Wer dem Volk die Fähigkeit abstreitet, in stärkerem Umfang

selbst unmittelbar mitzubestimmen, zeigt nur, wie weit er sich vom Volk entfernt hat. Das Beispiel der Schweiz beweist, wie sehr direkte Demokratie Garantie für Stabilität und Berechenbarkeit ist, ohne daß dadurch das parlamentarische Prinzip Schaden leidet.

Hauser

ABTREIBUNG
Tierschutz vor Menschenschutz?

Wer den Schutz der Umwelt und der natürlichen Lebensgrundlagen als wichtigstes Ziel zukunftsorientierter Politik bezeichnet, macht sich der Heuchelei schuldig, wenn er dabei den Schutz des ungeborenen Lebens ausklammert. Bewahrung der Schöpfung kann und darf nicht nach Gesichtspunkten der Opportunität stattfinden. Für Bäume, Feuchtbiotope und Vogelnistplätze lassen sich mühelos tausendköpfige Demonstrantenheere mobilisieren. Angesichts der Abtreibung herrscht dagegen nicht nur eisiges Schweigen, sondern auch noch die Ansicht, diese solle obendrein mit dem Segen des Staates versehen werden. Tierschutz hat bei uns offenbar einen höheren Stellenwert als Menschenschutz.

Diese Geisteshaltung ist Folge jahrzehntelanger Wühlarbeit an den Wurzeln einer den christlichen Werten verpflichteten Gemeinschaft. Materialismus und Egoismus tarnen sich als Liberalität und Selbstbestimmung. Selbstverwirklichung zu Lasten Dritter ist aber nur schwer mit den Prinzipien eines

Rechtsstaates vereinbar. Die Forderung nach völliger Freigabe der Abtreibung ist noch schwerer nachvollziehbar angesichts der vielen Möglichkeiten, unerwünschte Schwangerschaften zu verhindern. Es kommt hinzu, daß im Gegensatz zu früher ledige Mütter und unehelich geborene Kinder kaum noch staatlicher oder gesellschaftlicher Diskriminierung ausgesetzt sind. Der Staat hat alles getan, um eheliche und uneheliche Kinder rechtlich gleichzustellen. Die Erweiterung der Adoptionsmöglichkeiten sowie zahlreiche materielle und immaterielle Hilfen haben die Grundlage dafür geschaffen, daß das Austragen eines Kindes in einem der reichsten Länder der Welt für Frauen nicht mit unzumutbaren Härten verbunden ist, von Einzelfällen abgesehen.

Die Entscheidung liegt letztlich bei jeder Frau selbst. Und der Gesetzgeber hat für problematische Fälle bereits Lösungen angeboten. Aber der Staat kann die Wertvorstellungen der Gemeinschaft nicht ganz über Bord werfen und Abtreibung zum normalen medizinischen Eingriff degradieren. Deshalb: Fristenlösung mit Beratungspflicht.

Kienzle

ABTREIBUNG

Gegen Beratungszwang und Spießrutenlauf

Seit Jahrhunderten wird das Abtreibungsverbot als Instrument zur Unterdrückung der Frauen benutzt. Alle Reformen des § 218 haben nichts an dem entwürdigenden Spießrutenlaufen geändert, dem zum Schwangerschaftsabbruch entschlossene Frauen bis heute ausgesetzt sind. Der Zwang zur vorherigen Beratung unterstellt, Frauen wären sich über die Tragweite einer Abtreibung nicht im klaren. Frauen sind zu Recht nicht länger bereit, sich wie unmündige Kinder behandeln und durch zwangsweise unverheiratete Priester und konfessionell Eingeengte fremdbestimmen zu lassen. Die Entscheidung, ein Kind auszutragen oder es nicht zu tun, ist für jede Frau eine Gewissensfrage mit erheblichen Konsequenzen für ihr weiteres privates und berufliches Leben. Deshalb hat niemand das Recht, sich an ihrer Stelle als Richter über diese Entscheidung aufzuschwingen.

Statt der in einer Konfliktsituation stehenden Frau zusätzliche Schuldgefühle aufzubürden, müssen Staat und Gesellschaft mehr dazu beitragen, ihr das Ja zum Kind zu erleichtern – vor allem dadurch, daß der plakativen Forderung nach dem Schutz des ungeborenen Lebens entsprechende Taten beim Schutz des geborenen Lebens folgen. Das beginnt bei der ausreichenden Bereitstellung von Kinderbetreuungseinrichtungen, kind- und familiengerechten, vor allem bezahlbaren Wohnungen, geht über Arbeitsplatzbedingungen, die es der Frau erlauben, Erwerbstätigkeit und Kindererziehung miteinander zu vereinbaren, und reicht bis zur Alterssicherung. Eine Gesellschaft, die konsequent verdrängt, daß neben der Arbeitslosigkeit Kinder das größte Armutsrisiko darstellen, braucht sich über sinkende Geburtenraten nicht zu wundern.

Es kann bei der Frage des Schwangerschaftsabbruchs keine allseits befriedigende Lösung geben. Aber eine Fristenregelung ohne bürokratische und inquisitorische Rechtfertigungszwänge ist am ehesten geeignet, die Würde der Frau und ihr Recht auf ein selbstbestimmtes Leben zu wahren. Darüber hinaus hilft es,

zu verhindern, daß unerwünschte Kinder gedemütigt und men-
schenunwürdig aufwachsen müssen.

Hauser

ACHTUNDSECHZIG
Markenzeichen Schizophrenie

Sie haben als Maos Erben abgehoben und sind als Studienräte
gelandet – Bürgertöchter und -söhne aus wohlsituierten Verhältnissen, in Freiheit und ohne materielle Sorgen aufgewach-
sen, gelangweilt und ohne jeden Bock darauf, sich an der mühevollen Aufbauarbeit ihrer Eltern ein Beispiel zu nehmen.
Zur Bemäntelung der eigenen Bequemlichkeit und mangeln-
den Leistungsbereitschaft zeichneten die Achtundsechziger
mit moralinsaurer Selbstgerechtigkeit ein Zerrbild der Bundesrepublik. Der demokratische Staat wurde als reaktionäres
Monstrum mit faschistischen Zügen skizziert, die Generation
der Väter zu feigen und opportunistischen Mitläufern her-
abgewürdigt, wenn nicht als Tätergruppe Hitlers diffamiert.
Dem von der ganzen Welt bewunderten Wiederaufbau wurde
die Fratze eines ausbeuterischen Kapitalismus aufgemalt.

   Markenzeichen der Achtundsechziger war die Bewußt-
seinsspaltung. Weil sich die »arbeitenden Massen« aufgrund
ihres Realitätssinnes partout nicht als geknechtet empfanden
und den Sturm aufs »Establishment« beharrlich verweigerten,
mußten auswärtige Idole her, um den Boden für den »antiim-
perialistischen Kampf« zu bereiten: Mao und Ho Chi Minh.

Über die brutale Unterdrückung, die diese ihren eigenen Völkern angedeihen ließen, wurde großzügig hinweggesehen, für das herrschende soziale Elend wurden die Amerikaner oder deren deutsche »Vasallen« verantwortlich gemacht.

Ihr Kampf gegen die Institutionen des Staates hat die Achtundsechziger nicht daran gehindert, von diesem zu verlangen, ihnen den Weg durch diese Institutionen freizumachen. »Revolutionäre mit Pensionsanspruch« nannte Herbert Wehner sie verächtlich. Weil sich die demokratischen Parteien anfangs in der Ablehnung einig waren, ihren erklärten Feind zu besolden, wurde die Gretchenfrage nach Verfassungstreue unter wehleidigen Klagen als »Gesinnungsschnüffelei« bezeichnet und mit großem medialen Pomp als Menschenrechtsverletzung eingeordnet. Unter dem Druck der Achtundsechziger in ihren eigenen Reihen machten SPD und FDP bald ihren Kotau vor den vermeintlichen Zwängen des Zeitgeistes. Im öffentlichen Dienst, vornehmlich an Schulen und Hochschulen, sowie im öffentlich-rechtlichen Rundfunk fanden viele Achtundsechziger ein bequemes Plätzchen, von dem aus sie ihre Agitation mit allen wirtschaftlichen und sozialen Absicherungen fortsetzten.

Da Begriffe wie Leistung und Elite sie mit Abscheu erfüllten, hielten die Achtundsechziger nichts davon, etwas zur Wertschöpfung beizutragen. Vielmehr verlegten sie sich darauf, immer neue Forderungen an den Staat zu stellen. Das Recht auf selbstbestimmten individualistischen Lebensstil war ja schließlich zu bezahlen. Zur Frage, woher das Geld dafür kommen solle, schwiegen sie sich entweder aus oder verwiesen auf erfolgreiche Leistungsträger, denen man eben entsprechend viel zwecks Umverteilung wegnehmen müsse.

Tolerant waren die Achtundsechziger nur sich selbst und ihren linken Gesinnungsgenossen gegenüber. Feinsinnig wurde zwischen Gewalt gegen Sachen und Gewalt gegen Personen unterschieden. Ersteres stieß durchaus auf Sympathie – etwa die Anschläge gegen den Springer-Verlag –, von letzterem distanzierte man sich zwar vorsichtig, zeigte jedoch auch viel Verständnis für die eigentlich doch »idealistischen Ziele«.

Die Bequemlichkeit und der Opportunismus der »bürgerlichen« Kräfte hat zu den Erfolgen der Achtundsechziger viel beigetragen. Ihrer Mentalität verdanken wir das bis heute vorherrschende Vollkasko-Denken, die Anspruchsinflation, den Glauben an einen Staat, der im Himmel gefüttert und auf Erden gemolken werden kann, das Schüren von Neid gegenüber »Besserverdienenden« und jene Fortschritts- und Technikfeindlichkeit, die die Zukunft Deutschlands als führende Industrienation gefährdet.

Nur die Geschichte ließ sich von den Achtundsechzigern nicht beeindrucken und fügte ihnen 1989 ff. eine schwere Niederlage zu. Nichts hat die öffentlich besoldeten Revolutionäre in ihrem Glauben an die sozialistische Alternative härter getroffen als deren Untergang. Ohnmächtig mußten sie erleben, daß die Menschen im deutschen »Arbeiter- und Bauernstaat« nicht bereit waren, den von westdeutschen Salonsozialisten ausgegebenen Durchhalteparolen nach dem Lutherschen Diktum »Auf fremdem Arsch ist gut durchs Feuer reiten« zu folgen und sich weiterhin in die Rolle von Objekten illusionärer Sehnsüchte zu fügen.

Zur Strafe wurde ihnen dafür mit dem ganzen Ausdruck jener Arroganz und Verachtung, der den Achtundsechzigern selbst gegenüber Andersdenkenden eigen ist, am Abend der

ersten gesamtdeutschen Bundestagswahl von einem ihrer he-
donistischen Protagonisten höhnisch eine Banane entgegen-
gehalten.

Kienzle

ACHTUNDSECHZIG
Die Einführung des Fragezeichens

Sie waren größenwahnsinnig und weltfremd, und sie sprachen eine fürchterliche Sprache. Und trotzdem ist es den
Achtundsechzigern zu verdanken, daß der formaldemokrati-
sche Rahmen der Bundesrepublik mit Leben erfüllt wurde. Mit
dem Satz »Mehr Demokratie wagen« erkannte Willy Brandt
in seiner ersten Regierungserklärung 1969 die Forderung der
Achtundsechziger an, den Reformstau zu brechen, der sich in
mehr als zwei Jahrzehnten angesammelt hatte, festgefügte
autoritäre Strukturen zu entkrampfen und den Muff von tausend Jahren unter den Talaren zu entlüften. Eine kritische,
vornehmlich akademische Jugend wollte sich nicht länger mit
einem Staat zufriedengeben, in dem Mehrung des Wohlstandes zum Maß aller Dinge geworden war. In einem
schmerzlichen, aber notwendigen Diskussionsprozeß zwang
sie die Generation ihrer Eltern dazu, sich erstmals wirklich mit
der nationalsozialistischen Vergangenheit und den deutschen Verbrechen auseinanderzusetzen. Mit der bohrenden
Frage: Wie habt ihr euch zwischen 1933 und 1945 verhalten? wurde endlich die Mauer des Schweigens, des bewuß-

ten Vergessens und Verdrängens zwischen den Generationen durchbrochen.

Bis dahin wurde nach der Devise eines Franz Josef Strauß zugeschriebenen Ausspruchs verfahren: »Ein Volk, das diese wirtschaftlichen Leistungen vollbracht hat, hat ein Recht darauf, von Auschwitz nichts mehr hören zu wollen.« Kein Mensch erwähnte dabei jemals, daß »wirtschaftliche Leistungen« und »Aufschwung« nur deshalb möglich waren, weil die Leister und Aufschwinger Deutschland in Schutt und Asche gelegt hatten. Zumindest hatten sie nichts dagegen getan.

Die aufbegehrende Jugend war auch nicht bereit, Kriegen und Menschenrechtsverletzungen in aller Welt deshalb schweigend zuzusehen, weil sie von Regierungen verbündeter Staaten (Vietnamkrieg der USA) oder solchen begangen wurden, mit denen die Bundesrepublik wirtschaftliche Interessen verbanden (Schah-Regime im Iran). Der Widerstand dagegen wurde von den reaktionären Kräften in der Bundesrepublik, die sich »konservativ« nennen, wider besseres Wissen als Antiamerikanismus diffamiert. Der Staat hat auf diese Proteste mit der ganzen Macht seines Repressionsapparates reagiert, angefeuert von großen Teilen der Medien – »Bild« an der Spitze –, die in der Forderung nach inneren Reformen den Aufruf zum revolutionären Umsturz sahen. Dabei haben die Achtundsechziger ungewollt zur Stabilisierung der Bundesrepublik beigetragen. In jedem Fall waren sie die Hefe der 1969 einsetzenden Reformpolitik nach außen und innen. Sie unterstützten die Ostpolitik der Regierung Brandt/Scheel, auf der Grundlage der nach 1945 geschaffenen staatlichen Realitäten zur Entspannung mit den östlichen Nachbarn zu kommen und auf ein geregeltes Nebeneinander der beiden deutschen Staaten hinzuwirken.

Den Achtundsechzigern verdanken die Deutschen, daß Diskriminierungen gesellschaftlicher Minderheiten abgebaut wurden, etwa die der Homosexuellen, die Reform des Scheidungsrechts, mit dem die entwürdigenden Verfahren nach dem Schuldprinzip durch das Zerrüttungsprinzip ersetzt wurden, die schrittweise Lockerung des § 218, mit dem Frauen in Angst und Schrecken gehalten und den »Engelmacherinnen« ausgeliefert wurden. In der stickig gewordenen Bude Bundesrepublik wurden die Fenster aufgestoßen und der heuchlerische, moralinsaure Mief hinausgelassen. Menschen, die sich für andere Lebensgemeinschaften als die Ehe entschlossen, brauchten sich und ihre Partner nicht länger zu verstecken. Von diesen »Spätfolgen« der Achtundsechziger profitieren mittlerweile auch konservative Politiker, wie etwa der CSU-Vorsitzende Theo Waigel, der seine Scheidung politisch und von den Medien unangetastet überlebt hat – vor Achtundsechzig unvorstellbar.

Die Verständnislosigkeit und die Welle teilweise haßerfüllter Ablehnung, die der auf Veränderungen drängenden Jugend von seiten des Staates und der konservativen Kräfte entgegenschlug, hat einen kleinen Teil auf den Irrweg der Gewalt geführt. Daß es nicht mehr wurden, verdankt die Gesellschaft jenen Politikern und Intellektuellen, die sich um Integration und Versöhnung bemühten und sich dafür als Terroristensympathisanten beschimpfen lassen mußten. Den Achtundsechzigern heute vorzuwerfen, daß sie sich größtenteils bürgerliche Existenzen aufgebaut haben, ist geradezu grotesk. Dieser »Marsch durch die Institutionen«, der ihnen mit bürokratisch-inquisitorischen Mitteln lange genug verwehrt wurde, beweist vielmehr, daß es ihnen eben nicht um Umsturz, sondern um die Reformierung und Demokratisierung

von Staat und Gesellschaft ging. Was heute, zumindest auf
dem Papier, Allgemeingut in sämtlichen Parteiprogrammen
ist, nämlich kein wirtschaftliches Wachstum um jeden Preis,
die Notwendigkeit der Erhaltung der Umwelt und der natürlichen Lebensgrundlagen, Technologiefolgenabschätzungen,
die Probleme des Süd-Nord-Gefälles, all dies hat seinen
Ursprung in der Achtundsechziger-Bewegung und ihrem früh-
zeitigen globalen Denken.

Recht behalten haben sie auch mit ihrer Skepsis gegenüber
dem überhasteten deutschen Einigungsprozeß, als dessen Ver-
lierer heute vor allem die wirklichen Reformkräfte in der Ex-DDR
dastehen. Bis zum heutigen Tage erfüllen die jetzt soviel ge-
scholtenen »Spätachtundsechziger« eine wichtige Funktion mit
ihren Mahnungen und Warnungen vor neuer deutscher Großmannssucht und damit einhergehender militärischer Aben-
teuerlust sowie vor einer »Normalität«, mit der die deutsche
Vergangenheit endgültig abgeschüttelt und zur »Entsorgung«
an die Geschichtsbücher weitergereicht werden soll.

Hauser & Kienzle

AFFÄREN
Mief aus Käseschachteln

Eine Affäre haben! Was für ein großes Wort. Welch hoher
Anspruch an alle Beteiligten. Eine Affäre ... so was konnten sich
früher wirklich nur Damen und Herren von Welt leisten, besonders wenn sie sich eine Affäre eigentlich nicht leisten konnten.

Liebesaffären, Staatsaffären – möglichst beides in einem. Oder aber Untreue, Korruption im großen Stil.

Affäre, das war einmal das Prädikat »wertvoll« für Taten und Untaten im Cinemascope-Format, für den politischen und journalistischen Ausnahmezustand. Affären verlangten von den darin verstrickten Personen Fallhöhe, Chuzpe, Leidenschaft und den epochalen Willen, sich über alle Grenzen hinwegzusetzen, über Grenzen der Konvention, des Anstands, der Scham, der Wahrheit, ja, natürlich auch über die Grenzen der Legalität. Nur aus solchem Geiste heraus können Affären geboren werden, die in den Geschichtsbüchern später glanzvolle Namen tragen: Dreyfus, Mata Hari, Windsor, Watergate, um nur ein paar shakespearehafte Klassiker zu nennen.

Aber auch wir Deutschen haben noch vor Jahr und Tag ein paar ganz passable Affären zustande gebracht: Nitribitt, Spiegel, Guillaume, Flick, Hitler-Tagebücher, Waterkantgate – alles in allem solide deutsche Affären-Wertarbeit. Doch vorbei, lange vorbei! Was heute die Stirn hat, zur Affäre hochtoupiert ans Licht der Öffentlichkeit zu treten, ist so peinlich, so kleinlich, so spießig und bestenfalls spaßig, daß Franz Josef Strauß und Uwe Barschel in Gruft und Wanne rotieren voller Verzweiflung über die kleinkarierten Abwege der Enkel. Nomen est omen: Dienstwagen-Affäre, Putzfrauen-Affäre, Schubladen-Affäre, Briefbogen-Affäre, Peanuts-Affäre (welche Chance wurde ohne Not mit diesem Billig-Etikett vertan, Hilmar Kopper!), Piepmatz-Affäre, Käseschachtel-Affäre. O tempora!

Und für solchen Provinzkram leisten wir uns die teuersten Politiker und die aufwendigste Medienmaschinerie außerhalb Amerikas? Hunderte von Zeitungen und drei Dutzend TV-Kanäle stehen rund um die Uhr bereit zur Informationsoffensive, bereit, der staunenden Weltöffentlichkeit deutsche Affären-Potenz zu enthüllen. Doch unsere Mächtigen, sie treiben es statt mit Geldkoffern, Giftpralinen und griffigen Gespielinnen lieber mit billigen Reinemachefrauen und maroden Käseschachteln. Gähn! Zapp!! Jetzt aber endlich Schluß mit Leisetreterei und Stiller Hilfe Südtirol! Strengt euch gefälligst mehr an, Leute, laßt euch was einfallen, think big! Wofür bezahlen wir euch, wenn nicht für international wettbewerbsfähige Public affairs, für großes, repräsentatives Staatstheater! Tiefstapeln können wir selber. Immerhin, Schneider versus Deutsche Bank und der Plutonium-Thriller des BND waren nicht übel als Versuch eines Neuanfangs. Leider noch zuviel Sitcom drin, zuviel Schmidbauer und Poletti, zuwenig James Bond und Donald Trump.

Und überhaupt: Es müssen mehr junge Menschen ins Spiel! Staatsaffären, in denen immer nur Toupet-Knacker jenseits der Knackigkeitsgrenze die Hauptrollen hüsteln, sind Betrug an der medialen Zielgruppe. Die riechen doch alle irgendwie nach Kukident, nach Risiken und Nebenwirkungen. Höchste Zeit, daß die Generation der Urenkel aus der Reserve und aus ihren Reservaten kommt und zeigt, wozu sie imstande ist. Deutschlands ganze Hoffnung ruht also wieder einmal auf der Jugend.

Hey, Polit-Kids, the news show must go on! Zieht euch bloß nicht ruchlos aus der Affäre!

NEUE DEUTSCHE
CHRONIQUE SCANDALEUSE

Kienzle

Hauser

AMIGO-
AFFÄRE

Bayerns Polit-Amigos in Amt und Würden machten Fernreisen auf Kosten befreundeter Fabrikanten und ließen sich von nahe liegenden Autofirmen »Testwagen« vors Haus stellen. Nebenher flossen reichlich »Aufwandsentschädigungen« für Firmenbetreuungen. »Saludos, Amigos!« Mit diesem trotzfrechen Ruf in die Runde solidarisch johlender Parteifreunde katapultierte sich der sesselresistente Strauß-Nachfolger Max Streibl schließlich doch aus der eigens für ihn gezimmerten Zirbelstube im »Straußoleum«. Seiner CSU pappte er zum Abschied ein Affären-Etikett an die blütenschwarze Lodenweste, das Saubermann und Amigo-Killer Stoiber trotz erheblicher

AKTIEN-
AFFÄRE

Ausgerechnet Spitzengewerkschafter Franz Steinkühler nutzte Insiderwissen aus Daimler-Benz-Aufsichtsratssitzungen, in die er als Vertreter der einfachen Lohntütenempfänger entsandt war. Daß ein IG-Metall-Chef sein karges Gehalt auch noch mit Aktienspekulation aufbessern muß, konnte der rote Abzocker selbst unter Aufbietung seines gesamten rhetorischen Talents der Basis nicht mehr vermitteln. Steinkühler trat und zahlte zurück. Happy-End im Allgäu: Dort ist der rote Zocker heute als Unternehmensberater erfolgreich. Noch Fragen? ʃ ʃ ʃ ʃ ʃ

Kienzle

Mühe nur wenig retuschieren
konnte.   ♪ ♪ ♪ ♪ ♪

**BRIEFBOGEN-
AFFÄRE**

Weil er unterm Briefkopf des
Wirtschaftsministers etwas
Nettes über die »pfiffigen«
Einkaufswagen eines Ver-
wandten geschrieben hatte,
was der Verwandte wie-
derum für Werbezwecke verwandte, mußte Jürgen
Möllemann, F.D.P., erst die
Öffentlichkeit belügen und
dann zurücktreten. Im Lichte
aller späteren Affären
(Krause & Co.) jedoch steht
Möllemann, zumindest was
seine Briefbogen-Peanuts
betrifft, geradezu voll rehabi-
litiert da. Und verglichen mit
der Wirtschaftsförderung,
die ein FJ Strauß selig
Amigo-Halunken wie dem
Bäderkönig Zwick angedei-
hen ließ, hat man Mölle-
manns Warenkorb damals
entschieden zu hoch ge-

Hauser

DIENSTVILLA-
AFFÄRE

Hessens Ministerpräsident
Hans Eichel, SPD, ließ ohne
öffentliche Ausschreibung
seine Dienstvilla renovieren.
Der Architektenauftrag, Ge-
samtvolumen 1,5 Millionen
Mark, ging an eine Freundin
der Familie. Eichel wurde
wiedergewählt. Vielleicht,
weil die Hessen sich so
schrecklich darüber gefreut
haben, daß ihr unauffälliger
MP überhaupt mal einen
Beweis seiner Existenz er-
bracht hatte.   ♪ ♪ ♪

FAMILIENFILZ-
AFFÄRE

Ehefrau: Monika Griefahn,
SPD, niedersächsische Um-
weltministerin. Ehemann:
Chef eines Umweltinstitutes.
Affäre: Wollte sie ihm nun
den lukrativen Auftrag für
die Expo 2000 in Hannover
zuschanzen oder nicht? Dies
sollte dann, auf Anordnung

Kienzle

hängt. Zur Strafe hat die
F.D.P. jetzt einen Gerhardt. ♪

DIENSTWAGEN-AFFÄRE

Ach ja, so fingen sie an, die
Piefmief-Affären der neunziger Jahre: Bundestagspräsi-
dentin Rita Süssmuth, CDU,
fand nichts dabei, daß ihr
Gatte ihre Staatsdienstlimou-
sine für private Zwecke
nutzte. Das Auto-Affärchen,
von wem auch immer an die
Glocke gehängt, paßte wiederum vielen aus der CDU
gut ins Konzept, denen die
schwarze Jeanne d'Arc
schon länger auf die Nerven
bzw. gegen den Hardliner-
Strich ging. Zum Rücktritt
reichte es gottlob nicht ganz.
Aber eine Beule im Image
blieb.   ♪

FIGARO-AFFÄRE

Wenn Amerikas First Lady
sich den Hollywood-Coiffeur
in die wartende Air Force

Hauser

des Ministerpräsidenten
Gerhard Schröder, ausge-
rechnet ein pensionierter
SPD-Verfassungsrichter eruieren. Der Mann spielte
auch brav ein bißchen Blin-
dekuh im Kreis der Parteifreunde. Und fand: natürlich
nichts. Folge: Untersu-
chungsausschuß. Wahrheits-
findung im Namen von St.
Nimmerlein!   ♪ ♪ ♪ ♪

LOTTO-AFFÄRE

Das Glück ist ein Rindvieh
und sucht seinesgleichen.
Fündig wird es immer wie-
der auf den fetten Weiden
des erlaubten Glücksspiels.
Der Deutsche Lottoblock –
für Polit-Pflegefälle das, was
Indien für die Heiligen
Kühe ist – gerät immer wieder durch Fälle von Rinder-
wahnsinn in die Schlag-
zeilen. Zum Beispiel die
hessische Lotteriegesell-
schaft, wo sich Parteifunk-

Kienzle

Number One bestellt, dann muß doch, bitte schön, eine Berliner F.D.P.-Fürstin ihre Friseurrechnung ebenfalls standesgemäß auf Wählerkosten refinanzieren dürfen. Ich bin so frei, sagte sich die Freidemokratin, Landesvorsitzende und Fraktionschefin Carola von Braun und schmierte sich liberale Fraktionsgelder in die Haare. Dafür wurde sie von der eigenen Partei skalpiert und mußte alle Ämter niederlegen. Merke: Die F.D.P. hat schon immer jede Gelegenheit, Haare zu lassen, sofort beim Schopf gepackt. ♪ ♪

GEHÄLTER-AFFÄRE

Genauso hatten wir uns den Aufschwung Ost vorgestellt: In Sachsen-Anhalt kassierten der Wessi-Ministerpräsident Werner Münch, CDU, und seine ebenfalls aus den alten Bundesländern impor-

Hauser

tionäre der SPD ein Leben wie Lottokönige genehmigten – mit großzügigen Dienstreisen, überhöhten Gehältern und satten Abfindungen. Doch die Reise ins Glück endete für den Lotto-Geschäftsführer, den zuständigen Finanzstaatssekretär, SPD, sowie für die oberste hessische Lottofee, Finanzministerin Annette Fugmann-Heesing, SPD, in einer besonders peinlichen Selbstbedienungs-Affäre inklusive Rausschmiß aller Verantwortlichen. ♪ ♪ ♪

LÜGEN-AFFÄRE

Posthum zog Ehrenwort-Barschel, CDU, auch noch den sauberen SPD-Hoffnungsträger Björn Engholm unter die Waterkant. Der schöngeistige Kanzlerkandidat und Kieler Ministerpräsident mußte zugeben, daß er schon früher als ur-

Kienzle

tierten Minister insgesamt
900 000 Mark zuviel Gehalt.
West-Niveau eben, von dem
ihre Ost-Kollegen am Kabi-
nettstisch nur träumen konnten. Als die rechte Fettlebe
aufflog, trat die gesamte
Landesregierung zurück.
Neuwahlen brachten herbe
Verluste für die CDU und
eine hauchdünne rot-grüne
Mehrheit, fallweise angewiesen auf Tolerierung durch die
PDS. Das Beispiel bleibt
trotzdem mustergültig dafür,
wie die »blühenden Land-
schaften im Osten« zualler-
erst für gärtnernde Böcke
aus dem Westen florierten.
Die Früchte aber ernteten
Gysi und Co. ℘℘℘℘

KÄSESCHACHTEL-AFFÄRE

»Stille Hilfe Südtirol« – was
für ein spitzweghaft poeti-
scher Untertitel für die wohl
merkwürdigste Affäre aus
bayerischen Landen! Der

Hauser

sprünglich behauptet von
den Barscheleien des »Me-
dienberaters« Pfeiffer ge-
wußt hatte. Engholms
Ausrede für den wahlent-
scheidenden Gedächtnis-
schwund: Allohol! Das
Opferlamm als schwarzes
Schaf: Weil er den Kieler
Untersuchungsausschuß be-
logen hatte, war Engholms
Politkarriere schlagartig zu
Ende. Frei nach Robert
Gernhardt: Die schärfsten
Kritiker der Elche sind ganz
plötzlich selber welche!
℘℘℘℘℘

RENOVIERUNGS-AFFÄRE

Die Linken unterstellen
Rechten gerne restaurative
Tendenzen. Sie selbst fühlen
sich dagegen zuständig fürs
Renovative, zumindest wenn
es um die Renovation der
eigenen vier Wände auf
Staatskosten geht. 50 000
Mark kassierte die hessische

Kienzle

Fraktionschef der Münchner
Rathaus-CSU, Gerhard Bletschacher, sammelt jahrzehntelang Spenden für südtiroler
Bergbauernhöfe – die wohl
bedürftigste Gegend Euro-
pas! – und zweigt davon
fünf Millionen ab für die (da-
von-)laufenden Kosten seiner
maroden Kartonagenfabrik
nahe den nicht minder be-
dürftigen bayerischen Alpen.
Verpfiffen wird Bletschacher
aus den eigenen Parteirei-
hen. Erst heuchlerische Solidarität mit dem stillen
Selbsthelfer, dann der unvermeidliche Rücktritt des armen
Käseschachtelteufels. Der
letzte Amigo – zur Strecke
gebracht im Schlußakt der
großen Säuberung bzw.
Stoiberung. Doch was
kommt jetzt? Sind damit alle
kontaminierten Altlasten der
Ära Strauß entsorgt und end-
gelagert? Oder gibt es immer noch unentdeckte
Zwischenlager, die zur Öff-

Hauser

Frauenministerin Heide
Pfarr, SPD, für ihren Umzug
von Hamburg nach Wies-
baden und fürs stilvolle
Herrichten ihrer neuen
Privatwohnung. Noch heute
ist ihr wohl unbegreiflich,
warum sie deswegen zurücktreten mußte. Wohnsinn mit
Methode!   ℐ ℐ

ROTLICHT-
AFFÄRE

»Glück auf, der Steiger
kommt«, sangen saarländi-
sche Bergleute zum fünfzig-
sten Geburtstag ihres
Landesvaters. Nach dem
neuen saarländischen Pres-
serecht könnten sie von Oskar Lafontaine, SPD,
womöglich zur musikali-
schen Gegendarstellung gezwungen werden. Lafontaine
und seinem Rotlicht-er-
leuchteten Kreuzzug gegen
den »Schweinejournalismus«
verdankt die deutsche
Rechtspflege unter anderem

Kienzle

nung anstehen, wenn es
dem bayerischen Minister-
präsidenten wahltaktisch in
den Kram paßt? Und: Dürfen
wir ab sofort mit einer
neuen, ungeahnten Affären-
Qualität rechnen, mit perfekt
durchgestylten Megaffären,
so unheimlich, so unentwirr-
bar, so mafios vernetzt, daß
in uns am Ende gar die Nost-
algie erwacht nach den
guten alten Spitzweg-Spitz-
buben vom Schlage Blet-
schachers und seiner »Stillen
Hilfe Südtirol«?   ρ ρ ρ ρ

KANZLEI-
AFFÄRE

Weil der furchtbar schlaue
Jurist und schrecklich populi-
stische Umweltminister Peter
Gauweiler, CSU, den Man-
dantenstamm seiner Kanzlei
teuerst »verpachtet« hatte
und sich auch noch auf win-
dige Freibriefe berief, konnte
Erzfeind Stoiber ihn in den
Amigo-Sumpf schubsen, aus

Hauser

die eingehende Würdigung
des vielgeschmähten, doch
immer wieder gern appli-
zierten »Redaktions-
schwanzes« nach Gegendar-
stellungen, vor allem nach
Gegendarstellungen aus der
Feder von saarländischen
Ministerpräsidenten. Womit
keineswegs behauptet wer-
den soll, daß die einzige
Stellung, zu der manche
SPD-Politiker überhaupt
noch fähig sind, die Gegendarstellung ist. Worum es
nun tatsächlich in der Rot-
licht-Affäre ging? Nun, saar-
ländische Bergleute können
ein Lied davon singen …
              ρ ρ ρ ρ ρ

RUHEGELD-
AFFÄRE

Nochmal Oskar Lafontaine,
SPD, vom Feinsten. Daß
Sozis sich um die soziale
Absicherung des deutschen
Arbeitnehmers ganz beson-
ders innig kümmern, ist

Kienzle

dem der bayerische Mini-
sterpräsident sich selbst nur
mit Mühe gerettet hatte.
Aber der Möllemann-Effekt
wird auch im Falle Gauweilers dafür sorgen, daß wir
weiterhin vom »Schwarzen
Peter« hören werden. ♪ ♪ ♪

LOTTO-AFFÄRE

Ort: Baden-Württemberg.
Handlung: Siehe Hessen, nur
mit CDU-Parteibuch. ♪ ♪ ♪

MÜNCHNER CSU-AFFÄREN

Die Münchner CSU – eine
Daueraffäre. Ex-Oberbürger-
meister wg. Untreue, Falsch-
aussage und Steuerhinterzie-
hung in den Schlagzeilen.
Stadträte werden gleich reihenweise beim Griff in die
Kasse ertappt. Der eine er-
gaunert 200 000 Mark »Aus-
fallhonorar«, der andere läßt
fünf Millionen Spendengel-
der in der bereits erwähnten

Hauser

durchs Godesberger Pro-
gramm abgesichert. Daß ein
amtierender Ministerpräsident aus seiner Zeit als
Oberbürgermeister rund
100 000 Mark an »Ruhe-
geldern« kassierte, war ein
Versorgungsfall, der im
»schwarzen« Lager Rücktritt
bedeutet hätte. Oskar blieb
im Amt, wurde wiederge-
wählt, trotz »Renten-Lüge«.
Immerhin mußte er alles
zurückzahlen. Aber viel-
leicht kriegt Lafontaine
doch auch hier noch eine
Gesetzesänderung zu seinen
Gunsten durch – nebst Be-
richterstattungsverbot, versteht sich.   ♪ ♪ ♪ ♪ ♪

SCHUBLADEN-AFFÄRE

Gewiß, man sollte nicht alle
Sozis in eine Schublade
stecken. Wäre auch gar
nicht genügend Platz neben
all den Geldbündeln. Der
schleswig-holsteinische So-

Kienzle

Käseschachtel verschwinden. Der nächste macht einen städtischen Gully zur illegalen Goldgrube. Und ein leibhaftiger Strauß-Sohn als Schatzmeister der Parteikasse kann sich und der Öffentlichkeit das Fehlen einer Viertelmillion nicht so recht erklären. Die Folge: Tumulte im Münchner Rathaus, die CSU-Spitze stinksauer über die eigene Brut – und Deutschland lacht. Spott mit dir, du Land der Bayern. ♪♪♪♪

PLUTONIUM-AFFÄRE

Dem Bundesnachrichtendienst ist ein einzigartiges Kunststück gelungen: Er hat bewiesen, daß man für 250 Millionen Mark potentiell alles bekommt auf dieser Welt. Mindestens aber ein paar Gramm Plutonium aus Moskau per Lufthansa frei Haus nach München. Stolz

Hauser

zialminister Günther Jansen, SPD, kramte in seiner Privatschublade und drückte dem Wahlhelfer Reiner Pfeiffer 40 000 Mark in die Hand. Als Sozialabgabe für einen Arbeitslosen, nicht etwa als Dankeschön für die prächtige Barschel-Affäre, der die Genossen den Machtwechsel im Norden verdanken. Jansen trat zurück, reinsten Gewissens. Wieder einmal hatte sich gezeigt, daß die Sozis einfach nicht mit Geld umgehen können. ♪♪♪♪

STOLPE-AFFÄRE

Er heißt nicht von ungefähr der »Teflon-Mann« – an Manfred Stolpe bleibt einfach nichts hängen. Der brandenburgische Ministerpräsident trägt seine klerikale Stasi-Vergangenheit inzwischen wie einen Schutzschild mit sich

Kienzle

warfen sich die Kollabora-
teure – BND-Schlapphüte,
Bayerns Polizeiminister Beck-
stein, Geheimdienstkoordi-
nator Schmidbauer – in die
Brust, als sie das »vagabun-
dierende Material« der Öffentlichkeit präsentierten. Als
ans Licht kam, daß durch
den dreisten Millionenpo-
ker – mit im Spiel: die affä-
rengeschüttelte Hypo-Bank –
ein Markt erst geschaffen
und hochgiftiges Material
ohne Not ins Land gelockt
wurde, wollte keiner rechtzeitig Bescheid gewußt haben. Logisch, daß im
anschließenden Prozeß die
eigentliche Schuldfrage nicht
geklärt wurde. Die Hinter-
männer sind weiter
(radio-)aktiv.   ℓ ℓ ℓ ℓ ℓ

PUTZFRAUEN-
AFFÄRE

Bundesverkehrsminister Günther Krause, CDU, interessier-
te sich vor allem für den Ver-

Hauser

herum. Die Akten der
Gauck-Behörde dienen die-
sem Gauckler Gottes fast
schon als Befähigungsnach-
weis für die Ost-Karriere.
Mit einem CDU-Parteibuch
wäre IM Sekretär Stolpe
längst abserviert. Aber die
SPD läßt ihn nicht stürzen,
denn sie braucht ihn gegen
die PDS als einschlägig vor-
belastete Symbolfigur: Seht
her, was man als Ritter vom
Stasi-Orden auch bei uns
alles werden bzw. bleiben
kann!   ℓ ℓ ℓ ℓ ℓ

STROM & MÖBEL-
AFFÄRE

Was ein in Bremer Wolle ge-
färbter Hanseat ist, läßt sich
öffentlich nichts anhängen,
zumindest keinen Orden.
Der inzwischen vom Wähler
zurückgetretene Bremer
Bürgermeister Klaus Wede-
meier, SPD, mußte sich
indes anhängen lassen, daß
er als Aufsichtsratsvorsitzen-

Kienzle

kehrswert von Immobilien an der Ostsee. Außerdem fiel der Alibi-Ossi in Kohls Kabinett durch dreiste Mißinterpretation der Sozialen Marktwirtschaft mehrfach unangenehm auf: widerrechtliche Umzugskostenerstattung, ABM-finanzierte Putzfrau etc. Mit dunklen Ringen unter den Augen eilte Krause patzig von Affäre zu Affäre – bis es endlich zum Rücktritt reichte. Doch selbst seine Pleite als Hobby-Banker hinderte Krauses Parteifreunde im Osten nicht, den Vereinigungsgewinnler ostentativ auf den Schild zu heben.   ♪ ♪ ♪

SCHMUDDEL-AFFÄRE

Pfarrer, Kohl-Stellvertreter, sächsischer Polizeiminister, verheiratet und bisexuell – eine hochnotpeinliche, aber längst mal fällige Konstellation. Heinz Eggert, Kohls

Hauser

der der kommunalen Stadtwerke Strom zum halben Preis bezogen hat. Zudem ließ er sich sein Dienstzimmer und sein Schlafzimmer in der Bonner Vertretung Bremens auf Kosten der Stadtwerke repräsentativ ausstatten. Irgendwie schaffen es linke Mandatsträger bis heute einfach nicht, einen ordentlichen Antrag auf Kostenerstattung auszufüllen und den verständlichen Wunsch nach schöner Wohnen vorschriftsmäßig gegenüber dem Arbeitgeber zu begründen. Sie glauben offenbar, das Selbsthilfemodell aus Zeiten studentischer Kommunen ließe sich auch auf die kommunale Ebene übertragen: Einer für alle – alle für einen! Immer, wenn die Anschaffungspreise für Tisch und Bett Ikea-Niveau übersteigen, wird erst mal Ausschau gehalten, wer dafür aufkommen könnte.

Kienzle

präpotenter Vorzeige-Ossi, mußte zurücktreten, weil man ihm nichts beweisen konnte. Und weil man bei der CDU nur heimlich andersrum sein darf. Sexuelle Belästigung Abhängiger war angezeigt. Kompromittierende Papiere schimmelten monatelang beim Ministerpräsidenten, bis Pandoras Büchse sich mit Sturmgebraus anderweitig auftat. Die Schmuddel-Affäre Eggert – eigentlich eher eine Schubladen-Affäre Biedenkopf. ♪♪♪♪♪

ZWICK-AFFÄRE

Die üblichen Verdächtigen aus der Crème Bavaroise: ein bayerischer Großunternehmer, ein, zwei CSU-Minister und, wer sonst, der damalige Landesvater Strauß. Entsprechend großkotzig die Summen, um die es ging: Der »Bäderkönig« Eduard Zwick, in der Huld

Hauser

Vielleicht glaubte Wedemeier aber auch nur, ein sozialdemokratischer Oberbürgermeister hätte per definitionem auch Anspruch auf eine Sozialwohnung. Klarer Fall von Fehlbelegung! ♪♪♪

NÄCHSTE AFFÄRE

....

Platz für Notizen

....
....
....
....
....
....
....
....
....
....
....
....
....

Kienzle

des Sonnenkönigs FJS zum
Big Spender aufgedunsen,
hatte sich das Motto der
New Yorker Hotelkönigin
Leona Helmsley zu eigen gemacht: »Nur kleine Leute
zahlen Steuern«, und dem
Fiskus gleich 74 Millionen
vorenthalten. Einem Rat
seines Gönners FJS folgend,
verließ Zwick dann doch das
Steuerparadies Bayern und
fand Asyl in der Schweiz.
Kaum nahm das Finanzamt
daraufhin Zwick junior in
Geiselhaft, waren 30 Millionen Mark Kaution zur Hand
und der Junior wieder frei.
Daß der ehemalige bayeri-
sche Finanzminister Gerold
Tandler, CSU, beim Senior
dazumal mit einigen hun-
derttausend Mark »intelligenten Schulden« (Tandler),
nämlich zinslos, in der Kreide
stand, rundete das deftige
Amigo-Aroma dieser Affäre
herzhaft ab. Tandler räumte
das Feld. Der Fall Zwick

Hauser

NÄCHSTE AFFÄRE

....

Platz für Notizen

....
....
....
....
....
....
....
....
....
....
....
....
....
....
....
....
....
....
....
....

Kienzle

schwebt vor Gericht. Die
Schweiz liefert keine Steuer-
sünder aus. Strauß ist tot.
Lang lebe die CSU!

ℓℓℓℓℓ

NÄCHSTE AFFÄRE

....

Platz für Notizen

....
....
....
....
....
....
....
....
....
....
....
....
....
....
....
....

Hauser

NÄCHSTE AFFÄRE

....

Platz für Notizen

....
....
....
....
....
....
....
....
....
....
....
....
....
....
....
....
....
....
....

Kienzle   Hauser

NÄCHSTE   NÄCHSTE
AFFÄRE   AFFÄRE

....

Platz für Notizen   Platz für Notizen
....
....
....
....
....
....
....
....
....
....
....
....
....
....
....
....
....
....

Zeichenerklärung: ∤ Kaum der Rede wert!

∤∤ Hört! Hört!

∤∤∤ Unerhört!

∤∤∤∤ Es verschlägt einem die Sprache!

∤∤∤∤∤ Unsäglich!

ALTERSUNTERSCHIED

H

Noch Fragen, Kienzle?

K

Ja, Hauser: Wie alt sind Sie eigentlich?

H

Nur vier Jahre älter als Thomas Gottschalk. Und Sie, Kienzle?

K

Doppelt so alt wie das ZDF.

H

Dann muß ich ja bald Ihre Rente zahlen!

K

Dafür zahl' ich jetzt schon die Schulden Ihres Finanzministers Waigel ab.

H

Mit Lafontaine als Finanzminister wäre bei Ihrem Renteneintritt überhaupt kein Geld mehr da.

K

Weil Sie rechtzeitig Ihre Ersparnisse in die Schweiz überwiesen hätten, oder was?

H

Nein, weil eine SPD-Regierung bei der Berechnung Ihres Rentenanspruches bestimmt wieder brutto und netto verwechselt hätte.

ARD

H

Noch Fragen, Kienzle?

K

Ja, Hauser: Brauchen wir eigentlich die ARD?

H

Sie offenbar nicht mehr, Kienzle, sonst wären Sie ja bei Radio Bremen geblieben.

K

Ein paar Jahre Bremen würden auch Ihnen nicht schaden, Hauser.

H

Also, meine Sorge um diesen gebührenpflichtigen Rotlichtbezirk hält sich in Grenzen.

K

Ich weiß, Sie stehen mehr auf schwarzen Humor à la Biedenkopf und Stoiber.

H

Den beiden ist der linke Gartenzwerg Radio Bremen ziemlich egal, Kienzle, die wollen mit ihren Attacken gegen die ARD den roten Riesen WDR ins Wanken bringen.

K

Ausgerechnet Stoiber, der heimliche Intendant des Bayerischen Staatsfernsehens!

H

Ach, Kienzle, nennen Sie mir einen roten Intendanten, der sich mit dem eigenen Ministerpräsidenten so anlegt, wie es im Streit um die ARD-Zukunft der Chef des Bayerischen Rundfunks tut.

K

Möcht' schon sein, Hauser, schließlich war er ja nebenbei auch
Vorsitzender der ARD!

H

Wer weiß, vielleicht ist ARD schon bald die Abkür-
zung für »Alle rennen davon!«

K

… und stellen womöglich Asylanträge auf dem Lerchenberg.

Hauser

ARMUT

Angesichts des in vielen Teilen der Welt herrschenden Elends
grenzt es fast schon an Blasphemie, von Armut in Deutschland
zu sprechen. Wer wirklich arbeiten will, findet bei uns nahezu
immer eine Beschäftigung. Wo es wegen geringen Einkom-
mens besonders knapp wird, springt der Staat mit vielfältigen
Hilfen etwa bei der Miete oder beim Lebensunterhalt ein.
Kann man von Armut in einem Land sprechen, in dem selbst
in Fällen größter Überschuldung nicht einmal ein Fernseher
gepfändet werden darf? Auch wer aufgrund persönlicher Um-
stände, ob unverschuldet oder sogar verschuldet, in Not gerät,
kann auf die Solidarität der Gemeinschaft zählen. Bei uns
braucht niemand zu verhungern, jeder hat Anspruch auf ärzt-
liche Behandlung im Krankheitsfall, keiner muß unter freiem
Himmel schlafen. Aber natürlich kann man niemanden zwingen, angebotene Hilfen anzunehmen. Sollen Obdachlose etwa

gegen ihren Willen in entsprechende Unterkünfte zwangsver-
schleppt werden? Und wer sich scheut, bei Sozialämtern einen
Antrag auf ihm zustehende Unterstützung zu stellen, der ist
ja wohl nicht so in Not, daß es um Sein oder Nichtsein geht.
Ein Blick hinüber zu unseren EU-Nachbarn zeigt zudem viel
schlimmere Fälle von Armut, als sie der deutsche Wohlfahrtsstaat je zulassen wird.

Kienzle

ARMUT

Millionen von Menschen in Deutschland sind nicht in der
Lage, aus eigenen Kräften ihren Lebensunterhalt zu bestreiten.
Das ist für eines der reichsten Länder der Erde eine Schande.
Hauptursachen der Armut sind die anhaltende Massenarbeitslosigkeit und – besonders erschreckend – Kinderreichtum. Außerdem leben wir in einer Gesellschaft, die den Menschen mit einer täglichen Werbeflut das Motto einbleut:
Haste was, biste was. Was zur Folge hat, daß viele dazu
verführt werden, sich Dinge zu leisten, die sie sich eigentlich
gar nicht leisten können.

Zur finanziellen Not kommt schnell die gesellschaftliche
Ausgrenzung. Wo wie bei uns materielle Güter der Maßstab
für die Beurteilung des Stellenwerts von Menschen sind, ist
derjenige, der sich weniger leisten kann, für seine Umgebung
ein Mensch zweiter Klasse. In einem Staat, in dem sich der
einzelne seiner Armut schämen muß, werden viele alles dar-

ansetzen, ihre Armut vor den Mitmenschen verborgen zu
halten. Um denjenigen, die wirklich der gemeinschaftlichen
Hilfe bedürfen, neben den tatsächlichen Existenzängsten wenigstens die damit einhergehende Diskriminierung zu ersparen, brauchen wir eine soziale Grundsicherung, die Schluß
macht mit den ständigen Bittgängen bei einer Vielzahl von
Behörden.

ASTROLOGIE

H

    Noch Fragen, Kienzle?

K

Ja, Hauser: Welche Auswirkungen hat eigentlich die Neuord-
nung der Sternzeichen auf Ihr Horoskop?

H

    Also, wenn man der Königlich Astronomischen Ge-
    sellschaft glauben darf – und britische Institutionen
    sind ja über jeden Zweifel erhaben –, dann bin ich
    nie Fisch gewesen, sondern Wassermann. Und Sie,
    Kienzle?

K

Nicht Stier, sondern Widder.

H

    Widder und Wassermann – dann passen wir ja wun-
    derbar zusammen, Kienzle!

K

Das ist nicht Ihr Ernst, Hauser! Die Sterne lügen, nicht?

H

Ich glaube, Kienzle, die Geschichte von *Frontal* muß in weiten Teilen neu geschrieben werden.

K

Das wäre das Ende einer wunderbaren Feindschaft.

H

Kienzle, Sie und ich – in Wahrheit ein Herz und eine Seele!

K

Ekelhaft! Gibt es denn keine Hoffnung, Hauser?

H

Doch. Mars steht zur Zeit im Quadrat zu Pluto und Jupiter im Quadrat zu Saturn.

K

Egal, Hauptsache, irgendwas steht im Quadrat zwischen uns.

H

Wir haben Glück, zwischen uns windet sich die Schlange Ophiuchus, das neu eingeführte 13. Sternbild.

K

Na, dann auf Widdersehen – bis zur nächsten Ausgabe von Stern-TV!

Hauser

AUFSCHWUNG

Trotz des ständigen Krisengeredes der berufsmäßigen Miesmacher ist das konjunkturelle Tief überwunden. Der wirtschaftliche Aufschwung ist da. Durch die gemeinsamen Anstrengungen der Wirtschaft und einer soliden, verläßlichen Politik ist es gelungen, aus der Talsohle herauszukommen. Wir haben wieder positive Wachstumszahlen und konnten viele Tausende neuer Arbeitsplätze schaffen. Aber noch immer gilt, daß nichts verteilt werden kann, was nicht zuvor erarbeitet worden ist. Deshalb muß bei den Tarifabschlüssen weiter Maß gehalten werden, damit der Aufschwung und damit der Wirtschaftsstandort Deutschland nicht neuerlich in Gefahr geraten. Denn im internationalen Vergleich ist das deutsche Lohnniveau noch lange nicht konkurrenzfähig. Der Abstand zu Billiglohnländern läßt sich auch durch höhere Produktivität nicht mehr ausgleichen. Also: kein Aufschwung zum Ausruhen.

Kienzle

AUFSCHWUNG

Den bescheidenen wirtschaftlichen Aufschwung verdanken wir alleine den Zuwächsen im Export. Die Konjunktur auf dem Binnenmarkt macht sich kaum bemerkbar, und von einem Abbau der Massenarbeitslosigkeit ist weit und breit außer saisonüblichen Schwankungen nichts zu merken. Mit Tarifabschlüssen, die unterhalb der Inflationsrate lagen, haben die Arbeitnehmerinnen und Arbeitnehmer jahrelang Solidarität mit den Arbeitslosen bewiesen. Die Wirtschaft hat diesen Verzicht nicht honoriert, sondern im Gegenteil weitere Arbeitsplätze vernichtet. Zusätzliche Lohn- und Gehaltsopfer sind nicht nur sozial unzumutbar, sie würden einen tatsächlichen Aufschwung auch mehr bremsen als befördern. Weitere Schwächung der Massenkaufkraft wird zwangsläufig in neuer Konjunkturflaute enden. Wie sollen die Menschen neue Autos, Kühlschränke oder Waschmaschinen bezahlen, wenn sie nicht mehr Geld kriegen?

Hauser

BAUERN
Retter in Not

Die Bauern sind die eigentlichen »Grünen«. Lange bevor andere den Schutz der natürlichen Lebensgrundlagen in Parteiprogramme geschrieben haben, waren die Bauern als praktische Natur- und Umweltschützer tätig. Daneben sorgen sie für vielfältiges, qualitativ hochwertiges Angebot an Lebensmitteln und sichern damit die gesunde Ernährung der Bevölkerung. Angehörige der Kriegsgeneration wissen, wie viele von ihnen den Bauern buchstäblich ihr Überleben verdanken. Muß erst wieder eine Notsituation kommen, damit die Menschen begreifen, wie wichtig einheimische Grundversorgung mit Nahrungsmitteln ist?

Wir dürfen nicht länger zusehen, wie die deutsche Landwirtschaft durch die Erzeugnisse ausländischer Agrarproduk-
te immer stärker unter Druck gerät, die Einkommen ständig
sinken und jährlich rund 20 000 Höfe aufgegeben werden
müssen. Mit dem Sterben bäuerlicher Existenzen geraten
auch die Lebensqualität in unseren ländlichen Räumen und
die dörfliche Kultur in Gefahr. Die damit verbundene Land-
flucht gerade vieler junger Menschen führt zu weiterem
Druck auf die Ballungsgebiete mit all ihren Wohnungs-, Ar-
beitsmarkt- und sozialen Problemen.

So wichtig es ist, die landschaftspflegerischen Leistungen
der Bauern durch direkte staatliche Einkommenshilfen zu
honorieren – es muß auch weiterhin gewährleistet werden,
daß der Verkauf ihrer Produkte den Bauern angemessenen
Lebensstandard sichert und sie nicht zu Sozialhilfeempfän-
gern degradiert werden.

Deshalb ist es notwendig, daß der Staat auch in Zukunft mit
Preisgarantien und Subventionen zum Schutz der Bauern
regulierend in den Markt eingreift, wie dies auch in allen
anderen Ländern geschieht. Die deutsche Landwirtschaft darf
nicht auf dem Altar Brüsseler Interessen geopfert werden.

Kienzle

BAUERN
Der große Subventionsselbstbetrug

Die Lautstärke der Agrarlobby und ihr Einfluß stehen in einem krassen Mißverhältnis zu ihrer volkswirtschaftlichen Bedeutung. Die Blut-und-Boden-Romantik, die Schwärmereien von der heimischen Scholle müssen endlich überwunden und den Gegebenheiten der industriellen Wirklichkeit unseres Landes angepaßt werden. Deutschland ist eben kein Agrarstaat mehr. In einer arbeitsteiligen Welt hat das Streben nach Autarkie und Selbstversorgung keinen Platz mehr. Aus Angst vor dem Verlust von Wählerstimmen hat die Politik allzulange die Fiktion aufrechterhalten, wer Bauer bleiben wolle, könne auch Bauer bleiben. Aber selbst Milliardensubventionen konnten nicht verhindern, daß die Zahl der selbständigen landwirtschaftlichen Betriebe immer weiter zurückgeht. Darin zeigt sich nur die Lebenslüge der Rechten: Agrarzuschüsse ja, Kohlesubvention nein.

Leidtragende der protektionistischen Agrarpolitik sind vor allem die Verbraucher, die weit höhere Preise für Nahrungsmittel zu entrichten haben, als es aufgrund des Weltmarktangebotes notwendig wäre. Das irrwitzige System von Überproduktion, Lagerung und Vernichtung von Agrarprodukten – alles aus sinnlos vergeudeten Steuergeldern finanziert – geht aber auch zu Lasten der Länder der Dritten Welt. Wir könnten uns Unsummen an staatlicher Entwicklungshilfe sparen, würden wir nicht deren Erzeugnisse mit Importhürden von unseren Märkten fernhalten. Anstatt unwirtschaftlich arbeitende Höfe mit ständig neuen staatlichen Unterstützungsprogrammen künstlich noch kurze Zeit am Leben zu erhalten, sollten die dafür eingesetzten Gelder besser für Umschulungsprogramme und die Schaffung anderer Arbeitsplätze verwendet werden. Das wäre ehrlicher gegenüber den Bauern und verantwortlicher gegenüber den Steuerzahlern.

Hauser

BAYERN
Abwarten und Bier trinken

Bayern ist die Perle unter den 16 deutschen Bundesländern. Aus einer vornehmlich ländlich geprägten Armenregion wurde in wenigen Jahrzehnten ein moderner Industriestaat. Trotz der rasanten wirtschaftlichen und technischen Entwicklung konnte der Freistaat seine Identität erhalten. Tradition und Fortschritt sind in Bayern keine Gegensätze, sondern zwei Seiten ein und derselben Erfolgsmedaille. Notwendige Anpassungen erfolgten nicht von oben angeordnet und in Brüchen, sondern mit Augenmaß und stets im Bemühen um größtmögliche Akzeptanz bei der Bevölkerung. Neues wird erst einmal nüchtern und mit praktischer Lebenserfahrung daraufhin abgewogen, ob es wirklich besser ist als das Bisherige. Bei modischen Experimenten, etwa in der Bildungspolitik, überlassen die Bayern anderen den Vortritt und warten erst einmal ab. Bayern hat das höchste Wirtschaftswachstum, die geringste Arbeitslosigkeit, die niedrigste Kriminalitätsrate, dazu einen Freizeit- und Erholungswert (als erstes Bundesland hat Bayern 1970 ein eigenes Umweltministerium geschaffen), dessen Anziehungskraft die Bayern einerseits stolz macht, andererseits mit Blick auf die große Zahl derer, die sich auf Dauer bei ihnen niederlassen wollen, auch mit gewisser Besorgnis erfüllt.

»Leben und leben lassen« wird als Ausdruck von Toleranz und bayerischer Liberalität gepflegt, gilt allerdings nicht schrankenlos. Minderheiten können gerne nach ihrer Fasson selig werden, solange sie die Mehrheiten respektieren. Sitte und Moral werden hochgehalten, Verstöße verständnisvoll als eben menschlich angesehen und verziehen, solange sie privat bleiben und nicht zur allgemeinen Norm erhoben werden sollen. Bayerns Obrigkeit kennt ihre Untertanen genau, weiß um ihre anarchischen Gelüste ebenso wie um ihren Wunsch nach geordneten Verhältnissen und starker Führung. Beidem wird angemessen Rechnung getragen.

Gelegentlich abschätzige Kommentare aus nördlichen Regionen ringen dem selbstbewußten Bayernvolke eher Mitleid ab. Es weiß um den puren Neid, der sich dahinter verbirgt. Bayern, in das es so viele hin- und aus dem es kaum jemanden wegzieht, kennt seinen Stellenwert innerhalb Deutschlands und Europas gut genug, um mit Stolz und Zuversicht in die Zukunft blicken zu können.

Kienzle

BAYERN

Weiß-blau tapezierte Ordnungszelle

Seine positive wirtschaftliche Entwicklung verdankt Bayern zum großen Teil der Solidarität der anderen Bundesländer. Insgesamt rund neun Milliarden Mark flossen dem Freistaat bisher aus dem Länderfinanzausgleich zu. Zum Dank spielt sich Bayerns Regierung immer wieder zum Schulmeister der übrigen Länder auf. Nirgendwo sonst wird der Obrigkeitsstaat so verbissen gegen die Freiheitsrechte der Bürger verteidigt wie in Bayern. Das mittlerweile geflügelte Wort des früheren Ministerpräsidenten Max Streibl von der »bayerischen Art des Hinlangens« im Zusammenhang mit der Einkesselung Hunderter von Demonstranten beim Weltwirtschaftsgipfel 1991 in München beschreibt alltägliche Realität im Umgang mit Andersdenkenden. Die Gegner der geplanten Wiederaufarbeitungsanlage in Wackersdorf wissen davon ganze Liedsammlungen zu singen. Wo immer es um den Ausbau von Bürgerrechten, den Abbau von Diskriminierung und die Fortentwicklung der demokratischen Gesellschaft geht, trägt Bayern die Schlußlaterne: Sitzblockaden sollen wieder strafbar werden, der Schwangerschaftsabbruch strafbar bleiben, straffrei dagegen die Vergewaltigung in der Ehe. Gegen Bayerns gnadenlose Abschiebepraxis auch bei Asylbewerbern, die in ihren Heimatländern an Leib und Leben bedroht sind, machen inzwischen selbst die sonst eher staatstreuen Kirchen mobil.

Ob in der Drogen- oder Ausländerpolitik, stets wird der Repression der Vorrang eingeräumt. Hinter der zu reinen PR-

Zwecken inflationär verwendeten Formel »Liberalitas Bavariae«
verbirgt sich nichts anderes als Wurschtigkeit, die allerdings
nur solange anhält, wie die Interessen der Mächtigen nicht
wirklich in Gefahr geraten. An der Verfilzung zwischen der
herrschenden Partei und den Staatsorganen, insbesondere der
Justiz, hat sich seit der Beschreibung Lion Feuchtwangers in
seinem Werk »Erfolg« bis heute nichts geändert. Nicht die
zahlreichen Amigo-Affären als solche, sondern deren späte
Aufdeckung wurden als Ärgernis und Belastung empfunden.
Als Umweltpolitik nicht mehr als ein Schlagwort war und vor
allem wenig kostete, war Bayern vorn. Jetzt, wo es ans Einge-
machte geht, etwa bei einer neuen Energiepolitik, bei der
Bekämpfung der Ozongefahr oder dem Schutz der Donau, ist
die Umweltpolitik zu einem kompetenzlosen Anhängsel wirtschaftlicher Interessen verkommen.

Ihre Anziehungskraft verdankt die »Ordnungszelle« Bayern
der Umrahmung mit Seen, Bergen und Schlössern.

Hauser & Kienzle

BEAMTE

Die Dreiteilung im öffentlichen Dienst in Arbeiter, Angestellte
und Beamte ist ein Anachronismus, der den Realitäten und
Erfordernissen einer modernen Verwaltung nicht mehr entspricht. Mit Ausnahme weniger Hoheitsbereiche wie Polizei
und Finanzverwaltung sollte der Beamtenstatus deshalb abgeschafft werden. Es gibt beispielsweise keinerlei Grund zu

der Annahme, daß ein angestellter Lehrer oder Briefträger schlechtere Leistungen erbringt als ein verbeamteter. Die Sonderstellung des Beamten, so etwa das Privileg, nichts zur eigenen Altersversorgung beitragen zu müssen, hat dem Ansehen des Beamtenstandes in der Bevölkerung mehr geschadet als genützt. Wenn die Funktionäre des Beamtenbundes ständig behaupten, sie wären gegenüber anderen Berufsgruppen im Nachteil, so stellt sich die Frage, warum sie dann so verbissen an der Beibehaltung dieser Nachteile festhalten wollen.

Hauser

BND

Auch nach dem Ende des Ost-West-Konflikts kann Deutschland auf den Bundesnachrichtendienst nicht verzichten. Kein anderes Land käme auch nur auf die Idee, seine Auslandsaufklärung einzustellen. Mag der Kalte Krieg offiziell vorbei sein, so sind damit die potentiellen Gefahrenherde keineswegs beseitigt. Alle technischen Möglichkeiten können den Menschen bei der Nachrichtenbeschaffung nicht ersetzen. Die chaotischen Zustände auf dem Gebiet der ehemaligen Sowjetunion machen deutlich, daß die Situation auch in Europa eher unberechenbarer geworden ist. Es liegt also nicht im Interesse der Sicherheit, den BND personell zu dezimieren oder gar abzuschaffen. Vielmehr muß er auf neue Herausforderungen vorbereitet werden. Dazu gehören insbesondere die organisierte Kriminalität und der internationale Terrorismus.

Die Giftgasanschläge in Japan, das Attentat in Oklahoma, der illegale Handel mit Plutonium oder die Briefbombenserie in Deutschland und Österreich sind Bedrohungen, die Polizei und Staatsanwaltschaft überfordern – die können ja erst nach Vorliegen konkreter Verdachtsmomente tätig werden. Solche neuartigen Formen des Verbrechens aber müssen schon weit im Vorfeld aufgespürt und bekämpft werden. Dafür brauchen wir den Bundesnachrichtendienst.

Kienzle

BND

Auslandsspionage ist ein Relikt des Kalten Krieges und war nicht einmal zu dieser Zeit wirklich erfolgreich. Politische Entscheidungsträger aller Parteien stimmen darin überein, daß zahlreiche Lagebeurteilungen des BND entweder falsch waren oder aus Informationen bestanden, die man auch der »Neuen Zürcher Zeitung« hätte entnehmen können. Die veränderte politische Situation muß Anlaß sein, die Beschäftigtenzahl des BND in einer ersten Stufe drastisch zu reduzieren und ihn in einem zweiten Schritt ganz abzuschaffen. Völlig verfehlt und gefährlich wäre es, ihm statt dessen neue Aufgaben zuzuweisen, für die er weder geschaffen noch geeignet ist. Der offenbar unter kräftiger Mithilfe des Bundesnachrichtendienstes in Gang gekommene Plutoniumschmuggel zeigt, wohin es führt, wenn die unterbeschäftigten Schlapphüte sich selbst neue Betätigungsfelder suchen. Auf diese Weise wird der BND selbst

zur innenpolitischen Bedrohung. Die Bekämpfung der organisierten Kriminalität und des internationalen Terrorismus muß
durch weltweit verbesserte Zusammenarbeit der Polizei erfolgen. Ein Nebeneinander von Nachrichtendiensten und Strafverfolgungsbehörden würde nicht zu mehr Effizienz und Erfolg
führen. Es wäre ganz im Gegenteil mit neuem Kompetenzwirr-
warr rivalisierender Einrichtungen zu rechnen, die sich gegenseitig überwachen und ins Gehege kommen. Alleinige Nutz-
nießer wären die Verbrecher.

Hauser & Kienzle

BONN

Der demokratische Aufbau der Bundesrepublik Deutschland ist
untrennbar mit Bonn als Regierungshauptstadt verbunden. In
der ganzen Welt hat Bonn einen guten Namen. Die damalige
Entscheidung, die Beethovenstadt zum Sitz von Regierung und
Parlament zu machen, war ein Signal für den endgültigen Abschied vom nationalen Größenwahn. Gerade nach der Wiedervereinigung, die von unseren Nachbarn mit Argwohn und
Mißtrauen verfolgt wurde, hätte es nahegelegen, mit der Beibehaltung Bonns als Regierungssitz ein Zeichen dafür zu setzen,
daß auch das neue Deutschland ein europäisches Deutschland
ist, vor dem sich niemand mehr fürchten muß.

Die Erinnerung an die Hauptstadt Berlin ist dagegen im In-
und Ausland eher zwiespältig. Die Restauration löst Beklem-
mung aus. Das zeigt beispielsweise das blamable Ergebnis, das

Berlin bei seiner Bewerbung um die Olympischen Spiele ein-
stecken mußte. Auch ohne Hauptstadtfunktion wäre Berlin mit
Sicherheit wieder wirtschaftlich und kulturell aufgeblüht. Golo
Mann hatte recht, als er sagte: »Ein föderalistisches Deutsch-
land braucht keine Hauptstadt, sondern einen Regierungssitz.«
In dieser Eigenschaft hat Bonn mehr Ehre eingelegt, als es
Berlin in Zukunft je wird tun können.

Hauser

BOYKOTT
Ablaß für Umweltsünden

Boykott – neuer Volkssport der Umwelthysteriker und ver-
sprengten Friedensbewegten. Wenn es wie im Fall der geplanten Versenkung der Ölplattform »Brent Spar« darum geht,
»Betroffenheit« zu mobilisieren, haben rationale Argumente
keine Chance mehr. Der Boykottaufruf gegen Shell-Tankstellen war vor allem deshalb so erfolgreich, weil er für die Boykot-
teure mit keinerlei Opfern oder Einschränkungen verbunden
war. 200 Meter weiter zur nächsten Tankstelle zu fahren und
diese in der Überzeugung zu verlassen, einen bedeutenden
Beitrag zum Schutz der Umwelt geleistet zu haben, das ist mit
jenem Gefühl vergleichbar, mit dem sich in früheren Zeiten
die Menschen durch Erwerb eines Ablaßzettels von ihren Sün-
den freikauften. Der kostete aber wenigstens noch etwas.
    Das bereitwillige Aufspringen der Konservativen auf den
Zug der Scheinheiligkeit und das Einknicken der Firma Shell

inklusive Kniefall per Zeitungsgroßanzeigen können Politik und Wirtschaft in Europa noch teuer zu stehen kommen. Noch trunken vom unerwarteten Erfolg, nahmen nun obskure Initiativen wie »Wirte gegen Chirac« den französischen Staatspräsidenten wegen seiner Absicht, einige wenige Atomversuche durchzuführen, ins Visier. Beugt sich auch Frankreich dieser Art von Druck, sind der Willkür der selbsternannten Weltpolizei Tür und Tor geöffnet. Kein Unternehmen kann mehr sicher sein, wegen unerwünschter Produkte nicht in gleicher Weise an den Pranger gestellt zu werden.

Daß sich derartige Aktionen der »Friedens- und Umweltfreunde« bevorzugt gegen westliche Unternehmen und Regierungen richten, spricht Bände über die ideologische Einäugigkeit. Das Abschlachten von Menschen in Tschetschenien war nicht einmal einen Aufruf zum Verzicht auf russischen Wodka und Kaviar wert. Aber was sind schon Menschenleben gegen Seealgen?

Kienzle

BOYKOTT
Gegen Profitgier und Chauvinismus

Die erfolgreiche Aktion gegen die geplante Versenkung der Ölplattform »Brent Spar« durch den Shell-Konzern beweist, daß die Bevölkerung dreisten Umweltsündern keineswegs hilflos ausgeliefert ist. Mit dem Aufruf zum Boykott der Shell-Tankstellen hat Greenpeace ein wirkungsvolles Mittel des gewaltfreien Widerstandes gefunden und eingesetzt. Daß sich auch die Konservativen in Deutschland dieser Aktion angeschlossen haben, zeigt, daß die Bedrohung der Meere durch Umweltverschmutzung inzwischen allgemein als drängendes Problem erkannt ist. Rücksichtslos die Natur zerstörende Unternehmen müssen zur Kenntnis nehmen, daß eine zunehmend umweltbewußte Bevölkerung sie in kurzer Zeit dort empfindlich und wirkungsvoll treffen kann, wo es am wehesten tut, nämlich beim Geld.

Der Erfolg der »Brent Spar«-Initiative weckte Hoffnungen, daß auch der französische Staatspräsident Chirac sein unverantwortliches Vorhaben aufgeben würde, Atomversuche gegen den Protest der ganzen zivilisierten Welt durchzuführen. Aber Frankreich ist keine Firma, sondern ein Land. Und Chauvinismus ist stärker als Profitgier. Daher war absehbar, daß Boykottmaßnahmen in diesem Fall eher zur Radikalisierung als zur Einschüchterung des Gegners führen mußten.

Hauser & Kienzle

BÜROKRATIE

»Der Schalter ist der Schließmuskel einer Behörde.«
(Hans-Joachim Seißler)

»Bitte nehmen Sie sich meiner Sache an. Nur *Frontal* kann mir noch helfen.« So steht es immer öfter in Briefen von Menschen, die sich zumindest aus eigener Sicht in auswegloser Lage befinden. Das muß nicht heißen, daß stets die Existenz auf dem Spiel

steht. Aber es heißt, daß der Staat in all seinen Facetten – Stadt-
oder Kreisverwaltungen, Bauämter oder Entsorgungsbetriebe,
stark zunehmend auch Gerichte – bei diesen Menschen kein
Vertrauen mehr genießt, ja verachtet wird. Daß ausgerechnet
machtlose Journalisten, die niemandem etwas befehlen können, im Kampf gegen die als wahre Machthaber im Lande
empfundenen Millionen von Bürokraten helfen sollen, macht
beklommen.

Wer wie *Frontal*-Mitarbeiter Hans Werner Conen als Reporter vor Ort auftaucht, begegnet allen Gefühlen zwischen ohn-
mächtiger Wut und dumpfer Verzweiflung, oft auch Galgenhu-
mor. München im Herbst. Wir stehen vor einem Wohnsilo, in
dem die Grundschullehrerin Heidi Z. – deren Entlassung der
Freistaat Bayern, verstrickt ins eigene Beamtenrecht, seit acht
Jahren vergeblich versucht – angeblich eine Art Bordell betreibt.
Nachbarn wissen von nichts, solange sie glauben, der Fragestel-
ler sei von der Polizei oder vom Finanzamt (»sowieso korrupt«).
Erst als wir sagen: »Wir arbeiten für die ZDF-Sendung *Frontal*«
und die Kamera zeigen, werden wir in Wohnungen gebeten und
mit Informationen überschüttet. Nur Behörden könnten dem
die Nachbarn belästigenden Treiben des beamteten Callgirls
Einhalt gebieten, doch glaubt hier niemand mehr an Behörden;
der Staat hat sich schon acht Jahre lang als handlungsunfähig
erwiesen. So wird der Bericht über das Übel anstelle der Lösung
des Problems begrüßt.

Es gibt Stories für *Frontal*, bei denen die Informationen vorliegen und die »Rollen« der Opfer und die der Täter geradezu ideal
besetzt sind – und die dennoch wohl nie gesendet werden. Wir
kennen einen Finanzamtsvorsteher, der sich damit brüstet, in ein
paar Jahren ein rundes Dutzend kleinerer Betriebe durch ge-
zieltes »Kaputtprüfen« ruiniert zu haben – offensichtliche Will-

kür, klarer Rechtsbruch. Wir kennen mehrere Opfer, Handwerker, frühere Inhaber einer kleinen GmbH, deren Existenz vernichtet wurde. Keiner will vor die Kamera, keiner will seine Akten öffnen. Es sind gebrochene Menschen, die nur noch schweigen. Wir kennen Steuerfahnder, die gegen Bares Schonung versprachen, andere, die ahnungslosen Steuerzahlern nachteilige Belege untergeschoben haben. Wir kennen einen Unternehmer, der für eine neue Räucherkammer (ein eingeführtes Serienfabrikat) die Grundwasserströme unter seiner kleinen Wurstfabrik und das örtliche Klima durch Gutachten nachweisen sollte, die allein ein Mehrfaches der geplanten Investition kosten – der Mann räuchert jetzt in Belgien. Vor die Kamera will er nicht, er fürchtet die Rache der düpierten Bürokraten.

Einzelfälle, bedauerlich. Zu mehr können sich deutsche Amtspersonen selbst dann nicht durchringen, wenn Willkür, Schlamperei oder Parteibuchwirtschaft mit Händen zu greifen sind. Es wird nur zugegeben, was ohnehin offenbar ist. Die Wand, vor die Bürger bei vielen Behörden laufen, Eiseskälte, Trickserei und Verhöhnung, alles das spürt oft auch der Reporter. Mit einer Ausnahme: Während sich Behörden einfachen Bürgern gegenüber oft über Monate in hoheitsvolles Schweigen hüllen, auf Anträge, Eingaben etc. einfach nicht reagieren, stellen sich die leitenden Beamten, oft bemerkenswert eitel, in den meisten Fällen der Kamera.

Unsere anfängliche Befürchtung, wir würden vor verschlossenen Amtstüren stehen, müßten mit dem ZDF-Justitiar beratschlagen, ob man mit laufender Kamera »einfach reingehen« sollte, ist weitgehend Theorie geblieben. Proteste kommen erst nachträglich und lassen oft erkennen, daß nicht wenige Beamte in den Leuten vom Fernsehen zunächst eher ihre Verbündeten gegen die nervenden Bürger gesehen haben. (»Gut, daß wir öf-

fentlich darstellen können, wie korrekt alles war.«) Und korrekt
ist es allein schon deshalb gelaufen, weil die – im Zweifelsfall
selbstgemachten – Vorschriften angewendet wurden. Eine Be-
amtin der Zollverwaltung hat es in *Frontal* im Brustton guten
Gewissens einmal auf den Punkt gebracht: »Wir wenden Vorschriften an, der Sinn hat uns nicht zu interessieren.« Da ist nach
der Sendung amtliche Fassungslosigkeit angesagt, wenn der Reporter auf das – oft abstruse – Ergebnis abgehoben hat. Ober-
ämtler schreiben empört dem Intendanten. Der bleibt gelassen.

Nach bald drei Jahren, in denen kaum eine *Frontal*-Sendung
ohne Bürokratenposse gelaufen ist, läßt sich folgendes Fazit
ziehen: Im planvoll wirren Dickicht der Bürokratie hat sich längst
eine nach Millionen zählende Kaste von kleinen und großen
Machtausübern eingenistet, für die das Volk da draußen eine Art
Nutzviehherde ist. Die hat immer mehr abzuliefern und immer
weniger zu sagen. Dem Staat, äußern Betroffene, geht es nur
noch um Geld. Recht und Gerechtigkeit werden dafür hingebo-
gen. Wer als einzelner dagegen angeht, wird fertiggemacht.
Gegen die Ämter darf einfach keiner gewinnen. Die Bürokratie
entlarvt sich immer dann, wenn sie sagt, sie wolle etwas »völlig
unbürokratisch« klären oder lösen. Was heißt das anderes, als
daß sie gemeinhin maßlose Beamtenherrschaft ausübt?

Es sind zwei Welten entstanden: dort der politisch-bürokrati-
sche Komplex, der zunehmend gereizt auf das angeblich allein
von ihm verkörperte Gemeinwohl und die Milliarden verweist,
die er für tausenderlei Gutes aufwende; hier viele einzelne, die
sich in dem Kokon aus Vorschriften und Gängelung, aus Betreuung und Bevormundung immer unwohler fühlen. Es fehlt
öfter als je zuvor das Grundvertrauen der Bürger zum Staat,
ohne das nur Diktaturen auskommen. Nur scheinbar paradox:
Je mehr der Wohlfahrtsstaat für seine Untertanen tut, um so

mehr wird er verachtet. Die längst verselbständigte und außer Kontrolle geratene Bürokratie wird zum Existenzproblem der Demokratie.

BÜSSEN UND BETEN

> H
>
> Noch Fragen, Kienzle?

K

Ja, Hauser: Was machen wir eigentlich morgen, am Buß- und Bettag?

> H
>
> Büßen und beten, was sonst?

K

Ja, schon, aber wo?

> H
>
> Also sehr schön büßt es sich im »Rüdesheimer Pfaffen-stübchen«. Die haben einen neuen Koch.

K

Ich plädiere für den »Kiedricher Herrgottswinkel«. Dort gibt es Weine – zum Niederknien!

> H
>
> Wie wär's mit der Mainzer Domklause?

K

Keine gute Buß-Verbindung. Ich bin ohne Auto. Aber im Kloster Eberbach kann man noch draußen büßen.

> H
>
> Na, dann beten wir mal um gutes Wetter.

Hauser

CHIP

Integrierte Schaltkreise, die auf der Größe eines Fingernagels
Millionen Informationen speichern und umsetzen können,
haben Funktionen des menschlichen Gehirns übernommen,
die dieses in Jahrtausenden nicht zu leisten vermag. Als technologisch ausgefeilte Variante des Rohstoffes »Geist« leisten
Chips und Computer einen unentbehrlichen Beitrag zur Ver-
besserung der Lebensqualität auf allen Gebieten. Sie sind
Beweis dafür, in welchem Maße Kreativität und geniales
menschliches Denken sich die Technik zunutze machen können, ohne sich selbst dieser Technik zu unterwerfen. Das
Funktionieren dieser künstlichen Intelligenz ist Ergebnis der
natürlichen menschlichen Intelligenz und daher, weil von ihr
untrennbar abhängig, auch ethisch uneingeschränkt zu be-
jahen.

Kienzle

CHIP

Von Menschen erdachte, technisch in Form von Chips umge-
setzte und von Computern realisierte künstliche Intelligenz birgt
die große Gefahr, an die Stelle der natürlichen Intelligenz der
Menschen zu treten. Chips und Computer übernehmen Funktio-

nen, die auszufüllen keinem Menschen im Laufe seines ganzen Lebens möglich wäre. Der Mensch schafft sich damit Konkurrenz zu sich selbst, die sich wegen ihrer beständigen Perfektionierung zu verselbständigen droht. Den Chips und Computern sind naturgemäß alle Abwägungsprozesse fremd, die menschliches Handeln steuern: Moral, ethische Überlegungen, Bedenken von Ergebnis und Folgen. Je mehr die Menschen auf künstliche Intelligenz vertrauen und sich von ihr aus Bequemlichkeit abhängig machen, in desto höherem Maße werden die natürliche Intelligenz und die mit ihr verbundene sittliche Verantwortung verkümmern. Am Ende dieser Entwicklung kann leicht eine sich selbst genügende und sich aus sich selbst rechtfertigende Technik stehen, die den Menschen nicht mehr braucht. Dies wäre dann auch das Ende jeder humanen und zivilisierten Gesellschaft.

Hauser

CHRISTLICH

Es ist gewollte Bösartigkeit oder unbelehrbare Ahnungslosigkeit, meistens jedoch eine klebrige Mischung aus beidem, wenn so getan wird, als seien die christlichen Konfessionen fixiert auf ein außerirdisches Jenseits. Sie auf tatenloses Hoffen zu verkleinern ist so abwegig wie die Behauptung, Christen seien weinerliche Weichlinge. Keineswegs stellt die Heilige Schrift das menschliche Dasein wie einen Aufenthalt im Jammertal dar, aus dem erlöst zu werden die wahre Verheißung

wäre. Hofft ein Mensch ausschließlich auf die Auferstehung –
und damit auf die endgültige Freiheit – nach dem Tode, dann
ist er schief gewickelt.

»Hoffen wir allein in diesem Leben auf Christum, so sind
wir die elendesten unter allen Menschen!« ist bereits im ersten
Brief des Paulus an die Korinther nachzulesen. In die Sprache
am Ende des 20. Jahrhunderts übertragen, heißt das allemal:
»Wer nichts tut, braucht nicht zu hoffen.« Worauf auch? Wer
keinen Finger rührt und keine Hirnzelle anstrengt, um – zum
Beispiel – dafür zu sorgen, daß unsere Kinder die Erde in
einem so tadelsfreien Zustand von uns wiederbekommen, wie
wir sie von ihnen geliehen haben, der darf alle Hoffnung
fahren lassen.

Gegenstand christlichen Hoffens ist das Reich Gottes. Allerdings nicht als etwas, das jenseits von Raum und Zeit einer anderen Ordnung angehört, in die der einzelne eingeht oder
auch nicht. Das Reich Gottes im Hoffen des Neuen Testaments
ist nicht der Himmel, in dem viele nach ihrem Tod gern
landen möchten, sondern es ist die Herrschaft Gottes auf
Erden wie im »Himmel«. Gewaltlosigkeit, Nächstenliebe, Gerechtigkeit und Demut sind die Säulen des Gebäudes, das sich
Christenheit nennt.

Kienzle

CHRISTLICH

Es ist schon ärgerlich, immer wieder beobachten und erleben zu müssen, wie sehr Kurt Tucholsky mit seiner Erkenntnis recht hatte, der Mensch habe zwei Überzeugungen, eine, wenn's ihm gut gehe, und eine, wenn's ihn mies ankomme: »Die letztere«, so befand der Spötter, »nennt man Religion.« Daran ist ärgerlich, daß die Menschheit ganz offensichtlich nicht loskommt vom sogenannten christlichen Glauben und anderem artverwandten Firlefanz. Vorrangiger Zweck aller Religion, insonderheit aber der christlichen, ist das Ruhigstellen – Psychiater nennen den Vorgang »Sedieren« – derer, die als Wahlvolk, Schlachtvieh, Goldesel und Arbeitstiere für jene, die die Macht ausüben oder sie haben wollen, herhalten müssen. Mit dem Hinweis auf das Jenseits enthalten sie den Menschen ein Diesseits in Würde vor. Mit der Knute der Selbstgerechtigkeit, parfümiert mit dem Weihrauch der Gottestreue, »beruhigen« die Mächtigen diejenigen, die sie sich zuvor – mit welchen Mitteln auch immer – untertan gemacht haben. Wer daran zweifelte, daß sie, die Machthaber, ein gottgefälliges Leben führten, den traf früher ein Majestätsbeleidigungsgesetz, das sich heutzutage in das Gewand eines strafbewehrten Bannfluchs kleidet, der so tut, als ob Gott selbst und die Gemeinde der Gläubigen heruntergemacht worden wären. Schiere Heuchelei.

Das weiß die Bibel – ein ungewöhnliches, ein bemerkenswertes, ein in weiten Teilen bedenkenswertes Buch – seit langer Zeit. »Da rief Jesus sie zu sich und sagte zu ihnen: Ihr wißt, daß die, die als Herrscher Ansehen haben, ihre Völker niederhalten und ihre Mächtigen ihnen Gewalt antun« (Markus, 10,42). Wenn sich das unter den Christen herumgesprochen hätte und sie daraus die Konsequenzen gezogen hätten, wären die Regimes – ob angeblich demokratisch oder diktatorisch –, die das Leben auf dem Globus zu einer Art Dauerritt über den Bodensee machen, längst hinweggefegt. Und manch einer, der heute aus guten Gründen das Christentum für eine Ausrede und für schlappschwänzig hält, wär' vielleicht bereit, an Bord des Kirchenschiffs zu kommen.

D-DAY

H

Erinnern Sie sich noch an Ihren achten Mai, Kienzle? Sie sind, glaube ich, der letzte Deutsche, der im Fernsehen noch nicht dazu befragt wurde.

K

An den achten Mai erinnere ich mich noch haargenau. Um 5 Uhr 35 steht plötzlich ein bewaffneter Amerikaner bei mir im Wohnzimmer: *Captain America.*

H

Ich hab' den ersten Ami um 6 Uhr 5 gesichtet: *Spiderman.*

K

6 Uhr 35: zweite Welle der amerikanischen Morgenoffensive, angeführt von *Lucky Luke.*

H

8 Uhr 5: Ein glatzköpfiger Lieutenant aus Manhattan fuchtelt bei mir zu Hause mit der Pistole rum: *Kojak.*

K

9 Uhr: eine halbe Stunde Re-Education mit *Al Bundy.*

H

9 Uhr 30: Der PX-Laden *Cheers* öffnet seine Whisky-Fässer.

K

13 Uhr 25: Wir bekommen ein Care-Paket mit kalifornischem Wein der Marke *Falcon Crest.*

H

Erst in den Abendstunden des achten Mai endlich ein Lebenszeichen von deutscher Seite: *Bitte melde dich! Auf der Suche nach Vermißten* – mit Jörg Wontorra.

K

Zur gleichen Zeit ein erster Versuch der Vergangenheitsbewältigung, und zwar unter dem Motto: *Und tschüss!*, dreizehnteilige Comedyserie.

H

Das war der 8. Mai 1995 auf RTL und SAT 1.

Hauser

DEFIZIT

Wichtiges Ziel der Finanz- und Haushaltspolitik in den kommenden Jahren muß die Verringerung des Defizits sein. Dem Abbau der Staatsschulden ist unbedingter Vorrang vor allen anderen Aufgaben einzuräumen. Wir dürfen nicht länger im bisherigen Maße Schulden machen, die von nachfolgenden

Generationen abgetragen werden müssen. Der Rotstift muß angesetzt werden, um die Nettokreditaufnahme drastisch zu senken. Bei den notwendigen Sparmaßnahmen darf es keine Tabus geben, auch nicht im Sozialbereich, wo massenhaft Mißbrauch auf Kosten der Allgemeinheit betrieben wird. Nur so werden Spielräume für Investitionen und Wachstum geschaffen, die den wirtschaftlichen Aufschwung dauerhaft sichern und die deutsche Einheit auch auf eine ökonomische Grundlage stellen.

Kienzle

DEFIZIT

Das Defizit im Staatshaushalt ist deshalb so hoch, weil sich die Regierung Kohl bei den Kosten für die deutsche Einheit entweder in einem unvorstellbaren Ausmaß verrechnet oder die Bevölkerung bewußt belogen hat. Alle bisher eingeleiteten oder angekündigten Sparmaßnahmen zeigen, daß wieder einmal die sozial Schwächsten die Zeche zahlen sollen. Während der Rotstift bei den Sozialleistungen massiv zum Einsatz kommt, bleiben Vergünstigungen für Unternehmen und Großverdiener unangetastet. Verstärkter Einsatz gegen Subventionsbetrüger und Steuerhinterzieher brächte dem Staat Einnahmen in dreistelliger Milliardenhöhe. In Zeiten wirtschaftlicher Flaute ist eine maßvolle Erhöhung des Haushaltsdefizits durchaus zu verantworten, wenn dadurch Arbeitsplätze gesichert werden können.

Hauser

DEMOKRATIE
Autorität der Argumente

Nach Churchill die schlechteste Regierungsform mit Ausnahme aller übrigen. Als staatliches Prinzip hat sich die Demokratie bewährt, auch wenn dabei in Kauf genommen werden muß, daß keineswegs immer die Fähigsten in politische Schlüsselpositionen gelangen, sondern das Mittelmaß dominiert. Auch in der Demokratie darf es nicht darum gehen, den jeweiligen Willen der Mehrheit einfach umzusetzen. Das parlamentarische Prinzip muß gewährleisten, daß die Abgeordneten nach bestem Wissen und Gewissen entscheiden, auch wenn sie dabei in Konflikt mit der Mehrheitsmeinung geraten, zum Beispiel beim Nato-Doppelbeschluß der SPD. Demokratie heißt nicht, blind nach dem Gutdünken der Mehrheit zu handeln, sondern zu führen und mit Argumenten zu überzeugen. Zur gemeinsamen Willensbildung muß aber auch die Bereitschaft kommen, notwendige Entscheidungen zu treffen und durchzusetzen.

Die Spielregeln der Demokratie sind auf andere Lebensbereiche nicht übertragbar. Weder in der Wirtschaft, an Schulen und Universitäten, noch in der Bundeswehr kann nach dem Mehrheitsprinzip entschieden werden. Hier müssen Kompetenz und Verantwortung einen höheren Stellenwert haben. Manche Achtundsechziger haben ja davon geträumt, nicht nur den Kindergarten, sondern auch die Familie »demokratisch« zu organisieren, so daß die Kinder sogar die eigenen Eltern überstimmen konnten. Die dabei gemachten Erfahrun-

gen ließen allerdings auch so manchen »Progressiven« schnell
wieder zu bewährten Erziehungsmethoden und sinnvoll ein-
gesetzter Autorität zurückkehren.

Kienzle

DEMOKRATIE
Mehr wagen!

Der demokratische Grundsatz, wonach bei der Willensbildung
des Volkes jedermanns Stimme in gleicher Weise zählt, ist
gegen den erbitterten Widerstand der Rechten durchgesetzt
worden. Noch zu Beginn dieses Jahrhunderts hatten die Angehörigen der Oberschicht mehrere Stimmen, und auch das Frau-
enwahlrecht mußte mühsam erkämpft werden. Mitbestimmung
und Gleichberechtigung aller Bürgerinnen und Bürger dürfen
sich aber nicht auf das Wahlrecht allein beschränken. Wir
brauchen mehr Demokratie in allen Lebensbereichen. Auch in
der Wirtschaft, an Schulen und Universitäten, sogar in der Bundeswehr kann nicht mehr das Prinzip von Befehl und Gehorsam
herrschen. Entscheidungen müssen auf eine breitere Grundlage gestellt werden. Alle Betroffenen sind rechtzeitig in den
Entscheidungsprozeß mit einzubeziehen. Gemeinsam gefällte
Entscheidungen erhöhen die Akzeptanz und tragen damit zur
Stabilität des gesamten Staates bei. Mit der Einübung demokratischer Regeln, zu denen auch der Respekt vor anderen
Meinungen und die Anerkennung von Mehrheitsentscheidungen gehört, kann gar nicht früh genug begonnen werden. Auch

Kinder haben das Recht auf ihre eigene Meinung und darauf, als eigenständige Persönlichkeiten ernst genommen zu werden. Nur so wird Demokratie nicht als von oben verordnet empfunden, sondern als menschenwürdigste Lebensform.

Hauser

DEMOSKOPIE

Als Stimmungsbarometer ist die Demoskopie in der Demokratie ein wichtiges Instrument. Politikern, die wiedergewählt werden wollen, kann nicht gleichgültig sein, wie die Bevölkerung über Sachfragen und Personen denkt. Nur in der Diktatur brauchen sich die Herrschenden um die Volksmeinung nicht zu scheren. Ob Demoskopie der Politik schadet oder nützt, hängt von den Politikern selbst ab. Franz Josef Strauß hat das einmal auf den Nenner gebracht: Dem Volk aufs Maul schauen, ohne ihm nach dem Munde zu reden. Die öffentliche Meinung ist manipulierbar und deshalb kurzfristigen Stimmungsschwankungen unterworfen. Wer politische Entscheidungen nach den jeweiligen demoskopischen Umfragen trifft, macht sich zum Sklaven willkürlicher Momentaufnahmen. Überdies sind Stimmungen nicht mit Stimmen gleichzusetzen. Wie sehr sich Stetigkeit und Standfestigkeit gegenüber vermeintlichen Mehrheitsmeinungen auszahlen, hat niemand überzeugender bewiesen als Helmut Kohl.

Kienzle

DEMOSKOPIE

Durch die Flut von Umfragen besteht die Gefahr, daß sich die Demoskopie aus ihrer Rolle als Stimmungsbarometer und Entscheidungshilfe der Politik immer mehr an die Stelle der politisch Handelnden selbst setzt – eine Gefahr für die Demokratie. Politik, die sich allein davon leiten läßt, was willkürlich ermittelte Mehrheiten zu einem bestimmten Zeitpunkt gerade für richtig halten, wird zur Getriebenen und damit ihrer Verantwortung nicht gerecht. Die Aushöhlung des Asylrechts ist ein Beispiel dafür, wohin es führt, wenn Stimmungen zur Richtschnur für Entscheidungen werden. Um den Mißbrauch von Meinungsumfragen bei Wahlen auszuschließen, sollten sie wie zum Beispiel in Frankreich nur bis zu einem bestimmten Zeitpunkt vor dem Urnengang veröffentlicht werden dürfen.

Hauser

DEUTSCH

Wer nicht bereit ist, die deutsche Geschichte auf die zwölf Jahre des Nationalsozialismus zu reduzieren, darf sich ebenso stolz als Deutscher fühlen, wie andere stolz darauf sind, Engländer, Franzosen, Holländer oder Türken zu sein. Nur wer sein eigenes Land liebt, kann auch andere Völker achten und respektieren. Tugenden, wie sie den Deutschen zugeschrieben werden – Fleiß, Tüchtigkeit, Zuverlässigkeit –, sind in der ganzen Welt hochgeschätzt. Worüber sich andere allerdings wundern, ist, daß wir Deutschen unsere Leistungen und Erfolge nicht selbstbewußt nach außen vertreten, sondern unsere Nachbarn und Freunde vornehmlich mit unseren Selbstzweifeln behelligen. Niemand erwartet das von uns, und kaum jemand versteht es. Wir haben die Lektionen aus der Geschichte gelernt und uns wie kein anderes Land auch mit den düsteren Kapiteln auseinandergesetzt. Wir Deutschen sind ein respektabler Partner der Weltgemeinschaft, und darauf dürfen wir zu Recht stolz sein.

Kienzle

DEUTSCH

Niemand kann sich das Land aussuchen, in dem er geboren wurde. Deutscher zu sein ist deshalb kein Verdienst und somit auch kein Grund zum Stolz, es ist einfach eine Tatsache. Nach all dem, was allein in diesem Jahrhundert an Schrecklichem von Deutschland und den Deutschen angerichtet wurde, haben wir jeden Grund, bescheiden und zurückhaltend aufzutreten. Wenn von den Erfolgen des deutschen Wiederaufbaus die Rede ist, wird oft vergessen, daß wir ihn keineswegs allein aus eigener Kraft geschafft haben, sondern auch den westlichen Siegermächten des Zweiten Weltkriegs verdanken. Die lärmende Art, mit der wir Deutschen mit unserer Wirtschaftskraft überall in der Welt herumprotzen, erweckt verständlicherweise die Besorgnis, Deutschland wolle sich schon wieder in die Rolle einer Großmacht drängen. Gerade nach der Wiederherstellung der Einheit ist demonstrativer Nationalstolz fehl am Platze. Man erwartet von uns vielmehr den Beweis, daß Deutschland nie mehr danach strebt, anderen seinen Willen aufzuzwingen.

Hauser

DEUTSCHE MARK

Die Deutsche Mark ist das Symbol für den deutschen Wiederaufbau, Markenzeichen der deutschen Wirtschaftskraft und Garant für eine stabile Geldpolitik. Überall in der Welt ist die Mark als Währung hoch geschätzt. Das Vertrauen in sie ist im Wortsinne grenzenlos. Bei Währungsturbulenzen gilt die »Deutschmark« als sicherer Hafen. Die Aufgabe eines solchen Symbols zugunsten einer europäischen Einheitswährung – nationale Hardliner von Gauweiler bis Augstein laufen dagegen Sturm – macht dennoch Sinn. Denn die Stabilität einer künftigen europäischen Währung hängt nicht von ihrem Namen ab, sondern von der Fähigkeit und Bereitschaft der EU-Mitgliedsstaaten, ihre Geldpolitik nach den gemeinsam im Maastrichter Vertrag festgelegten Kriterien zu betreiben. Nur wenn Maastricht sich nicht als Makulatur erweist, sondern von allen Euro-Partnern gleich ernst genommen und ohne Abstriche realisiert wird, ist auch an einen Namenswechsel zu denken. Denn dann wird die Deutsche Mark auch unter neuem Etikett als Leitwährung weiterbestehen.

Kienzle

DEUTSCHE MARK

Die beinahe götzenhafte Anbetung der D-Mark kann von unseren europäischen Nachbarn nicht anders verstanden werden denn als Ausdruck des Willens, daß am deutschen Wesen wieder einmal die Welt oder mindestens Europa genesen soll. Das Festhalten am Fetisch Deutsche Mark wird zum größten Hindernis für die europäische Währungsunion und damit für die überfällige politische Integration. Warum sollen die anderen Staaten bereit sein, im Rahmen des europäischen Einigungsprozesses ihre Währung zu opfern, während Deutschland seine behalten darf? In solchem Egoismus offenbart sich wieder einmal jene deutsche Großmannssucht, die unseren Partnern so zuwider ist. Die Bundesbank als Nachfolgerin der Wehrmacht auf Euro-Expansionskurs – nein, danke!

Hauser

DIÄTEN

Stellung und Tätigkeit von Abgeordneten sind von allen anderen Berufsgruppen so grundsätzlich verschieden, daß auch die Art der Vergütung eine besondere sein muß. Die vom Abgeordneten grundgesetzlich geforderte Unabhängigkeit verbietet deshalb, ihn in irgendwelche Besoldungsgruppen einzuordnen. Auch der von ihm erwartete Aufwand kann nicht mit sonstigen Werbungskosten verglichen werden. Da dem Parlament allein das Haushaltsrecht obliegt, kann auch niemand an seiner Stelle über die Höhe der Diäten befinden.

Kienzle

DIÄTEN

Die Tätigkeit eines Abgeordneten ist heute ein Beruf wie jeder andere. Es sollte daher auch bei der Entlohnung nicht mehr von Diäten, sondern von einem normalen Gehalt die Rede sein. Aufwendungen, die dem Abgeordenten in Ausübung seines Mandats darüber hinaus entstehen, sind wie von jedem Steuerzahler im einzelnen nachzuweisen. Wie Abgeordnete sind auch Richter gesetzlich zur Unabhängigkeit verpflichtet. Trotzdem sieht niemand ihre Unabhängigkeit dadurch gefährdet, daß die Höhe ihrer Besoldung nicht von ihnen selbst bestimmt wird.

DIÄTENFAHRPLAN

H

Und hier der neue Diätenfahrplan für Staatsdiener.

K

Zunehmen statt abnehmen heißt die Devise deutscher Politiker. Für sich! Dem »Volk« wird vermittelt, Schmalhans sei ein guter Küchenmeister.

H

Bremen und Saarland: Diätenerhöhung zwei Prozent.

K

Niedersachsen: Zunahme zwokommaeins Prozent.

H

Rheinland-Pfalz: 3,5 Prozent Zunahme.

K

Brandenburg: 8,5 Prozent mehr.

H

Sachsen-Anhalt: plus 16 Prozent.

K

Sachsen: Zuschlag 23,2 Prozent und ein Nachschlag von 2,4 Prozent ab erstem Oktober.

H

Bayern: Geplant waren ab erstem Juli 27,4 Prozent. Doch einige Gänge des Menüs wurden auf Anweisung der Wähler wieder gestrichen.

K

Deutscher Diäten-Rekord: Thüringen mit 43 Prozent Zunahme. Endlich West-Umfang!

H

Die Gürtellinie des schlanken Staates muß in weiten Teilen neu vermessen werden.

Hauser

DROGEN
Den Einstieg erschweren

Um die Gefährlichkeit von Drogen zu verharmlosen und ihre
Freigabe politisch durchzusetzen, ist neuerdings immer häufiger von »Suchtmitteln« die Rede. Damit wird klammheimlich
Abschied genommen von der bisher allgemeingültigen Sucht-
definition, wonach die Schwere der körperlichen und psychischen Abhängigkeit den Krankheitswert einer Sucht bestimmt.

Der Konsum von Rauschgiften steigt in Deutschland – bei
mancherlei Schwankungen – seit Jahren kontinuierlich an.
Der bisherige Höhepunkt war 1992 erreicht, damals star-
ben nach Angaben der Polizei und der Gesundheitsbehörden
2099 Menschen an den unmittelbaren Folgen des Drogenkonsums. Eine nicht näher bekannte Anzahl von Menschen ging
mittelbar daran zugrunde. Im selben Jahr registrierte die
Polizei 14 346 Erstkonsumenten »harter« Drogen. Diese Zahl
ist das Erschreckendste an der deutschen Drogenbilanz, es
geht um die Schwelle beim Einstieg. Da nützen keine dummen
Sprüche vom »Recht auf Rausch«, es müssen klare Entscheidungen gefällt werden. Doch Richter lassen Junkies laufen,
Polizisten schauen weg, immer mehr Süchtige bekommen
Ersatzdrogen vom Staat, und selbsternannte Experten fordern
die kontrollierte Abgabe von Heroin.

Die Politik ist in zwei Lager gespalten: Die einen vertreten
die Meinung, für den Süchtigen müsse zumindest die Möglichkeit bestehen, an Ersatzstoffe heranzukommen – ein an-

geblich probates Mittel gegen Beschaffungs- und Begleitkriminalität. Die anderen lehnen jegliche Freigabe von Rauschgift ab. Legalisierung verharmlose den Rauschgiftkonsum und setze die Hemmschwelle zum Einstieg herab. Nach dem Betäubungsmittelgesetz kann die Staatsanwaltschaft von Verfolgung absehen, wenn die Schuld des Täters »gering« ist, kein öffentliches Interesse an der Strafverfolgung besteht und der Täter lediglich geringe Mengen Rauschmittel einführt, herstellt oder besitzt. Höchst umstritten freilich ist, was unter »geringer Menge« zu verstehen sei. Ein norddeutsches Gericht sah die Menge bei einem Kilogramm, fast jedes Bundesland verfolgt indes eine andere Praxis.

Neuer Höhepunkt in der Serie neunmalkluger Vorschläge: Die SPD-Gesundheitsministerin von Schleswig-Holstein, Heide Moser, hält Haschisch für weniger gefährlich als Alkohol und will es darum als »kontrollbedürftige Genußdroge« über Apotheken vertreiben lassen. Auch Niedersachsens Sozialminister Walter Hiller bezeichnete daraufhin den »Vertriebsweg Apotheke« als gangbar. Doch sein Dienstherr, SPD-Ministerpräsident Gerhard Schröder, pfiff ihn zurück mit der Feststellung, der Staat müsse alles tun, »um den Zugang zu Drogen zu erschweren«. In der Tat ist es erstaunlich, wie Politiker im Ministerrang Haschisch und Marihuana auf die Ebene von Arznei- und Heilmitteln zu heben versuchen und so eine Harmlosigkeit suggerieren, der selbst Kiffer widersprechen. Und wieder kam das Argument mit dem »Recht auf Rausch« – womöglich im Sinne eines einklagbaren Rechtsanspruchs.

Daß es Sehnsucht nach Rausch und Ekstase gibt, mag ja richtig sein. Diese Sehnsucht darf aber nicht mit Chemie befriedigt werden, ob organisch oder anorganisch. Wo der

Mensch die Balance zwischen Freiheit und Verläßlichkeit verliert, entsteht die Sucht nach Droge und Lebenslüge, sagt Prof. Alexander Schuller, Soziologe an der Freien Universität Berlin. Die Droge verweist immer auf Mangel, auf ein verkrüppeltes Leben. Sie ist jämmerlicher Ersatz. Wer der Freigabe von Drogen das Wort redet, weigert sich, das Unglück seines Nächsten ernst zu nehmen. Mit weiterer Liberalisierung des Drogenkonsums werde persönliches und gesellschaftliches Leiden verschleiert. Repressive Toleranz nannte das einst Herbert Marcuse. Schuller bezeichnet die Freigabe von Drogen als infame Strategie von Reaktionären – wie progressiv sie sich auch geben mögen –, den kritischen Geist zu brechen, uns alle gefügig zu machen.

Ob das Drogenproblem auf Dauer, mit welcher Methode auch immer, in den Griff zu kriegen ist, steht dahin. Allerdings kann es keinen Zweifel daran geben, daß die Hürden für den Einstieg so hoch wie möglich gesetzt werden müssen. Und deshalb darf es keinen Weg geben, der den Erstkonsum auch nur im Ansatz erleichtert. Dieser Grundsatz wird bei allen bisherigen Vorschlägen in der Drogenpolitik nicht ausreichend bedacht. Es muß aber in der Drogenpolitik bei den drei bisherigen Säulen Prävention, Therapie und Repression bleiben.

Kienzle

DROGEN
Das Recht auf Rausch

Eigentlich sind es nur noch Rückzugsgefechte. Doch die Verantwortlichen weigern sich zuzugeben, daß der rigide Kampf gegen Drogenkriminalität gescheitert, ein Flop ist. Immer häufiger greifen die Deutschen nach verbotenen Stoffen. Die Hardliner haben den Überblick und die Kontrolle verloren. Noch weigern sie sich verbissen, die Tatsachen anzuerkennen. Alle Aufklärungskampagnen haben ihr Ziel vefehlt. Ebenso die Bemühungen vieler Eltern, Drogen zu ächten und zu tabuisieren. Auch mit Drohungen und Verboten konnte der Siegeszug der Drogen nicht verhindert werden.

Zumindest bei einem Teil der Richter und Politiker hat der fast aussichtslose Kampf gegen die Dealer zu neuem Nachdenken geführt. Vorneweg der Lübecker Richter Nescovic. Er hat das Verfassungsgericht gezwungen, wenigstens den Gebrauch von weichen Drogen zu überdenken. Herausgekommen ist ein erstaunliches Urteil. Zwar wurde das alte Betäubungsmittelgesetz bestätigt: Der Handel mit Haschisch und selbst das Verschenken von Joints werden weiterhin verfolgt. Höchststrafe 15 Jahre. Doch es wurde höchstrichterlich verkündet, daß Kiffer nicht mehr bestraft werden. Eine Wende in der Drogenpolitik. Zum ersten Mal hat Karlsruhe harte und weiche Drogen getrennt. Eine Sensation. Endlich ein Versuch, rational mit dem Thema umzugehen. Künftig, so stellten die Richter fest, haben Kripo und Justiz von Strafverfolgung abzusehen, wenn Cannabisprodukte nur in geringer Menge und zum Eigenverbrauch erworben werden. Auch Einfuhr und Durchfuhr kleinerer Mengen bleiben straffrei. Besonders feinsinnig die Argumentation, daß der Konsum von Cannabis weit ungefährlicher sei, als früher vermutet.

Aber die Betonköpfe der Drogenpolitik machten mobil und sprachen von einem Schandurteil. Die Verfassungsrichter wurden an den Pranger gestellt, als wären sie selbst »umherschweifende Haschrebellen«. Die politischen Drogendrakoniker weigern sich beharrlich, neue wissenschaftliche Erkenntnisse ernst zu nehmen. Aus der Tatsache, daß Heroinabhängige vor dem Heroin Hasch genommen haben, läßt sich nicht mehr der Schluß herleiten, daß der Konsum von Hasch zwangsläufig zum Heroin führt. Dies belegen sogar die Zahlen der Bundesregierung. Von 100 Haschern steigen höchstens zwei bis drei auf harte Drogen um. Ein Junkie hat – wie man so schön wissenschaftlich sagt – schon vorher »Suchtstrukturen« gebildet. Auf gut deutsch: Er hat möglicherweise gepafft und gesoffen. Nicht die Droge hat also den Einstieg ins Fixerleben verursacht, sondern die persönliche Problemlage des Süchtigen.

Aber allen wissenschaftlichen Erkenntnissen zum Trotz ist bei konservativen Drogenpolitikern der Entrüstungswille viel stärker als ihr Verstand. Sie wollen einfach nicht zugeben, daß die weitaus größere Gefahr noch immer vom Alkohol ausgeht. Immerhin 40000 Tote pro Jahr – vom Staat geduldet. Eine Heuchelei ganz besonderer Art. Würde es gelingen, alle Trinker und Raucher auf Hasch umzupolen, dann gäbe es weit weniger Tote und weniger volkswirtschaftlichen Schaden. Doch Alkohol bleibt staatlich sanktioniert, nach der Devise: jedem Volk nur eine Droge. Gegen diese schlichte Politik hat der Lübecker Richter einen Teilsieg errungen. Sein Argument:

»Der Rausch gehört, wie Essen, Trinken und Sex, zu den funda-
mentalen Bedürfnissen des Menschen ..., um den von dieser
Gesellschaft geschaffenen Zwängen zu entrinnen.« Auch der
Hasch-Rausch. Damit hat er die Verfassungsrichter wohl teilweise überzeugt. Und mit dem Hinweis auf das Grundgesetz.
Das garantiert seinen Bürgern nämlich »allgemeine Hand-
lungsfreiheit«. Das heißt: Man kann ihnen nichts ohne zwin-
genden Grund verbieten. Nicht einmal, sich selbst zu gefährden.

Ausgerechnet der Bayerische Verfassungsgerichtshof hatte –
auf ganz ähnlicher Linie – schon 1987 entschieden, es sei
niemandem verboten, »sich kraft freier Willensentscheidung
unvernünftig zu verhalten«. Also zum Beispiel lieber Schnaps zu
trinken als zu haschen, obwohl das auf die Dauer gefährlicher
ist als der Konsum von Cannabis.

Hauser

EHE

Ehe und Familie sind und bleiben Keimzelle des Staates und
stehen deshalb unter seinem besonderen Schutz. Wer eine
Ehe schließt, beweist damit seine Bereitschaft zur Übernahme von Pflichten, die von der Gesellschaft daher auch
entsprechend zu honorieren sind. Daß rund ein Drittel aller
Ehen in die Brüche geht und geschieden wird, spricht nicht
gegen die Institution der Ehe, sondern zeigt nur, daß viele
Menschen sich zuvor nicht ernsthaft genug geprüft haben, ob

sie auf den Bund fürs Leben ausreichend vorbereitet sind.
Leider haben auch gesellschaftliche Fehlentwicklungen wie
die Überbetonung der Selbstverwirklichung dazu beigetragen, die Rechte der Ehepartner höher zu bewerten als die
Pflichten. Im Gegensatz zur mittleren Generation der Achtundsechziger sind junge Leute allerdings wieder bereit, einander das Eheversprechen zu geben und sich nicht nur einen
»Lebensabschnittspartner« zu suchen. In der säkularisierten
Gesellschaft hat der Staat zwar kein Recht, die Form des Zusammenlebens vorzuschreiben, sehr wohl aber die Verpflichtung, deutlich zu machen, daß er in der Ehe nicht eine von
mehreren beliebigen Formen der »Kohabitation« sieht, sondern diese als Norm betrachtet und deshalb auch mit Vorrang
behandelt.

Kienzle

EHE

In welcher Form Menschen zusammenleben, geht den Staat
überhaupt nichts an. Es muß jeder und jedem einzelnen selbst
überlassen bleiben, ob und in welcher Weise sie eine Partner-
schaft eingehen. Die vor dem Standesamt und vor dem Altar
geschlossene Ehe ist eine Möglichkeit, die aber nicht moralisch
höher bewertet werden darf, indem Verheiratete staatliche
Vergünstigungen erhalten, die anderen Partnerschaften vorenthalten werden. Die Institution Ehe mit der von Staat und Kirche
auferlegten Verpflichtung, bis zum Tod zusammenzuleben, hat

sich immer mehr überlebt. Das läßt sich nicht zuletzt daran erkennen, daß ein Drittel der zwischen Frau und Mann geschlossenen Ehen geschieden wird. Besonders die Frauen sind nicht mehr bereit, sich den alten patriarchalischen Strukturen der Ehe unterzuordnen. Es geht aber nicht darum, die Ehe abzuschaffen. Vielmehr sollten alle eheähnlichen Verhältnisse, auch die zwischen gleichgeschlechtlichen Partnern, der herkömmlichen Ehe und dem Zusammenleben ohne Trauschein gleichgestellt werden.

Hauser

EHE, schwul

Hierzulande kann, wie Friedrich der Große es einmal anheimstellte, jeder nach seiner Fasson selig werden. So hindert niemand homosexuelle Menschen daran, mit einem gleichgeschlechtlichen Partner zusammenzuleben. Daraus kann aber kein Anspruch abgeleitet werden, solche Partnerschaften mit Ehen gleichzusetzen und staatlicherseits ebenso zu behandeln. Dies ist keine Diskriminierung von Homosexuellen, sondern eine Hervorhebung der Institution Ehe als der natürlichen Verbindung zwischen Mann und Frau, die wie die Familie insgesamt unter dem besonderen Schutz des Staates steht. Solche Familienbildung ist zwischen Homosexuellen naturgemäß ausgeschlossen.

Kienzle

EHE, schwul

Der Staat hat kein Recht, bei der Behandlung von Lebensgemeinschaften unterschiedliche Maßstäbe anzulegen. Die Privilegierung der Ehe zwischen Mann und Frau entspringt dem überholten Denken, daß homosexuelle Veranlagung eine Krankheit darstelle und wider die Natur sei. Solche Vorurteile führen bei uns noch immer zu staatlicher und gesellschaftlicher Diskriminierung. Angesichts der vielen kinderlosen Hetero-Ehen widerlegt sich das Argument des Fehlens einer Fortpflanzungsperspektive selbst.

WOHIN MIT DEM DRITTEN OKTOBER?
Schubladenentwurf einer ungehaltenen Rede
zur deutschen Einheit

Der dritte Oktober ist für die Deutschen ein historisches Datum – in vielerlei Hinsicht. An einem dritten Oktober starb beispielsweise der Politiker Franz Josef Strauß. Er war zu seinen Lebzeiten sehr oft in den Nachrichten, und noch heute erinnert das eine oder andere Zweimarkstück an ihn. Die berühmte Schauspielerin Marilyn Monroe wäre am 3. Oktober 1995 zweihundert Jahre alt geworden, wenn sie am 3. Oktober 1795 geboren worden wäre. Der Tag der Deutschen Einheit fällt auf den dritten Oktober – und damit alle paar Jahre auch auf einen langen Samstag.

Aber was heißt unter diesen Umständen schon noch langer
Samstag? Erinnern wir uns: Als der Tag der Deutschen Einheit
am 3. Oktober 1992 erstmals auf einen langen Samstag fiel,
mußten sämtliche Geschäfte und Kaufhäuser geschlossen bleiben! Umsatzeinbußen in Milliardenhöhe waren die Folge. Für
Volkswirtschaftler ist der 3. Oktober 1992 auch als schwarzer
Samstag in die Geschichte eingegangen. Durchaus zu Recht
fragt seither mancher: War das angesichts der immensen Kosten, die uns gerade durch die deutsche Einheit entstanden sind,
nicht reichlich verantwortungslos? War es darüber hinaus nicht
auch widersinnig, wenn man bedenkt, daß es gerade bessere
Einkaufsbedingungen wie eben der lange Samstag gewesen
sind, um derentwillen sich die Menschen im Osten auf das
Abenteuer Einheit überhaupt eingelassen haben? Wollen wir es
am 3. Oktober 1998 wirklich zu einem neuerlichen schwarzen
Samstag kommen lassen? Wenn ja: Wo werden wir dann am
Samstagnachmittag schnell noch eine leere Videokassette her-
kriegen, falls die ARD zur Erinnerung an Franz Josef Strauß
kurzfristig einen Marilyn-Monroe-Film ins Programm nimmt?
Sollten wir unsere Feiertagsregelung nicht dringend von Grund
auf überdenken?

Die Antwort liegt – wie so häufig – in der Mitte. So teuer uns
der Tag der Deutschen Einheit auch zu stehen kommt, beweist
er uns doch zugleich: Einheit macht stark. Deutsche Einheit –
das meint ja nicht nur: Einheit von Ost und West. Es meint ja
auch die Einheit von Thüringern und Schwaben, Bremern und
Bayern, Berlinern und Sachsen. Nur diese starke Einheit ist
imstande, einen dritten Oktober in dieser Form überhaupt noch
wirtschaftlich zu verkraften!

Auf sich allein gestellt, könnte selbst ein so großes Land wie
Nordrhein-Westfalen sich allenfalls einen halben Tag der Nord-

rhein-Westfälischen Einheit leisten. Hessen müßte sich am dritten Oktober mit gerade mal einer Stunde der Hessischen Einheit
bescheiden. Und bei Ländern wie Mecklenburg-Vorpommern
oder dem Saarland reichte es gar nur mehr zu einer Viertel-
stunde der Mecklenburg-Vorpommerschen bzw. zehn Minuten
der Saarländischen Einheit, welche aus Kostengründen überdies auf die unattraktiven Nachtstunden des dritten Oktober
gelegt werden müßten. Der Tag der Deutschen Einheit zerfiele
in 16 verschiedene Gedenkabschnitte, die von den einzelnen
Ländern zudem so eifersüchtig gehütet würden, daß wir beispielsweise auch um 16 Fernsehansprachen der verschiedenen
Ministerpräsidenten wohl kaum herumkämen! Wie aber wollte
man sie im Abendprogramm alle unterbringen, wenn nicht
dadurch, daß man sogar den Marilyn-Monroe-Film drei- bis
viermal unterbräche?

Wir meinen: Kritiker *wie* Befürworter des dritten Oktober
täten gut daran, die Sorgen der Gegenseite ernst zu nehmen.
1992 hat man sich fürs erste damit beholfen, den langen Samstag eine Woche später, am zehnten Oktober, nachzuholen. Was
hindert uns daran, mit dem langen Samstag vom Oktober 1998
ebenso zu verfahren? Und mit dem langen Samstag vom Oktober 2009 gleichfalls? Es müßte sich lediglich jemand darum
kümmern, daß ein zukünftiger Tag der Europäischen Einheit
von den Brüsseler Bürokraten nicht ausgerechnet auf den zehnten Oktober gelegt wird.

Wäre das zum Beispiel nicht ein schönes Thema für die
F.D.P.?

ERSTER MAI

H

Na, Kienzle, sind Sie gestern dem Ruf der Arbeiterklasse gefolgt?

K

Wie oft muß ich Ihnen das noch erklären, Hauser: Es gibt keine
Arbeiterklasse mehr ...

H

So?

K

... weil es keine Proletarier mehr gibt, höchstens noch Proleten.

H

Ist das die gewundene Erklärung dafür, Kienzle, daß
Sie als linker Arbeitnehmer den Ersten Mai lieber im
eigenen Garten verbracht haben?

K

Kann man den Tag der Arbeit denn würdiger begehen als durch
Nichtstun, Hauser?

H

Ja, Kienzle, indem Sie Ihre alte Gitarre aus dem Keller
holen und mit mir die *Frontal*-Hymne anstimmen:
»Wann wir schreiten Seit' an Seit'«.

K

Erstens, Hauser, besitze ich keine Gitarre, zweitens ist das unser,
aber nicht euer Lied, und drittens muß man nicht unbedingt in
die Kirche gehen, um an den lieben Gott zu glauben.

H

Mein Gott, Kienzle, jetzt stellen Sie schon den DGB
auf eine Stufe mit der Kirche!

K

Warum nicht, Hauser – beiden laufen die Gläubigen davon.

H

Fragt sich nur, welche Heilsbotschaft die bessere ist:
die 35-Stunden-Woche oder die Ewigkeit.

K

Die 35-Stunden-Woche kommt bestimmt, Hauser. Die Ewigkeit läßt auf sich warten.

H

Also auf die Ewigkeit warte ich mit Ihnen, Kienzle,
aber nicht auf die 35-Stunden-Woche.

Hauser

EUROPA

Deutsche Scheu, sich selbst zu regieren

Das Ziel Charles de Gaulles war ein »Europa der Vaterländer«.
Dabei soll es auch bleiben. Die West-Integration mit den USA,
von den Linken lange heftig bekämpft, war der notwendige
Zusammenschluß gegen die kommunistische Bedrohung. Die
Union der freien Völker Europas aber sollte das europäische
Haus errichten. Keinesfalls war damit eine Verpflichtung zur
Aufgabe der nationalen Identität und Eigenstaatlichkeit ver-
bunden.

Gerade nach dem Fall des Eisernen Vorhangs gilt es zu beweisen, daß Europa mehr umfaßt als die Mitgliedsstaaten der
derzeitigen Europäischen Union. Die EU muß so schnell wie

möglich den Reformstaaten des ehemaligen Ostblocks die
Möglichkeit zum Beitritt eröffnen, auch um die dortigen De-
mokratisierungsprozesse politisch und wirtschaftlich zu stüt-
zen. Die fortschreitende politische Integration kann und darf
aber die Nationalstaaten und deren Souveränität nicht ersetzen. Die zunehmende Skepsis aller EU-Mitgliedsstaaten gegenüber dem Maastrichter Vertrag zeigt, daß die Menschen
keinen europäischen Bundesstaat mit Brüsseler Zentralbü-
rokratie wollen. Sie wollen nicht Teil eines europäischen
Schmelztiegels sein, sondern in erster Linie Deutsche, Franzosen, Italiener, Spanier usw. bleiben. Das Pochen auf nationale Souveränität und kulturelle Identität schließt eine enge
europäische Zusammenarbeit, insbesondere auf dem Gebiet
der Wirtschaft, aber auch der Außen- und Sicherheitspolitik,
nicht aus.

Warum ausgerechnet Deutschland sich zum Vorreiter der
Aufgabe souveräner nationaler Kompetenzen macht, darauf
hat die frühere britische Premierministerin Margaret That-
cher in ihren Memoiren eine lakonische Antwort gegeben:
»Weil die Deutschen eine Scheu davor haben, sich selbst zu
regieren, versuchen sie, ein europäisches System zu schaffen,
in dem sich keine Nation mehr selbst regiert.«

Kienzle

EUROPA

Allianz der Regionen

Ein englischer Diplomat hat das Dilemma der Nationalstaaten so beschrieben: Sie seien zur Lösung der großen Probleme zu klein und zur Lösung der kleinen zu groß. Der Nationalstaat heutiger Prägung, der auf das 19. Jahrhundert zurückgeht, als Deutschland in 35 Einzelstaaten zerfallen war, hat keine Perspektiven mehr. Das Ende des Kalten Krieges und der damit verbundene Wegfall militärischer Bedrohung darf nicht zur Stagnation der europäischen Integrationsbemühungen oder – noch schlimmer – zum Rückfall in neues nationalistisches Denken führen.

Den geschichtlichen Erfahrungen folgend, haben unsere westeuropäischen Nachbarn ihre Unterstützung beim Zustandekommen der deutschen Einheit an die Bonner Selbstverpflichtung geknüpft, dieses größer gewordene Deutschland fest in Europa zu verankern. Der Verzicht auf ein deutsches Europa und das Streben nach einem europäischen Deutschland liegen auch in unserem eigenen Interesse. Der modische Euroskeptizismus hat seinen eigentlichen Grund in der Absicht, Brüssel zum Sündenbock für nationales politisches Versagen zu stempeln. Verschwiegen wird dabei, daß die EU-Kommission nicht mehr Beschäftigte hat als eine mittlere deutsche Großstadt und daß die von ihr erlassenen Verordnungen samt und sonders auf Forderungen der einzelnen Mitgliedsstaaten zurückgehen.

Ob dieses künftige Europa völkerrechtlich ein Bundesstaat,

ein Staatenbund oder – wie vom Bundesverfassungsgericht bestimmt – ein Staatenverbund wird, ist nicht so wichtig. Entscheidend für die Akzeptanz in der Bevölkerung wird die Durchsetzung des Subsidiaritätsprinzips sein, daß also jede Aufgabe
von der Instanz wahrgenommen wird, die den Bürgerinnen und
Bürgern am nächsten ist – also ein »Europa der Regionen«. In
der Praxis bedeutet dies, daß in der Wirtschafts- und Wäh-
rungspolitik, der Sozialpolitik, der Außen- und Sicherheitspolitik
nationale Zuständigkeiten sukzessive auf Europa übergehen,
während umgekehrt eine Vielzahl von Kompetenzen, vor allem
im kulturellen und im regionalpolitischen Bereich, sowohl von
Europa als auch von den nationalen Regierungen auf die
Regionen, in Deutschland also auf die Bundesländer, übertragen werden.

Hauser

EXPERTEN
Ein Fachmann für alle Fälle

Fernsehen kommt ohne Experten nicht mehr aus. Zu jedem
Problem gibt einer von ihnen seinen Senf. Und für jede Expertise gibt es einen Gegendarsteller. Mindestens einen. Vom
Fernsehen engagiert werden mit Vorliebe solche Fachleute,
die ihre Expertenmeinung effektvoll vortragen können. Der
zurückhaltend Differenzierende hat gegen den plakativen
Vereinfacher keine Chance.

Waren es früher eindeutige wissenschaftliche Kriterien, die

den Experten qualifizierten, herrscht heute ein babylonisches Durcheinander aus anerkannten und selbsternannten Kapazitäten. Und wo sie alle herkommen! Was sich hierzulande beispielsweise alles Institut, Öko-Institut oder Friedensforscher nennt, all das sind plötzlich Experten, die es dem Fernsehjournalisten ersparen, seine eigene Meinung kundtun zu müssen. Da er keine Zeit oder nicht den Mut hat, sich sein eigenes Urteil zu bilden, um es sodann mit Verve zu vertreten, läßt er es einfach durch einen Experten seiner Wahl aufsagen. Und da die Wissenschaft sich nicht rechtzeitig gegen dieses Expertenunwesen gewehrt hat, auch nicht eindeutig kundgetan hat, wer überhaupt als Experte die wissenschaftlichen Voraussetzungen erfüllt, steht sie nun in der Öffentlichkeit vor einem Scherbenhaufen wissenschaftlich verbrämter Beliebigkeiten.

Die forschenden substantiierten Wissenschaftler lehnen überdies häufig ab, vor die Kamera zu treten. Um ihren Rat in speziellen Fällen gefragt, scheuen sie das Risiko, ihr Lebenswerk in kleiner Münze auszugeben und damit Hohn und Spott der Kollegen auf sich zu ziehen. Es ist fast immer unmöglich, in kurzer Zeit – in den berüchtigten »Einsdreißig«, meint: 90 Sekunden – eine fundierte Stellungnahme abzugeben. Andererseits sind die Experten von Greenpeace und anderen lautstarken Gruppierungen überhaupt nicht zimperlich. Sie treten ins Scheinwerferlicht, schleudern notfalls in 30 Sekunden ihre Expertise dem Zuschauer an den Kopf und lassen ihn dann mit einseitiger Weltsichtslähmung allein. Weil meist keiner dagegenhält, steht das »Argument« fraglos im Raum. Der Experte im Fernsehen hat gesagt ...

Es ist sicherlich ein Fehler der Fernsehmacher, so manchem Pseudoexperten zuviel Raum in der Berichterstattung zu überlassen. Es ist aber auch ein Fehler der Wissenschaftler, sich im Elfenbeinturm zu verschanzen, weil sie mit den elektronischen Medien nicht fertigwerden. Immerhin werden viele von ihnen von Steuermillionen finanziert, Geld auch von all denen unter uns, die Sinn und Zweck der Relativitätstheorie nicht auf Anhieb flüssig darlegen können. Also hat die Öffentlichkeit einen Anspruch auf die Ergebnisse solcher Forschungsarbeit. Seit Martin Luther die Bibel aus der griechischen »Expertensprache« ins Deutsche übersetzte, gibt es keine Ausrede mehr: Selbst komplizierte Sachverhalte lassen sich volksnah und leicht faßlich eindeutschen. Ein guter Experte muß immer auch ein verständlicher Dolmetscher seiner beruflichen Fremdsprache sein. Sonst überläßt er das Feld Marktschreiern vom wissenschaftlichen Rang eines Dr. Eisenbart.

Ein Silberstreif am Horizont ist in Sicht. Viele Universitäten im deutschsprachigen Raum, aufgeschreckt durch die rufschädigende Öffentlichkeitsarbeit seltsamer Kapazitäten, haben eine Art »Experten-Schnelldienst« eingerichtet, der von Journalisten über das Computernetz Internet abgefragt werden kann. Wann immer zu einem Thema Expertenmeinung gebraucht wird, eruieren und empfehlen die Unis jetzt selbst schnellstmöglich die beste Adresse für ein kompetentes Medien-Statement. Endlich.

Damit ist jedoch das Problem noch nicht gelöst, daß nicht jeder Fachmann kameratauglich ist. Wie jeder normale Mensch lassen sich auch renommierte Wissenschaftler von Scheinwerfern und Mikrofonen einschüchtern. In solchen Fällen sind um so mehr die Journalisten gefordert, gefälligst ihre Arbeit zu tun und mit *ihren* Worten zu berichten, was Sache ist, statt zu kneifen, wenn es schwierig wird, und nur noch als Mikrofonständer für flott formulierende Demagogen zu fungieren.

Hauser

FEMINISMUS

Die krampfhaften Bemühungen radikaler Feministinnen, im
Verein mit männlichen Softies die Unterschiede der Ge-
schlechter weitestgehend zu beseitigen, haben Männern und
Frauen gleichermaßen geschadet. Unter dem Vorwand von
Gleichberechtigung und Emanzipation wurde ein Rollen-
verhalten propagiert, das nur die Alternativen Selbstver-
leugnung oder permanent schlechtes Gewissen übrigläßt.
Wenn eine Frau erklärte, daß sie gerne Hausfrau und Mutter
sei, in Familie und Kindererziehung ihre Erfüllung finde
und deshalb auf eine berufliche Karriere verzichte, sah sie
sich nicht nur verständnislosem Kopfschütteln, sondern
handfesten Anfeindungen »emanzipierter« Geschlechtsge-
nossinen ausgesetzt. Machten Frauen dagegen Karriere und
setzten die dafür notwendigen Mittel ein, wurde ihnen Anpassung an männliche Verhaltensweisen vorgeworfen. Männer wiederum hatten als Beleg ihrer Fortschrittlichkeit mindestens den Abschluß eines Koch- und Babywickelkurses
vorzuweisen und grundsätzlich die Bereitschaft zu bekun-
den, ihre berufliche Tätigkeit für einen Vaterschaftsurlaub
zu unterbrechen.

Die postfeministische junge Generation ist allerdings nicht
mehr bereit, sich dem Verhaltenskatalog solcher Umerzieher-
Innen zu unterwerfen. Frauen bekennen sich wieder gerne
zu ihrer Weiblichkeit. Sie wollen Familie und Beruf miteinander verbinden. Sie streben Führungspositionen an, aber aufgrund persönlicher Leistung und nicht als Quotenfrauen. Sie

schätzen partnerschaftliche Männer, aber nicht solche, die sich ständig für ihr Mannsein entschuldigen.

Kienzle

FEMINISMUS

Ohne die radikalen Forderungen der feministischen Bewegung wären für die Gleichberechtigung nicht einmal die bis heute erzielten Erfolge möglich gewesen. Das Patriarchat hat seine Privilegien keinesfalls freiwillig aufgegeben. Sie mußten ihm Schritt für Schritt abgerungen werden. Immer noch sind die Rechten der Überzeugung, die Natur habe den Frauen Heim und Herd als Stammplatz zugewiesen. So muß es schon als Fortschritt angesehen werden, daß wenigstens der öffentliche Beifall für diese Auffassung nachgelassen hat.

Die Frauen mußten sich ihre Rechte hart erkämpfen. Die jahrzehntelangen Auseinandersetzungen um den Schwangerschaftsabbruch sind dafür nur ein Beispiel. Ob in der Politik oder im Berufsleben, noch immer sind Frauen, gemessen an ihrem zahlenmäßigen Anteil an der Bevölkerung, in Führungspositionen weit unterrepräsentiert. Solange Frauen weit Überdurchschnittliches leisten müssen, um Jobs zu bekommen, die männlicher Durchschnitt wie selbstverständlich für sich beansprucht, kann von echter Chancengleichheit keine Rede sein. Frauen sind allerdings so selbstbewußt geworden, daß sie sich nicht länger mit den Brosamen begnügen, die von den männlichen Herrschaftstischen fallen. Seit

sie die Durchsetzung ihrer Interessen selbst in die Hand genommen haben, bröckeln die männlichen Machtkartelle –
langsam zwar, aber unaufhaltsam. Daß eine Frau, noch dazu
eine aus der CDU, heute Oberbürgermeisterin von Frankfurt
ist, verdankt sie in erster Linie ihrem eigenen Selbstbewußtsein
und nicht etwa feministischen Umtrieben im rechten Männer-
lager.

Hauser

FREIHEIT

Noch nie gab es in Deutschland ein solches Maß an Freiheit
wie in den letzten 50 Jahren. Man muß wohl Unfreiheit am
eigenen Leib erlebt haben, um diese Freiheit wirklich zu
schätzen. Die Bürger der ehemaligen DDR haben ihre Sehnsucht nach Freiheit 1989 bewiesen, als sie sich der großen
Unfreiheit entledigten – auch gegen heuchlerische Ratschläge
aus dem freien Westen, doch das SED-Unterdrückungsregime
noch eine Weile staatlich zu legitimieren.
    Für die Linken hat Freiheit nur einen relativen Stellenwert.
Wo Menschen zum Wohle vermeintlich höherer Werte ver-
sklavt wurden, etwa durch den Kommunismus, haben sie dies
schweigend hingenommen oder gar noch entschuldigt. Noch
heute hat die Linke ein distanziertes Verhältnis zu den Bür-
gerrechtlern, die mit ihrer friedlichen Revolution Honecker
und Co. zur Aufgabe zwangen. Daß nur ein starker Staat die
Freiheitsrechte seiner Bürger schützen kann, stößt bei den

»Progressiven« auf Unverständnis. Jede Forderung nach besseren Rahmenbedingungen für den Kampf gegen das organisierte Verbrechen etwa, beispielsweise der »Große Lauschangriff«, wird als Anschlag auf bürgerliche Freiheitsrechte diffamiert. Grotesker kann der Wortsinn nicht verdreht werden. Die Freiheit der Verbrecher wird als höheres Gut angesehen als der Kampf des Staates gegen die Bedrohung der Freiheit seiner Bürger.

Kienzle

FREIHEIT

Freiheit bedeutet nicht nur, frei zu sein von staatlicher Unterdrückung, sondern auch von materieller Not. Daher sind auch Arbeit und Wohnung unverzichtbare Bestandteile persönlicher Freiheit. Armut führt zu Abhängigkeit, Verlust des Selbstwertgefühls und damit auch zum Verlust von Freiheit. Das paßt den Rechten bis heute nicht ins Weltbild. Die Freiheit, die sie meinen, ist in erster Linie »Freiheit statt Sozialismus«. Autoritäre und faschistische Regimes, ob in Mittel- und Südamerika, ob in Südafrika oder noch heute in der Türkei, erfreuten sich ihrer großen Sympathie. Menschenrechtsverletzungen wurden stets mit dem Argument entschuldigt, bei den Betroffenen handele es sich schließlich um Kommunisten.

Geht es darum, mit Diktaturen Geschäfte zu machen, etwa mit China oder dem Iran, scheren sich die Rechten keinen Deut um die Freiheit. Innenpolitisch ist den Konservativen

jeder Anlaß willkommen, die individuellen Freiheitsrechte ein-
zuschränken. Da wird der Datenschutz als Täterschutz dis-
kreditiert und mit dem »Großen Lauschangriff« ein Instrument
geschaffen, vor dem sich Verbrecher technisch mühelos
schützen können, das unbescholtene Bürger aber zu schutz-
losen Überwachungsobjekten des Staates macht. – Freiheit,
so lehrt die Erfahrung, kann auch scheibchenweise verloren-
gehen.

FRONTAL

                                                         H
        Noch Fragen, Kienzle?

K
Ja, Hauser: Hundertmal *Frontal* – worauf sind Sie besonders
stolz?

                                                         H
        Darauf, daß ich es überhaupt so lange ausgehalten
        habe mit Ihnen.

K
Und ich bin stolz darauf, daß meine Zuschauer es so lange mit
Ihnen ausgehalten haben, Hauser. Das gibt Kraft zum Weiter-
machen.

                                                         H
        Frontal ist der Beweis: Man braucht nicht unbedingt
        einen niedlichen Hund neben sich, um im Fernsehen
        Erfolg zu haben. Manchmal reicht auch ein alter
        Schnauzer.

K

Bei Ihnen wächst oben halt nichts mehr. Und das in Ihrem jugendlichen Alter.

H

Ein schönes Gesicht braucht Platz.

K

Ja, aber nicht unbedingt einen Sendeplatz.

FUSSBALL
Die Bundesliga nach zwölf* Jahren Kohl

	Sp.	Punkte	Tore	Diff.	g.	u.	v.
1. Bayern München	412	561:263	856:465	+391	223	115	74
2. Werder Bremen	412	522:302	753:474	+279	201	120	91
3. VfB Stuttgart	412	462:362	740:566	+174	180	102	130
4. Borussia M'gladbach	412	455:369	709:599	+110	169	117	126
5. 1. FC Köln	412	453:371	656:577	+ 79	172	109	131
6. Hamburger SV	412	450:374	641:534	+107	170	110	132
7. Borussia Dortmund	412	450:374	671:599	+ 72	168	114	130
8. Bayer Leverkusen	412	442:382	645:557	+ 88	152	138	122
9. 1. FC Kaiserslautern	412	439:385	681:599	+ 82	163	113	136
10. Eintracht Frankfurt	412	413:411	619:583	+ 36	140	133	139
11. VfL Bochum	378	321:435	521:611	− 90	111	99	168
12. Bayer Uerdingen	340	311:369	493:579	− 86	107	97	136
13. 1. FC Nürnberg	344	302:386	438:548	−110	110	82	152
14. Karlsruher SC	310	300:320	415:479	− 64	99	102	109
15. FC Schalke 04	276	247:305	387:454	− 67	86	75	115

	Sp.	Punkte	Tore	Diff.	g.	u.	v.
16. Waldhof Mannheim	238	214:262	299:378	− 79	71	72	95
17. Fortuna Düsseldorf	242	195:289	334:469	−135	66	63	113
18. SG Wattenscheid 09	140	116:164	185:248	− 63	34	48	58
19. Dynamo Dresden	140	111:169	132:211	− 79	33	45	62
20. FC St. Pauli	102	90:114	105:141	− 36	24	42	36
21. MSV Duisburg	106	86:126	115:171	− 56	27	32	47
22. SC Freiburg	68	74: 62	120:101	+ 19	30	14	24
23. FC Homburg/ Saar	102	69:135	103:200	− 97	21	27	54
24. Hannover 96	102	68:136	138:223	− 85	21	26	55
25. Arminia Bielefeld	68	62: 74	86:110	− 24	20	22	26
26. Stuttgarter Kickers	72	57: 87	94:132	− 38	20	17	35
27. Eintracht Braunschweig	68	52: 84	93:148	− 55	22	8	38
28. 1. FC Saarbrücken	68	44: 92	76:139	− 63	11	22	35
29. Hansa Rostock	38	31: 45	43: 55	− 12	10	11	17
30. TSV 1860 München	34	27: 41	41: 57	− 16	8	11	15
31. Kickers Offenbach	34	19: 49	48:106	− 58	7	5	22
32. Blau-Weiß 90 Berlin	34	18: 50	36: 76	− 40	3	12	19
33. VfB Leipzig	34	17: 51	32: 69	− 37	3	11	20
34. Hertha BSC Berlin	34	14: 54	37: 84	− 47	3	8	23

* Als Helmut Kohl am 1. 10. 1982 durch ein konstruktives Mißtrauensvotum Helmut Schmidt im Kanzleramt ablöste, war die Bundesligasaison 1982/83 bereits angelaufen. Unsere Tabelle berücksichtigt nur diejenigen Spielzeiten, die zur Gänze in die Regierungszeit Kohls fallen (1983/84 bis einschließlich 1994/95).

Hauser

FUSSBALL
Zuschauerrekord

Das skandalöseste Kapitel der Bundesligageschichte ist immer noch der Bundesligaskandal. Und der fällt in die Regierungszeit der SPD! Infolge des Bundesligaskandals sackte der Zuschauerschnitt von 20 661 in der Spielzeit 1970/71 ab auf 17 932 1971/72 und gar nur mehr 16 387 1972/73. Unter Helmut Kohl steigen die Zuschauerzahlen seit sieben Jahren kontinuierlich an; in der gerade abgelaufenen Saison wurde mit 27 845 Zuschauern der beste Schnitt seit Bestehen der Liga erzielt. Davon profitieren gerade die schwächeren Vereine. Die Einführung der Dreipunkteregelung schon in der Saison 1995/96 bringt auch den unteren Tabellenregionen mehr Punkte. In wessen Regierungszeit, bitte schön, *ist* denn Berlin fester Austragungsort des DFB-Pokalfinales geworden?

Kienzle

FUSSBALL
Stiefkind Berlin

Zwar standen die Bayern auch in der Abschlußtabelle der sozialliberalen Ära ganz oben (582:302 Punkte im Zeitraum 1969/70 bis 1981/82). Aber die Kluft zwischen Oben und

Unten hat sich seither auf skandalöse Art erweitert und vertieft! Lediglich acht Vereine haben in der Regierungszeit Kohl gut 50 Prozent der gesamten Erstligapunkte (3795 von 7492) eingeheimst. Am schlechtesten sind ausgerechnet die beiden Hauptstadtvereine weggekommen. Zum Vergleich: In der sozialliberalen Ära kam Hertha BSC Berlin auf 394:344 Punkte! Zwei dritte Plätze wurden unter Willy Brandt erreicht (1969/70 und 1970/71), ein dritter (1977/78) und ein zweiter (1974/75) – beide Male übrigens vor den Bayern! – unter Helmut Schmidt. Vor diesem Hintergrund erscheinen Kohls Bekenntnisse zu Berlin wie der blanke Zynismus.

Hauser

GENTECHNOLOGIE
Schon wieder die Zukunft verpaßt

Gentechnologie ist für Feinde technischen Fortschritts eine beliebte Zielscheibe. Wie in anderen Technologiebereichen schüren sie auch hier irrationale Ängste, indem sie beispielsweise Genforscher als Nachfahren Frankensteins brandmarken, deren perverses Steckenpferd die Manipulation von Embryos ist. Solche Kampagnen verbuchen in Deutschland beträchtliche Erfolge – allerdings zu Lasten der Forschung und Wirtschaft. Die chemische und pharmazeutische Industrie verlagert den Großteil ihrer gentechnischen Anlagen ins Ausland. Wieder eine Zukunftstechnologie, bei der Deutschland international hoffnungslos in Rückstand geraten ist.

Dabei liegen die Chancen der Gentechnik auf der Hand, vor allem im Bereich der Medizin. Bereits Ende dieses Jahrhunderts werden von zehn neuen Medikamenten acht oder neun der Gentechnik entstammen. Die Entschlüsselung der menschlichen Erbinformation macht es möglich, Krankheiten frühzeitig zu erkennen und dagegen sehr viel wirksamer vorzugehen.

Auch in der Landwirtschaft und bei der Lebensmittelerzeugung ist Gentechnik unverzichtbar, wenn die Ernährung der ständig wachsenden Weltbevölkerung gesichert werden soll. Es geht dabei nicht, wie von Gegnern gerne behauptet, um die Züchtung zweiköpfiger Kälber, sondern beispielsweise darum, durch die Veränderung pflanzlichen Erbgutes längere Haltbarkeit und größere Widerstandsfähigkeit zu erreichen.

Natürlich birgt Genmanipulation wie alle Eingriffe in die Natur neben Chancen auch Gefahren. Politik und Wissenschaft sind sich der ethischen und genetischen Probleme bewußt und überlassen sie nicht dem freien Spiel der wirtschaftlichen Interessen. Ganz anders als bei der sträflich leichtsinnigen Fehleinschätzung der Kernspaltung in den vierziger Jahren sorgt das schnelle Bekanntwerden von »Risiken und Nebenwirkungen« rechtzeitig für die Diskussion und Durchsetzung von Sicherheitskonzepten. Panikmache und der Ruf nach generellen Verboten aber sind Ausdruck von Unwissenheit und Borniertheit vor allem jener Kreise, die auch den Umgang mit Plutonium am liebsten so problembewußten Ländern wie Rußland, China und Nordkorea überlassen würden.

Kienzle

GENTECHNOLOGIE

Den »gläsernen Körper« verhindern

Die Allerweltsweisheit, daß Gentechnik ungeahnte Chancen bietet, kann nicht darüber hinwegtäuschen, daß die ethischen und moralischen Bedenken weit überwiegen und deshalb Vorrang vor wirtschaftlichen Interessen haben müssen. Die Schreckensvision von der Züchtung maßgeschneiderter Menschen ist angesichts der wissenschaftlichen Möglichkeiten kaum noch übertrieben. Und die Erfahrung lehrt, daß alles Machbare irgendwann von irgendwem auch gemacht wird. Wer extralange Schweine klont, die wie amerikanische Stretchlimousinen kaum noch bewegungsfähig sind und auf groteske Weise vom Größenwahn ihrer Besitzer zeugen, der wird irgendwann auch vor dem Menschen nicht haltmachen.

Aber solche Horrorszenarien sind nur die Spitze des Eisbergs. Allein die Genom-Analyse, also die Entschlüsselung der menschlichen Erbinformation, vermittelt Erkenntnisse, die den Mißbrauch geradezu herausfordern. Wer entscheidet, was mit den verfügbaren Daten geschieht? Wird nicht künftig jeder Arbeitgeber anstelle des bisherigen Gesundheitszeugnisses eine solche Genom-Analyse verlangen und mit diesem Wissen dann Menschen von bestimmten Arbeitsplätzen fernhalten? Der gläserne Staatsbürger und Konsument ist längst traurige Realität. Jetzt gilt es wenigstens, so lange wie möglich den genetisch getesteten »gläsernen Körper« zu verhindern, über dessen Verwertbarkeit im Arbeitsprozeß nicht mehr ein handgeschriebener Lebenslauf entscheidet, sondern eine kleingedruckte Packungsbeilage, wie wir sie aus der Apotheke kennen.

Auch die angeblichen Segnungen der Gentechnik in der Landwirtschaft erweisen sich bei näherem Hinsehen immer wieder als fragwürdig. Nur ein Beispiel: In Unterfranken wurde vor einiger Zeit im Rahmen einer Zuchtveränderung, die mit Gentechnik noch gar nichts zu tun hatte, der Bitterstoff aus dem Raps entfernt. Hasen, die Raps bis dahin gemieden hatten, überfraßen sich nun derart, daß sie reihenweise qualvoll verendeten. Niemand kann heute voraussagen, wie die Schöpfung auf die nächsten Manipulationen reagieren wird. Irreversible Schäden bei Mensch und Natur kommen möglicherweise erst nach Jahrzehnten zum Vorschein. Allein diese Ungewißheit macht Gentechnik zum unkalkulierbaren Risiko.

Hauser

GEWALT

Im demokratischen Rechtsstaat steht die Ausübung von Gewalt allein dem Staat und auch nur im Rahmen der geltenden Gesetze zu. Dieses staatliche Gewaltmonopol soll den Schwächeren vor der Willkür des Stärkeren schützen. Die Alternative dazu wäre die Rückkehr zum Recht des Stärkeren. Kein politischer oder gesellschaftlicher Mißstand kann in der Demokratie die Anwendung von Gewalt legitimieren. Auch darf es keine Unterscheidung zwischen Gewalt gegen Personen und Gewalt gegen Sachen geben. Die einzige Ausnahme be-

stimmt das Grundgesetz im Artikel 20, Absatz 4: »Gegen jeden,
der es unternimmt, diese Ordnung zu beseitigen, haben alle
Deutschen das Recht zum Widerstand, wenn andere Abhilfe
nicht möglich ist.«

Kienzle

GEWALT

Von denselben Leuten, die nicht müde werden, das staatliche
Gewaltmonopol zu beschwören, wird die tägliche Gewaltaus-
übung in der Gesellschaft mit größter Nachsicht behandelt.
Noch immer hat sich der Gesetzgeber nicht zu einem völli-
gen Verbot jeder Gewalt von Eltern gegenüber ihren Kindern
durchringen können. Auch Gewalt gegen Frauen wird weiterhin verharmlost. Wer Gewalt glaubwürdig ächten will, muß sich
nicht nur mit der körperlichen, sondern auch mit der psychischen Gewaltanwendung auseinandersetzen. Die Opfer solcher Gewalt tauchen in keiner Statistik auf. Die Auswirkungen
aber bekommen wir täglich zu spüren: gefühlsarme Erwach-
sene, verrohende Kinder und eine Gesellschaft, die immer
unempfindlicher wird auch gegenüber physischer Gewalt.

Hauser

GEWERKSCHAFTEN
Die Väter der Gießkanne

Unter allen Großorganisationen, Parteien und Kirchen ein-
geschlossen, sind die Gewerkschaften die unbeweglichsten
Dinosaurier. Der dramatische Mitgliederrückgang beweist,
daß immer weniger Arbeitnehmer ihre Interessen von den
Gewerkschaften vertreten sehen. Mit sturem Festhalten an
starren Tarifverträgen, ohne Rücksicht auf regionale Besonderheiten und auf die unterschiedliche Ertragslage von
Unternehmen und Branchen, blockieren auf Lohntüten fi-
xierte Funktionäre die nötige Flexibilisierung und Anpassung an eine grundlegend veränderte Arbeitswelt. Entgegen
allen anderslautenden Bekundungen sorgen sich die Gewerkschaften ausschließlich um Arbeitsplatzinhaber und scheren
sich wenig um Arbeitslose – erst recht, wenn diese den
Wiedereinstieg ins Erwerbsleben notfalls auch unter Tarif
akzeptieren würden, was die Gewerkschaften mit aller Macht
verhindern wollen. Auch ihre Weigerung, den Samstag und
Sonntag generell in die Gesamtwochenarbeitszeit mit einzubeziehen, schadet der Volkswirtschaft und gefährdet Arbeitsplätze.
    Die Gewerkschaften haben noch immer nicht begriffen, daß
sich – vor allem durch die neuen Kommunikationstechni-
ken – Arbeitszeiten und Arbeitsabläufe rapide von altherge-
brachten Mustern entfernen. Im Zeitalter immer stärkerer
Dezentralisierung, Individualisierung und Spezialisierung
handeln und verhandeln die »Arbeitnehmervertreter« unbe-

irrt weiter nach ihrem anachronistischen Gießkannenprinzip. Und wundern sich, wenn Facharbeiter und Angestellte ihnen in Scharen davonlaufen, weil sie sich nicht länger in Denkschablonen aus der Adenauer-Ära pressen lassen. Ist es ein Wunder, wenn Berufsanfänger eher in die Junge Union eintreten würden als in die Gewerkschaft?

Kienzle

GEWERKSCHAFTEN
Leistung muß sich lohnen

Die Gewerkschaften leisten einen entscheidenden Beitrag für die soziale Stabilität und damit für die Attraktivität des Wirtschaftsstandortes Deutschland. Bei ihren Tarifforderungen hatten sie bisher, neben berechtigten Einkommenserwartungen ihrer Mitglieder, stets auch die Wettbewerbsfähigkeit der Unternehmen im Auge. Jahrelang wurden den Arbeitnehmern durch Abschlüsse unterhalb der Preissteigerungsrate sogar reale Einkommensverluste zugemutet, während die Unternehmensgewinne weit überproportional stiegen. Ihr Versprechen, diese Lohnzurückhaltung mit der Schaffung neuer Arbeitsplätze zu honorieren, wurde von den Arbeitgebern nicht eingehalten. Von mangelnder Flexibilität kann keine Rede sein. Schon heute gibt es bei den Löhnen ein erhebliches regionales Gefälle. Auch betriebsinternen Vereinbarungen über die Einbeziehung des Samstags in die wöchentliche Arbeitszeit haben sich die Gewerkschaften nie verweigert. Die Unternehmen machen davon aber nur wenig Gebrauch. Einheitliche Tarifverträge mit all ihren Differenzierungen schützen nicht nur die Beschäftigten vor unternehmerischer Willkür, sie sind auch für die Wirtschaft von großem Nutzen, da sie es mit einem verläßlichen Verhandlungspartner zu tun hat. Alternative zu Tarifabschlüssen mit Industriegewerkschaften wäre der Dauerclinch mit politisch motivierten und manipulierten Richtungsgewerkschaften. Das Beispiel Frankreich zeigt, welche Radikalisierung damit zum Schaden aller verbunden ist.

Die deutschen Gewerkschaften stellen sich den Herausforderungen durch neue Technologien und Unternehmensstrukturen. Aber sie sind nicht bereit, die Früchte ihres jahrzehntelangen Kampfes um menschenwürdige Arbeitsbedingungen und leistungsgerechte Entlohnung auf dem Altar des Fortschritts zu opfern.

GLOSSE

H

Noch Fragen, Kienzle?

K

Ja, Hauser: Was ist eigentlich eine Fernsehglosse?

H

Eine Fernsehglosse ist eine Art Gegendarstellung, nur etwas witziger.

K

Das heißt, sie wird wie eine Gegendarstellung gesendet, ohne Rücksicht auf ihren Wahrheitsgehalt?

H

Nein, nein, Kienzle, ganz im Gegenteil: Eine Fernsehglosse sollte erkennbar wahr und erkennbar witzig
sein.

K

Und wenn sie aber weder wahr noch witzig ist?

H

Dann handelt es sich entweder um keine Glosse oder
aber um eine von »Monitor«.

K

Im zweiten Fall erkennt man zumindest an der Wirkung, daß es
eine Glosse gewesen sein muß. Der größte Witz an »Monitor«-
Glossen sind immer wieder die Reaktionen darauf.

H

Ich werde nie verstehen, warum sich Politiker immer
wieder provozieren lassen von dem, was »Monitor«
für lustig hält.

K

Nach der letzten »Monitor«-Glosse wollten Kohl und Co.
gleich die ganze ARD abschaffen.

H

Die ARD hätte ein würdigeres Ende verdient.

K

Nein, bessere Witzbolde.

H

Achtung! Dies war der Versuch einer Glosse.

GRAND PRIX EUROVISION

H

Noch Fragen, Kienzle?

K

Ja, Hauser: Wer hat eigentlich unser Lied so zerstört?

H

»Verliebt in dich«?

K

Ja, Hauser, »Verliebt in dich«. Nur ein Punkt für Deutschland.

H

Nur ein Punkt für die ARD. Aber warum bloß von Malta?

K

Das war eine milde Gabe vom Malteser-Hilfsdienst.

H

Nein, wohl eher ein Wink mit dem Hörrohr: Die ARD ist reif für die Insel!

K

Die ARD nicht, aber offenbar ihre Unterhaltungschefs.

H

Ohren zu und durch – elf ARD-Unterhaltungschefs können nicht irren.

K

Außer in Irland.

Hauser

GRÜNE
Politik aus dem Wohlstandsbauch

Sie sind das politische Produkt einer verwöhnten Wohlstands-
gesellschaft. Es ist eine Legende, daß die Grünen als erste
Partei die Bedeutung des Umweltschutzes erkannt hätten. Für
sie als eine Art politischer Jugendverband der Achtundsechziger waren Natur und Umwelt nichts weiter als ein Vorwand zur
Verbrämung ihrer linksradikalen Zielsetzungen. Aus diesem
Grunde haben sich wertkonservative Umweltschützer wie
etwa Herbert Gruhl auch schnell von ihnen abgewandt.

Feindbild Nummer eins der Grünen ist bis heute die moderne Industriegesellschaft. Weil der Großteil grüner Aktivisten vom Staat alimentiert wird und daher kaum Existenz-
sorgen kennt, spielen Sicherung bestehender und Schaffung
neuer Arbeitsplätze in grünen Parteiprogrammen so gut wie
keine Rolle. Im Konflikt zwischen Ökonomie und Ökologie
entscheiden sich die Grünen stets gegen Wirtschafts- und
Arbeitsplatzinteressen. Sie sind damit im Wortsinne eine a-
soziale Partei, die zu wählen sich nur eine besserverdienende
freie Minderheit leisten kann. Der golfspielenden Arzt- oder
Industriellengattin verschafft das Kreuz bei den Grünen ein
ruhiges Öko-Gewissen, verbunden mit der Sicherheit, daß
sich am eigenen Wohlstand nichts ändern wird.

Die Grünen zu wählen, so wird von ihnen gerne suggeriert,
heißt moralisch höherwertig zu wählen. Nicht wenige Medien
fungieren bereitwillig als Lautsprecher für diese verlogene
Parole. Tatsächlich sind die Grünen die Partei der gnadenlo-

sen Egoisten, denen das ungehemmte Ausleben ihres libertären Lebensstils wichtiger ist als soziale Bindungen und Verantwortung für das Gemeinwesen. Damit sind sie legitime Erben des organisierten Linksliberalismus. Konservative, die mit den Grünen als Koalitionspartner liebäugeln, sollten sich das Schicksal der SPD zur Abschreckung vor Augen halten. Seit sich die Sozialdemokraten vom grünen Bazillus anstecken ließen, hat sich dieser so weit in ihr Innerstes vorgefressen, daß die SPD auf Dauer ihre strukturelle Mehrheitsfähigkeit verloren hat. Sie ist den Grünen mittlerweile auf Gedeih und Verderb ausgeliefert. Die Grünen wiederum haben sich als wendig genug erwiesen, auch scheinbar heilige Grundsätze bereitwillig über Bord zu werfen, wenn die Teilhabe an der Macht in greifbare Nähe rückt.

Kienzle

GRÜNE
Auch für Schwarze wählbar

Für sie war Umweltschutz stets mehr als das Pflückverbot für Edelweiß. Die Grünen hatten als erste erkannt, daß Bewahrung der natürlichen Lebensgrundlagen ohne Konflikte mit einer allein auf wirtschaftliches Wachstum gerichteten Politik nicht durchzusetzen ist. Aufstieg und dauerhaften Erfolg verdanken sie dem Verdruß junger, gut ausgebildeter Wähler über eine rein pragmatische Politik, die keine über den Tag hinausweisenden Perspektiven mehr vermitteln konnte. In die-

ser Hinsicht ist Helmut Schmidt der unfreiwillige Gründungs-
vater der Grünen.

Es ist das Verdienst der Grünen, viele Menschen aus der
Friedens- und der Frauenbewegung integriert zu haben, die
sich in der SPD nicht mehr verstanden und damit politisch hei-
matlos fühlten. Aus der anfänglichen Protestbewegung ist inzwischen eine allseits respektierte und respektable Partei
geworden, deren Denkanstöße und Ideen niemand mehr ungestraft ignoriert. Durch Offenheit und Abschied von dogmati-
schen Ritualen sind die Grünen gerade für eine junge, urbane
Wählerschaft attraktiv geworden und erweisen sich auch als
anziehend für viele ehemalige F.D.P.-Anhänger, die mit der auf
simplen Wirtschaftsliberalismus reduzierten Pünktchen-Partei
nichts mehr im Sinn haben. Die beiden großen Volksparteien
haben mit ihren verkrusteten Strukturen erheblich dazu beigetragen, daß viele ihrer Mitglieder eine Koalition mit den Grünen der Alleinherrschaft der eigenen Partei vorziehen. Die SPD
wollte sich lange – sogar mit der Dachlatte – gegen die
Grünen wehren. Doch selbst im Stammland der sozialdemokratischen Traditionalisten, in Nordrhein-Westfalen, haben die
Wähler den Grünen zur Regierungsverantwortung verholfen.

Auch die Parteigranden in CDU und CSU müssen erkennen,
daß bei ihrer Anhängerschaft die Grünen als Schreckgespenst
nicht mehr taugen. Für immer mehr junge konservative Politiker
sind die Grünen inzwischen ein interessanterer Gesprächs-
partner als die SPD. Es bedarf also keiner prophetischen Ga-
ben für die Vorhersage, daß schwarz-grüne Bündnisse nur
noch eine Frage der Zeit sind.

Hauser

GSG 9

Die Aufstellung der Bundesgrenzschutzeinheit GSG 9 war die Konsequenz aus dem Terroranschlag auf die israelische Olympiamannschaft 1972 in München. Viele Länder folgten bald darauf dem deutschen Beispiel und verfügen über vergleichbare Spezialeinheiten. Bei der Befreiung der Lufthansa-Maschine »Landshut« 1977 in der somalischen Hauptstadt Mogadischu hat die GSG 9 ihre internationale Bewährungsprobe bestanden. Allein durch ihr Vorhandensein wurden und werden potentielle Terroristen abgeschreckt. Die GSG 9 ist als Unterstützung für die Sonderkommandos der Länder weiter unverzichtbar.

Kienzle

GSG 9

Mit der erfolgreichen Aktion in Mogadischu allein läßt sich der Fortbestand der GSG 9 auf Dauer nicht rechtfertigen. Für die Heroisierung dieser Einheit besteht mittlerweile kein Anlaß mehr. Längst haben die einzelnen Bundesländer, in deren Hoheitsbereich die Polizeiaufgaben fallen, eigene mobile und Sondereinsatzkommandos aufgestellt. Die GSG 9 ist damit überflüssig geworden und sollte aufgelöst werden.

HAVANNA

H

Noch Fragen, Kienzle?

K

Ja, Hauser: Wie retten wir Havanna?

H

Die Stadt oder die Zigarre?

K

Die Zigarre. Der Castro liefert jedes Jahr weniger Havannas –
und die schmecken immer schlechter.

H

Die besseren kommen längst aus Honduras. Aber das
paßt Ihnen wohl politisch nicht ins Lifestyle-Konzept.

K

Beim Genuß, Hauser, kenn' ich keine ideologischen Grenzen.
Ich hab' schon spanischen Wein getrunken, da war Franco noch
an der Macht.

H

Und den besten russischen Kaviar gab's unter Bresch-
new, gell, Kienzle?

K

Ach, Hauser, wie schrieb Rudyard Kipling unlängst in der
»Welt«: »A woman is only a woman. But a cigar is a smoke.«

H

Auf deutsch: Hast du Havannas in der Blutbahn,
kannst du fliegen wie ein Truthahn.

Hauser

INDUSTRIESTANDORT
Das Ende der Anspruchsspirale

Verschärfter internationaler Wettbewerb erfordert stärkere Anstrengungen zur dauerhaften Sicherung des Industriestandorts Deutschland. Nicht nur Konkurrenz aus Südostasien, sondern – nach dem Fall des Eisernen Vorhangs – auch aus Osteuropa macht der deutschen Wirtschaft schwer zu schaffen. Längst wird in vielen Billiglohnländern in einer Qualität produziert, die unserer nur noch wenig, wenn überhaupt nachsteht. Nicht nur geringere Lohnkosten, auch weniger belastende Auflagen sorgen im Ausland für kaum einholbare Wettbewerbsvorteile. Unser internationaler Spitzenplatz im Sozial- und Umweltbereich kommt die deutsche Wirtschaft teuer zu stehen, gefährdet vorhandene Arbeitsplätze und verhindert die Schaffung neuer. Da unsere Konkurrenten nicht bereit sind, sich unseren Arbeitsbedingungen anzupassen, andererseits deutsche Produktivität nicht beliebig gesteigert werden kann, bleibt uns nur die Alternative: schnell abspekken oder langsam absaufen.

Natürlich können deutsche Löhne und Gehälter nicht einmal in die Nähe osteuropäischer oder fernöstlicher Standards gesenkt werden. Aber sie dürfen künftig auch nicht stärker steigen, als die Produktivität wächst. Außerdem sind liebgewonnene Errungenschaften des Wohlfahrtsstaates überfällig für den Prüfstand. Der Samstag muß wieder Regelarbeitstag werden, Sonntagsarbeit darf auch für das produzierende Gewerbe nicht länger tabu sein. Bei aller Förderung des High-

Tech-Bereiches dürfen auch die klassischen Industrien, wie etwa der Fahrzeugbau, nicht ins Abseits geraten. Sektiererische Feldzüge gegen das Auto stellen Hunderttausende von Arbeitsplätzen in Frage. Experimente wie eine ökologische Steuerreform können wir uns im Alleingang nicht leisten.Und wie sollen wir Hochgeschwindigkeitszüge erfolgreich exportieren, wenn Technologiefeinde gegen deren Erprobung im eigenen Land Sturm laufen? In der Mikroelektronik sind wir vor allem wegen der Schlafmützigkeit von Wirtschaft und Industrie selbst hoffnungslos zurückgefallen. In anderen Bereichen wie etwa der Gentechnologie droht uns dasselbe Schicksal, weil Forschung und Entwicklung durch Angstmacherei massiv behindert werden.

Die deutsche Anspruchsspirale – mehr verdienen, weniger Wirtschaftswachstum, bloß keine neuen Technologien – ist für den Industriestandort Deutschland nicht zu verkraften.

Kienzle

INDUSTRIESTANDORT
Gegen Sozial- und Umweltdumping

Die Dauerdebatte um angebliche Gefährdung des Industriestandorts Deutschland dient in Wahrheit nur als Vorwand für die Fortsetzung sozialer Umverteilung von unten nach oben.

Wenn Deutschland heute bei manchen Schlüsselindustrien wie etwa der Mikroelektronik international hinterherhinkt, sind daran ausschließlich hausgemachte Versäumnisse der Wirtschaft selbst schuld, die es nicht verstanden hat, in Deutschland entwickelte Produkte wie Videorecorder oder Faxgerät weltweit zu vermarkten. Angesichts von dreieinhalb Millionen Arbeitslosen ist die Forderung, mehr zu arbeiten, blanker Hohn. Schon heute ist es problemlos möglich, Maschinenlaufzeiten – wo nötig – auch über das Wochenende auszudehnen. Eine generelle Einbeziehung des Samstags oder gar des Sonntags in die Wochenarbeitszeit kommt nicht in Frage.

Richtig ist, daß in Deutschland die Lohnnebenkosten zu hoch sind. Das liegt aber nicht an den Sozialleistungen, sondern daran, daß die Sozialversicherungssysteme mit versicherungsfremden Leistungen befrachtet werden, etwa den Transferzahlungen an die neuen Bundesländer. Diese Kosten dürfen nicht Arbeitgebern und Arbeitnehmern allein aufgebürdet werden, sondern sind von der Allgemeinheit, also auch von Beamten und Freiberuflern, zu tragen. Weiteres Einfrieren der Realeinkommen bedeutet zwangsläufig weniger Konsum und damit noch weniger Arbeitsplätze. Der Industriestandort Deutschland kann sehr wohl auch dadurch gesichert werden, daß Unternehmen bestimmte Teile der Fertigung ins Ausland verlagern, um ihre Ertragslage zu verbessern.

Sozial- und Umweltstandards gilt es nicht hierzulande herunterzufahren, sondern in den anderen Mitgliedsstaaten der Europäischen Union heraufzusetzen. Eine immer noch mächtige Industrienation wie Deutschland hat durchaus Einflußmöglichkeiten gegen Sozial- und Umweltdumping vor der eigenen Haustür.

Hauser

INFO-AUTOBAHN
Die große Freiheit aus der Telefonbuchse

Keine andere Kommunikationstechnik, weder der Buchdruck
noch Telefon oder Fax, haben sich in so kurzer Zeit durchgesetzt wie die globalen Computernetzwerke. Der weltweite Erfolg über den Telefonanschluß erhältlicher Online-Dienste
wie CompuServe und World Wide Web dokumentiert das Be-
dürfnis der Menschen, in allen Bereichen und über alle Grenzen hinweg unmittelbar miteinander in Verbindung zu treten.
Dies ist um so bemerkenswerter, als es sich beim sogenannten Information Superhighway noch um eine Experimentier-
strecke handelt, auf der sich fast ungehemmt jedermann tum-
meln kann. Vorteil der Infobahn: Sie macht den Traum vom
freien Zugang zu Informationen und Meinungen wahr. Zeitungen und Bücher kann man zensieren oder verbieten, Sender
stören und Satellitenschüsseln vom Dach reißen. Aber kein
diktatorisches Regime wird je in der Lage sein, den Verkehr im
Cyberspace zu kontrollieren oder gar zu unterbinden.
    Die große Freiheit beginnt an der Telefonbuchse. Der atem-
beraubend schnelle Ausbau der Datenautobahn steigert die
Lebensqualität und ist auch ökologisch von wachsender Bedeutung. Die Möglichkeit, von zu Hause aus Texte, Daten,
Bilder und Töne zu senden und zu empfangen, macht viele
Autofahrten überflüssig und entlastet die alten Verkehrswege.
Forschen und Studieren online erspart dem Staat bald Milliar-
deninvestitionen für neue Schulen und Universitäten. Informationen über neue Medikamente und Heilmethoden lassen

sich schon jetzt blitzschnell weltweit verbreiten und retten viele Menschenleben. Dieser technische Quantensprung hilft uns dabei, unser Leben beruflich und privat viel individueller nach unseren Bedürfnissen zu gestalten. Entfernungen spielen dabei keine Rolle mehr.

Kienzle

INFO-AUTOBAHN

Die neue Gleichschaltung

Die Info-Autobahn ist bis auf weiteres eher eine Geisterstrecke und führt, wie das Chaos im Internet zeigt, direkt nach Babylon. Was in den heutigen Computernetzen angeboten wird, ist ein wirres Sammelsurium von Daten- und Informationsschrott, mit dem kein vernünftiger Mensch wirklich etwas anfangen kann. Wenn es nicht gelingt, für Daten-Highways international gültige Verkehrsregeln zu vereinbaren, wird diese Technologie die Menschen nicht gescheiter und glücklicher machen, sondern einsam und verwirrt. Um uns als soziale Wesen zu entwickeln, brauchen wir vor allem unmittelbaren persönlichen Kontakt zu anderen, das Gespräch von Mensch zu Mensch und nicht per Computer. Lernen und Studieren allein, von zu Hause aus, kann Bildung und Ausbildung in Schule oder Universität nicht ersetzen. Datenautobahnen können einen Wust von Fakten und Meinungen transportieren, aber sie helfen uns nicht beim Einordnen und Gewichten – der Grundvoraussetzung, damit aus Kenntnissen Wissen und Erfahrung wird.

Das Zusammenwachsen von Computer, Telefon und Fernseher zu einer einzigen großen Kommunikationsmaschine verstärkt unsere ohnehin schon viel zu hohe mediale Abhängigkeit. Alle bisherigen Maßnahmen zur Begrenzung wirtschaftlicher Macht werden außer Kraft gesetzt. Einige wenige Kommunikationsunternehmen wollen als weltweite Info-Oligarchie den kommerziellen Verkehr auf den Hauptstrecken der Datenautobahn kontrollieren. Da sich in ihren Händen schon die Copyrights aller bisherigen Medienerzeugnisse konzentrieren, besteht die Gefahr einer gigantischen Gleichschaltung. Im Vergleich dazu nehmen sich aktuelle Diskussionen um Info-Monopolisten wie Kirch, Murdoch, Berlusconi oder Disney wie harmloses Vorgeplänkel aus.

Hauser

INTELLEKTUELLE
Der Geist weht, wo er will

Viele Jahre lang reklamierten Linke für sich das Monopol, Intellektuelle zu sein. Als Adelsprädikat fügten sie das Adjektiv »kritisch« hinzu, als ob es auch einen unkritischen Intellektualismus gäbe. Kritische Intellektuelle waren alle, die an Sinn und Nutzen staatlicher Ordnung zweifelten, unser Wirtschaftssystem anfeindeten und Deutschland das Recht absprachen, eine Nation wie jede andere zu sein. In einer solchen Vorstellungswelt konnte nur der Sozialismus Heil bringen. Wer mit Blick auf dessen »real existierende« Varianten Zweifel hegte, wurde mit der frohen Botschaft vom »demokratischen Sozialismus« getröstet. Lästige Hinweise, daß es sich dabei aller Erfahrung nach um geröstete Schneebälle handeln müsse, wurden als reaktionäres Gedankengut abgetan. Jeder Soziologiestudent durfte sich mit dem Etikett des Intellektuellen schmücken, vorausgesetzt, er bezeichnete Freidenker wie Franz Josef Strauß öffentlich als Bierdimpfl.

Kaum verwunderlich, daß diese Spezies von Intellektuellen die deutsche Wiedervereinigung als ganz persönliche Beleidigung und Niederlage betrachtet und sich davon bis heute nicht erholt hat. Seitdem bringen gescheite Konservative endlich den Mut auf, dem linken Alleinvertretungsanspruch auf Intellektualität Paroli zu bieten. Prompt setzte in den linksliberalen Medien ein wütender Feldzug gegen die »neue Rechte« ein. Sie wollen einfach nicht wahrhaben, daß immer mehr Konservative am geistigen Diskurs über politische und gesellschaftliche Probleme teilnehmen, ohne sich durch »Theoriedefizit« zu blamieren. Wie sagte schon Strauß, frei nach Hegel: »Der Geist weht nicht links oder rechts, der Geist weht, wo er will.«

Kienzle

INTELLEKTUELLE
Die rechte Geisterbahn

Kritische Intellektuelle waren es, die Ende der sechziger Jahre in der Bundesrepublik eine neue Ära der Aufklärung einleiteten. Vornehmlich Schriftsteller wie Böll und Grass, aber auch an-

dere Künstler wollten sich nicht länger mit Stillstand und gei-
stiger Leere der Adenauerzeit abfinden. Ohne Unterstützung
durch die Intellektuellen wären Willy Brandts Ostpolitik und die
inneren Reformen der sozialliberalen Regierung nicht möglich
gewesen. Intellektuelle traten frühzeitig für die – inzwischen
erfolgte – Anerkennung der Oder-Neiße-Grenze und für ein
friedliches Nebeneinander beider deutschen Staaten ein. Wer
ihnen heute vorwirft, sich hätten sich dabei gemeingemacht mit
dem SED-Regime und seinen Helfern, unterschlägt den vertrau-
ten und vertraulichen Umgangsstil konservativer Politiker wie
Kohl und Strauß mit Honecker, Mittag, Schalck-Golodkowski
und Co.

Die Rechten mißbrauchten den Begriff Intellektuelle lange
Zeit als Schimpfwort und scheuten sich nicht, Intellektuelle
sogar als Sympathisanten von Terroristen zu diffamieren. Neuerdings haben sie nun selbst den Intellekt für sich entdeckt.
Nachdem die Bierzeltrüpeleien eines Franz Schönhuber die
rechte Klientel eher abgeschreckt als angezogen haben, werden Ressentiments gegen Ausländer, Asylbewerber, Homosexuelle und sonstige Minderheiten nun soziologisch verbrämt an
die gebildeten Stände weitergeleitet. Gleiches gilt für Versuche, durch Relativierung und »historische Einordnung« von deutscher Schuld am Holocaust abzulenken.

Doch Stammtischparolen werden auch durch pseudointel-
lektuellen Überbau nicht genießbarer. Die Noltes und Zitel-
männer sind nichts anderes als die im Schafspelz blökende
Meute des Leitwolfes Gerhard Frey, die »Junge Freiheit« nichts
anderes als die Light-Ausgabe der »Nationalzeitung«.

Hauser

JAGD
Das Recht auf den röhrenden Hirschen

**1. Vorurteil: Jäger schießen auf alles. Der Killerinstinkt
treibt sie auf die Pirsch, wo sie dann auf alles anlegen, was
nicht bei drei auf den Bäumen ist.**

Ganz falsche Fährte. Das deutsche Jagdrecht legt genau fest,
welches Tier wann, wo und von wem »bejagt« werden darf. Wer
dagegen verstößt, kommt nicht ungeschoren davon. Per Gesetz und dank eigener disziplinarischer Maßnahmen innerhalb der Zunft gibt's da keine Schonung. Waidmanns Heil
liegt eben nicht im sinnlosen Töten hilfloser Tiere. Vielmehr
in verantwortlichem Handeln, nachhaltiger Nutzung und der
Notwendigkeit, Wildbestände zu regulieren – notwendig, weil
Umweltveränderungen auch die Lebensräume des Wildes beeinflussen und die sogenannte Selbstregulation hierzulande
nicht mehr funktioniert. Schwarze Schafe aber gibt es auch
unter den Jägern, sie bringen leider immer wieder das ganze
Waidmannshandwerk in Verruf.

**2. Vorurteil: Jagd ist nur was für Reiche, ein Privileg der
herrschenden Klasse – gestern wie heute. Ein elitärer
Spaß auf Diplomatenjagden oder in Privatrevieren von
Fürsten und Großunternehmern.**

Weit gefehlt. Schon ein gezielter Blick in die Statistik beweist
es: Die meisten der rund 320 000 Inhaber eines Jagdscheins

gehören keineswegs zu den oberen Zehntausend. Die Jäger
(und Jägerinnen!) von heute sind von Haus aus Landwirte,
Handwerker, Beamte, Angestellte und, ja, auch Arbeiter.
Wenn es sie alle in den Wald und auf die Heide zieht, dann
meistens nicht ins eigene Revier, sondern als »helfenden Gast«
mit Jagderlaubnisschein. Tatsächlich haben nur 19 Prozent
der Jäger ihren Jagdschein in einer dickeren Brieftasche stek-
ken. Ein Fünftel also nur von all jenen, die Jahr für Jahr privat
viel Zeit und viele Millionen Mark investieren, um die natürlichen Lebensräume zu erhalten. Für uns alle übrigens. Besonders wichtig vor dem Hintergrund, daß für nur wenig mehr
als ein Zehntel der 32 Millionen Hektar Jagdfläche der Staat
verantwortlich ist.

**3. Vorurteil: Jäger sind aufs Schießen scharf. Naturschutz
ist nur ein Vorwand.**

Wieder so ein Schnellschuß. Nur einen Bruchteil ihrer Zeit im
Revier verbringen Jäger mit dem »Bejagen« des Wildes. Hege
und Pflege von Wald und Wild stehen im Vordergrund. Und
dazu gehört unter anderem auch die Reduzierung des Wildbe-
standes auf ein natürliches Maß. Aber nicht etwa durch rück-
sichtsloses Abknallen. Wild soll waidgerecht erlegt werden
und ohne Qual sterben. Das ist und bleibt für die Jägerei
oberstes Gebot. Wer dagegen verstößt, gerät zu Recht in die
Schußlinie der Kritik. Wenn's auf zum fröhlichen Jagen geht,
hat das natürlich mit Leidenschaft zu tun und mit Liebe, der
Liebe zur Natur. Und die wird vor dem ersten Schuß auf harte
Proben gestellt. Wer die staatliche Jägerprüfung geschafft hat,
der kennt mehr als seine Rechte und Pflichten. Er hat viel
gelernt über Wildbiologie, Natur- und Tierschutz, vor allem

aber über die Verantwortung des Menschen gegenüber der Kreatur.

4. Vorurteil: Die Jagd ist nicht nötig. Jäger pfuschen der Natur ins Handwerk. Sie tun, was die Natur allein viel besser kann.

Die ewigen Gesetze vom Leben und Sterben in der freien Natur und vom selbstregulierten ökologischen Gleichgewicht sind in unserer heutigen Kulturlandschaft weitgehend außer Kraft gesetzt. Verbißschäden durch Karnickel, Hirsch und Reh lassen gerade aus den Reihen der Naturschutzverbände den Ruf nach deutlich höheren Abschußziffern laut werden. Was Rebhühner und Hasen betrifft, wird genau das Gegenteil beklagt – zu niedriger Bestand. Hier aber liegt der Hase gut und gern im Pfeffer: Tiere sind – bei allem Respekt – Bestandteil der Natur. Und die wird vom Menschen genutzt – vernünftigerweise nur in dem Umfang, wie auch wieder nachwachsen kann.

5. Vorurteil: Jäger sind nur geil auf Trophäen. Sie können nicht genug davon zu Hause überm Kamin hängen haben. Mit ihren Abschüssen brüsten sie sich wie Jagdpiloten nach dem Feindflug.

Ja, gleich zwei Urtriebe bestimmen den Waidmann: das Jagen und das Sammeln. Hinter jeder Trophäe steckt eine Geschichte, manchmal eine, die sich über Jahre erstreckt, in denen der Jäger das Wild beobachtet, gefüttert und bis zur »Abschußreife« immer besser kennengelernt hat. Aber auch der Stolz auf einen guten Schuß ist legitim. Und wenn damit

ein Zwölfender zur Strecke gebracht wurde, soll der ruhig
seine letzte Ruhe im Wohnzimmer finden. Jedermann hat ein
Recht auf einen röhrenden Hirsch an der Wand. Der eine
nagelt sich tote Muscheln und Seesterne über den Ofensims,
der andere steht mehr auf präparierte Hechte oder ausge-
stopfte Osterhasen, und mancher Jäger stellt sich fürs Fami-
lienfoto halt gern unter möglichst weitverzweigtes Geweih. So
waid, so gut. Kein Grund zur Treibjagd auf *uns* Jäger.

Kienzle

JAGD
Der Mörder ist immer der Jäger

*»Alle Berufsideologien sind edel, und die Jäger zum Beispiel sind weit
davon entfernt, sich die Fleischer des Waldes zu nennen, nennen sich
vielmehr den waidgerechten Freund der Tiere und der Natur, ebenso wie
die Kaufleute den Grundsatz des ehrbaren Nutzens hegen und Diebe den
Gott der Kaufleute, nämlich den vornehmen und völkerverbindenden
internationalen Merkur, auch den ihren nennen.«*
Robert Musil, »Der Mann ohne Eigenschaften«

Mit Vorliebe schleichen sie im Schutze der Dunkelheit durch
Wald und Wiesen und erschießen wehrlose Tiere. Jäger sind
Mörder. Sie gehen buchstäblich über Leichen und geben dies
auch noch als »Hege und Pflege« aus. Die Jäger, der bewaff-
nete Arm der deutschen Stammtische, vollstrecken die Todes-
strafe wenigstens noch in Feld und Flur. Wie immer sie ihre
martialische Tätigkeit auch nennen mögen: Treibjagd, Kessel-

jagd, Drück- oder Riegeljagd – die Hetze endet meist mit dem Tode des Gejagten. »Sau tot, Fuchs tot, Hase tot«, vermelden denn auch voll tumbem Stolz die Herren über Leben und Tod. Ein Tannenzweig für jeden Kadaver, und flugs den Lodenhut gelüpft – so feiern Jäger ein Massaker.

Ein bißchen Steinzeit. So haben die Grünröcke die Mordlust ins 20. Jahrhundert gerettet. Nichts gegen die Steinzeit. Damals war es sicherlich nicht auf elegantere Weise möglich, Nahrung zu beschaffen. Es gab keine Alternative. Und selbst im Interglazial herrschte noch so etwas wie Waffengleichheit zwischen Jägern und Gejagten. Waldelefanten mußten damals mühsam mit Stichwaffen aus Eibenholz erledigt werden. Harte und gefährliche Arbeit, verglichen mit der heutigen High-Tech-Killerei.

Der moderne Jäger sucht nicht Nahrung, sondern seinen Lustgewinn. Deshalb hat er seinen Jagdschein bekommen. Letzterer berechtigt ihn, zu bestimmten Zeiten seinem Mordsvergnügen nachzugehen. Mit Pfeil und Bogen jedenfalls mag sich keiner aus dem Heer der Freizeitkiller auf die Pirsch begeben, das hieße Waffengleichheit. Es bleibt halt ein ziemlich einseitiges Vergnügen, das sich die Jäger leisten, der schießende Teil der Partei der Besserverdienenden.

Es wird wohl noch lange dauern, bis die Jäger zur Umkehr bereit sind, wenn auch der eine oder andere schon heute ein schlechtes Gewissen hat. Ganz so ungeniert wie noch Wilhelm Zwo traut sich der Jäger heute nicht mehr in den Wald. Die aus allen Knopflöchern feuernde Majestät war ein unersättlicher Nimrod. Was ihm in der Weltpolitik versagt blieb, hat Willem sich im Wald erschossen – einen Ehrenplatz in der Geschichte, wenn auch nur in der Geschichte der Jagd. Bewundernd berichtete »Wild und Hund«, das Zentralorgan des deutschen

Wald- und Wiesenjägers, über den kaiserlichen Amoklauf im deutschen Wald. Mit 1017 Schüssen sollen Serenissimus am 5. Dezember 1901 die Kleinigkeit von 928 Fasanen und 12 Hasen erlegt und dabei alle 15 Sekunden abgedrückt haben. Majestät hatten aus vier Flinten gefeuert, die ihm drei Jäger schußfertig reichten. Ein durch und durch deutscher Jäger: aufs Töten aus.

Solch wilder Feuerzauber ist heute nicht mehr vorstellbar – und trotzdem sorgt sich der deutsche Waidmann um sein Image. Erste Niederlagen machen eben nachdenklich. Die Hansestadt Hamburg beispielsweise hat auf Drängen der Kritiker die Staatsjagd eingestellt. Den Hanseaten war es gar zu peinlich, schwerbewaffnete Eroberungsfeldzüge nach Schleswig-Holstein und Niedersachsen ausrichten zu müssen. Das zeigt: Nimrods Nimbus ist angekratzt. Theodor Heuss, der erste Bundespräsident, hat es vor Jahren schon auf den Punkt gebracht: »Das Jagen ist eine Nebenform menschlicher Geisteskrankheit.«

Nur gelegentlich und eher zufällig geht es fair zu auf der Jagd. Nämlich, wenn ein Jäger statt des Wildbrets mal einen anderen Jäger zur Strecke bringt. Dann spricht man aber nicht von Mord, sondern von einem Jagdunfall. Solche Zwischenfälle gibt es indes viel zu selten. Denn eine Krähe schießt der anderen kein Auge aus.

Hauser

JAPAN

Wie die Bundesrepublik hat auch Japan aus den Trümmern des Zweiten Weltkriegs einen Aufstieg ohnegleichen geschafft. Im Gegensatz zu Deutschland hat sich Japan allerdings nie auf dem Erreichten ausgeruht. Wirtschaftlicher Stillstand bedeutet für die Japaner Rückschritt. Lange Zeit profitierten sie davon, daß ihre Leistungsfähigkeit von Europäern und Amerikanern sträflich unterschätzt wurde. Ihre Erfolge erzielten sie nicht etwa durch Imitation des Westens, sondern durch genaues Studium seiner Stärken und vor allem seiner zahlreichen Schwächen. Daraus entwickelten sie ihre Strategien zur Eroberung der Weltmärkte. Längst sind nicht mehr niedrige Preise, sondern höchste Produktqualität Markenzeichen von »made in Japan«. Nippon hat seinen Wohlstand nicht verfrühstückt, sondern durch kluges Zusammenwirken von Politik und Wirtschaft Marktlücken ausgespäht und diese dann entschlossen ausgefüllt. Die Geheimisse japanischer Geschäftstüchtigkeit heißen Fleiß, Disziplin und Patriotismus. Japaner betrachten sich traditionell als Teil einer großen Familie, deren allgemeines Wohlergehen Vorrang hat vor individuellen Bedürfnissen. Mögen ihre Geschichte und Tradition kaum für Vergleiche taugen, zumindest was ihren Gemeinschaftssinn angeht, können wir von den Japanern einiges lernen.

Kienzle

JAPAN

Für den wirtschaftlichen Erfolg zahlt die japanische Gesellschaft einen hohen Preis. Ihr Ehrgeiz, technologisch die Nummer eins der Welt zu werden, hat das Land tief gespalten. Einer kleinen Oberschicht, die immer mehr in westlichen Kategorien denkt und lebt, steht die Masse der Bevölkerung gegenüber, die sich mehr und mehr ihrer Identität beraubt sieht. Mit Appellen an Stolz und Patriotismus beuteten japanische Unternehmen ihre Arbeiter aus wie kein anderes Industrieland. Viele Produkte, mit denen Japan auf dem Weltmarkt glänzt, zum Beispiel Autos und hochwertige elektronische Geräte, sind für die Mehrheit der eigenen Bevölkerung unerschwinglich. Pausenlose Plackerei für den Reichtum weniger und der psychische Druck, Freizeit und Familie der Japan AG zu opfern, haben das Volk mürbe gemacht. Auch geschickt manipulierende Öffentlichkeitsarbeit kann soziale und gesellschaftliche Probleme des Landes: Flucht in Alkohol und Drogen, Aggression und Gewalt, nicht länger verdecken. Japan ist kein Vorbild, sondern ein abschreckendes Beispiel dafür, wohin es führt, wenn ein Volk seine Seele verkauft.

JOINT-VENTURE

H

Noch Fragen, Kienzle?

K

Ja, Hauser. Nachdem Drogenbesitz jetzt nicht mehr strafbar ist: Wie wär's mit einem kleinen Joint-venture? Schwarzer Afghane gefällig?

H

Danke, kein Bedarf, Kienzle. Mir reicht der Rote Libanese hier am Studiotisch.

Hauser

KABINETT

In unserer Mediendemokratie ist es unvermeidlich, daß sich das Interesse der Öffentlichkeit auf den Kanzler konzentriert, während sein Kabinettsteam in den Hintergrund tritt. Gerade in Koalitionsregierungen müssen wichtige Entscheidungen schon abgestimmt sein, bevor es zur abschließenden Beratung im Kabinett kommt. Das ist in Demokratien wie in den USA, Frankreich oder England nicht anders. Das beste Kabinett ist eines, das seine Arbeit möglichst unspektakulär versieht. Was die Mitglieder des Kabinetts, die Minister und Staatssekretäre, keineswegs an Eigenprofilierung hindert. Die sollte aber nicht im Kabinettssaal erfolgen, sondern außerhalb.

Kienzle

KABINETT

Das Kabinett, in dem eigentlich alle grundsätzlichen Entscheidungen fallen sollen, verkommt immer mehr zur Notariatsgeschäftsstelle, wo abgenickt wird, was zuvor in undurchsichtigen Zirkeln ausgekungelt wurde. Kluge Regierungschefs auf Bundes- und Länderebene wie Brandt, Rau und – in grauer Vorzeit – auch Kohl waren stets bemüht, die besten Köpfe für ihr Kabinett zu gewinnen. Kabinettssitzungen waren das wichtigste Diskussionsforum der Regierung und dokumentierten auch nach außen, daß die Staatsgeschäfte auf breiter Basis erledigt wurden. Heutige Regierungschefs vermitteln ständig den Eindruck, alles sei Chefsache und nur von ihnen selbst zu erledigen. Die Neigung unabhängiger Köpfe, einem solchen Kabinett anzugehören, hält sich in Grenzen. So sehen die Kabinette auch aus.

Hauser

KANZLERKANDIDAT

Noch nie in der Geschichte der Bundesrepublik ist es einem Kanzlerkandidaten gelungen, aus eigener Kraft durch Wahlsieg über den Amtsinhaber das Kanzleramt zu erobern. Auch Willy Brandt verdankte seinen Erfolg nicht einem Sieg über

Kiesinger, sondern der F.D.P. Als Konsequenz aus der Weimarer Zeit hat das Grundgesetz die Stellung des Bundeskanzlers erheblich gestärkt und seine Ablösung während einer Legislaturperiode vom erfolgreichen Ausgang eines konstruktiven Mißtrauensvotums abhängig gemacht. Damit kann einem Kanzler nur dann vom Parlament das Vertrauen entzogen werden, wenn es gleichzeitig eine mehrheitsfähige Alternative präsentiert. Diese Regelung hat entscheidend zur Stabilität unserer Demokratie beigetragen und verleiht dem amtierenden Kanzler obendrein spätestens am Wahltag gegenüber seinem Herausforderer einen gewissen Bonus. Die Deutschen sind letztlich geduldig mit ihren Kanzlern, auch wenn sie den Kandidaten zwischen den Wahlgängen immer wieder Hoffnung machen, schon um des permanenten Wettbewerbs willen. Helmut Kohl hat den langen Atem bewiesen, den ein Kandidat braucht, um sich in den Augen der Bevölkerung wirklich als Kanzler zu qualifizieren. Seine sozialdemokratischen Gegenspieler warfen jeweils nach der ersten Niederlage das Handtuch. Wer aber die Hitze in der Küche der Opposition nicht aushält, hat auf dem Stuhl des Kanzlers erst recht nichts zu suchen. Deshalb gilt wohl auch für Scharping: Abtreten, der Nächste.

Kienzle

KANZLERKANDIDAT

Sich nur auf eine Person allein zu fixieren, ob Kanzler oder Kanzlerkandidat, ist der Linken immer schlecht bekommen. Erinnert sei an die Zeit, als der fatale Eindruck entstand, ohne Helmut Schmidt sei die SPD keinen Schuß Pulver wert. Parteien, die auf ihre Inhalte Wert legen, dürfen sich nicht hinter Personen verstecken. Wohin dies führt, zeigen die Bundestagswahlen seit 1983. Die Zeit der Alleinherrscher ist vorbei. Das werden auch die Konservativen nach dem Abgang von Helmut Kohl noch erfahren.

Vom Kanzlerkandidaten wird praktisch Unmögliches erwartet. Er soll aus der Minderheit heraus zeigen, daß er alles besser könnte als der Kanzler mit seiner Mehrheit. Er soll die Regierung jagen und gleichzeitig auf vielen Feldern mit ihr zusammenarbeiten, um staatsmännisches Format zu beweisen. Kein Wunder, daß an dieser Aufgabe noch jeder Herausforderer gescheitert ist. Deshalb steht jeder Kandidat auf verlorenem Posten, wenn es ihm nicht gelingt, ein kompetentes Team zu präsentieren. Kiesinger ließ 1969 plakatieren: »Auf den Kanzler kommt es an«. Ein Irrtum, wie sich herausstellte. Denn die SPD hatte nicht nur Brandt, sondern auch Schmidt und Schiller. Daran sollte sie sich heute wieder erinnern.

Hauser

KERNKRAFT
Ausstieg ist Harakiri

Kernkraft ist eine sichere, preiswerte und umweltfreundliche
Energie. Trotzdem wird ihr Einsatz mit fundamentalistischem
Eifer bekämpft. Dies muß um so mehr verwundern, als die
friedliche Nutzung der Kernenergie bis in die siebziger Jahre
hinein auch auf der politischen Linken unbestritten war. Erst
mit dem Aufkommen der Grünen, die sich die Kernkraft als
Symbol für ihren Windmühlenkampf gegen moderne Technologien auserkoren hatten, schwenkte die SPD trotz aller Warnungen Helmut Schmidts auf die grüne Linie ein. Da es in
Deutschland für Angstpropaganda keinen ausreichenden Anlaß gibt, muß bis heute der Reaktorunfall in Tschernobyl als
abschreckendes Beispiel herhalten. Verquere Logik: Weil es
unsichere Kernkraftwerke in anderen Ländern gibt, müssen
die sicheren Kernkraftwerke in Deutschland abgeschaltet
werden. Andersherum wird ein Schuh draus: Laßt uns mit
unserem Know-how den anderen helfen, ihre Kernkraftwerke
auf unseren Sicherheitsstandard zu bringen! Die Forderung
nach Ausstieg aus der Kernenergie erscheint noch absurder,
wenn gleichzeitig die Zunahme der Ozonschäden durch fos-
sile Energieträger wie Kohle beklagt wird. Doch es geht nicht
gegen Kohleförderung, sondern gegen Kernenergie.
   Natürlich können wir heute nicht die Form der Energiever-
sorgung bis in alle Ewigkeit festlegen. Natürlich ist es wichtig,
Energie zu sparen und erneuerbare Energien wie die Solar-
energie zu fördern. Aber bis diese auch nur einen nennens-

werten Anteil des bisherigen Strombedarfs decken können, wäre der Verzicht auf Kernenergie reines Harakiri. Außerdem müssen die Elektrizitätsunternehmen die Möglichkeit erhalten, neue Reaktortypen zu erforschen und zu entwickeln. Selbst auf der Linken beginnen Politiker mit Realitätssinn wie Gerhard Schröder umzudenken und schließen den Bau einer neuen Reaktorgeneration nicht mehr völlig aus. Gut möglich, daß der Glaubenskrieg um die Kernenergie in zwanzig Jahren wie ein Spuk aus längst vergangenen Zeiten erscheint.

Kienzle

KERNKRAFT
Teufel und Beelzebub

Wer angesichts des ungelösten Entsorgungsproblems volles Vertrauen in Kernkraftwerke setzt, sollte sich fragen, ob er auch gern in einem Flugzeug sitzen würde, für das am Zielort noch keine Landebahn gebaut ist.

Der Einsatz von Kernenergie war die Folge des weltweiten Dranges nach immer stärkerem wirtschaftlichen Wachstum. Bedenken kamen erst auf, als Wissenschaftler, beispielsweise die Mitglieder des »Club of Rome«, auf Grenzen des Wachstums und Gefahren für die Umwelt hinwiesen. Die Ökologiebewegung, weit größer als die Anhängerschaft der Grünen, machte von Anfang an den Kampf gegen Kernergie zu ihrem zentralen Anliegen. Die Katastrophe von Tschernobyl gab schließlich jenen recht, die auch »friedliche Nutzung von Atomkraft« als unkalkulierbares Risiko ablehnen, denn Kernspaltung erlaubt keine Fehler und ist damit für fehlerhaft arbeitende Menschen nicht mit absoluter Sicherheit beherrschbar. Es ist Unsinn zu behaupten, daß ohne Kernkraft bei uns die Lichter ausgingen. Die Wissenschaft bietet heute schon Technologien an, mit denen weit über ein Drittel an Energie eingespart werden könnte, wenn man solche Lösungsvorschläge finanziell auch nur annähernd so fördern würde wie die Kernenergie. Auch die Nutzung erneuerbarer Energien wie der Sonnenenergie könnte ebenfalls sehr viel rascher vorangetrieben werden. Diese Optionen werden aber seitens der Energiewirtschaft so lange verbummelt, wie Regierungen mehrheitlich am Atomkurs festhalten und auf gezielten Druck verzichten. Wer fortgesetzte Nutzung von Kernenergie mit dem Schutz der Ozonschicht rechtfertigt, treibt den Teufel mit dem Beelzebub aus.

Erfreulicherweise deutet sich mittlerweile auch bei einigen Energieversorgungsunternehmen vorsichtiges Umdenken an. Grund genug, den Ausstieg aus der Kernenergie politisch noch konsequenter vorzubereiten, damit Atomkraft als »Übergangsenergie« binnen weniger Jahrzehnte ausgedient hat.

Hauser

KIRCHE, evangelisch

Die evangelische Kirche hängt dem Irrglauben an, ihren Mitgliederschwund durch immer tiefere Kotaus vorm Zeitgeist bremsen zu können. Beifall erhält sie dabei vor allem von jenen, die mit der Botschaft Gottes in Wahrheit wenig im Sinn haben, sondern die Kirche für ihre politischen Zwecke instrumentalisieren wollen. Am deutlichsten zeigte sich dies in der sogenannten Friedensbewegung. Verantwortliche Politiker aus allen Parteien, die den Nato-Doppelbeschluß unterstützten, um sowjetische Aufrüstung zu verhindern, und die später den Erfolg ihrer Standfestigkeit ernten konnten, sahen sich auf zahlreichen Veranstaltungen der evangelischen Kirche Pfiffen, Eiern und Tomaten ausgesetzt. Von Toleranz und Respekt vor anderen Meinungen war nichts mehr zu spüren.

Grenzenlos ist evangelische Toleranz und Fürsorge dagegen im Umgang mit jeder politischen und gesellschaftlichen Minderheit. Als Markenzeichen von Progressivität gilt mittlerweile die Trauung gleichgeschlechtlicher Paare durch evangelische Pastorinnen und Pastoren. In der kircheneigenen Publizistik finden fast nur noch Randgruppen ihre Interessen berücksichtigt. Auch auf den evangelischen Kirchentagen dominieren sie in einer Weise, die weit über ihre Bedeutung hinausgeht. Die Verkündung von Gottes Wort tritt immer weiter hinter die Proklamation politisch einseitiger Botschaften zurück. Überzeugte evangelische Christen fühlen sich in ihrer eigenen Kirche inzwischen selbst bestenfalls noch als geduldete Minderheit. Eine Kirche, die sich so weit von ihrem ursprünglichen Auftrag entfernt hat und sich zum Forum der Beliebigkeit entwickelt, kann ihren Gläubigen keine christliche Orientierungshilfe mehr bieten.

Kienzle

KIRCHE, evangelisch

»Und einige Pharisäer in der Menge sagten zu ihm: Meister, weise doch deine Jünger zurecht! Er antwortete: Ich sage euch: Wenn diese schweigen werden, dann werden die Steine schreien.« **Der** Leitsatz für jeden Protestanten, zu finden im Lukas-Evangelium, Kapitel 19, Verse 39 und 40.

Was in der Gesellschaft diskutiert wird, muß auch in der Kirche diskutiert werden. Lebendige Kirche darf sich nicht nur auf Verkündigung der christlichen Botschaft beschränken, sondern muß durch Nähe zu konkreten Sorgen und Problemen der Menschen deutlich machen, daß sie sich als zentraler Bestandteil der Gesellschaft versteht. Weit mehr als die katholische hat sich die evangelische Kirche für Gruppen geöffnet, die neben Antworten auf Glaubensfragen auch das Gespräch über brennende Probleme unserer Zeit suchen, über Umweltschutz, soziale Ungerechtigkeit, Drogen, Gleichberechtigung, Diskriminierung von Minderheiten, Nord-Süd-Entwicklung, Menschenrechtsverletzungen in aller Welt. Hier kann es nicht Aufgabe der Kirche sein, als verlängerter Arm staatlicher Interessen zu wirken.

»Ein Christenmensch ist ein freier Herr über alle Dinge und niemandem untertan.« So hat es Martin Luther ausgedrückt. Das heißt doch wohl: Ein Protestant unterwirft sich aus Liebe. Und aus freien Stücken. Das führt gelegentlich zu Konfusionen, zu Chaos und manchmal wohl auch zu unfruchtbarem Streit. Am Ende allerdings erzeugt es Demokraten, die sich für solche, die sich nicht wehren können, stark machen. Es ist kein Zufall, daß sich vor allem so viele Frauen und junge Menschen in der evangelischen Kirche engagieren.

Hauser

KIRCHE, katholisch

Als der ältesten gesellschaftlichen Institution kommt der katholischen Kirche auch in unserer säkularisierten Welt unverändert große Bedeutung zu. Glauben kann nicht von jedem einzelnen selbst und alleine gelebt werden – oder er verkommt zur Sektiererei. Natürlich ist die katholische Kirche mit ihrer Hierarchie und dem unbeirrten Festhalten an der seit 2000 Jahren bestehenden Glaubenslehre vielen »progressiven« Kritikern ein Dorn im Auge. Wenn die Auslegung der Heiligen Schrift sich wechselnden Mehrheitsentscheidungen unterwirft, hat sie keinen Bestand und kann keine dauerhafte Orientierung vermitteln. Auch als Objekt der »Demokratisierung« ist die katholische Kirche ungeeignet. Gerade weil sie sich beharrlich dem Zeitgeist verweigert und ihre Grundüberzeugungen nicht der Willkür ihrer Schäflein überläßt, ist die katholische Kirche heute für viele Menschen die einzige intakte Autorität.

Kienzle

KIRCHE, katholisch

»Führer, befiehl, wir folgen dir«, das war schon vor knapp 2000 Jahren überholt. Zumindest, wenn sich ein Mensch für die »Nachfolge Jesu Christi« entschieden hatte. »Man muß Gott mehr gehorchen als den Menschen.« Diese Entgegnung des Petrus und der Apostel an die damals herrschende Priesterkaste auf deren starre Auslegungen und Anweisungen (Apostelgeschichte 5,29) sollte jedem katholischen Kirchenfürsten – einerlei, ob den Bischöfen in den Ländern oder den Würdenträgern im Vatikan, vor allem jedoch dem versteinerten Dogmatiker Papst Johannes Paul II. – auf den Rasierspiegel geschrieben werden.

Seit 2000 Jahren hält die katholische Kirche nichts von der Freiheit eines Christenmenschen, eines Menschen, der sich nur seinem Gewissen und damit Gott gegenüber verantwortlich fühlt und sich dem unterwirft. Seit fast 2000 Jahren paktiert die katholische Kirche immer nur mit denen, die ihren Besitzstand sichern. Seit fast 2000 Jahren verdanken die Menschen dem katholischen Prinzip von Befehl und Gehorsam (gegen Menschen) solche Regimes, wie es sie heute nur noch in Südamerika gibt. Die letzten – nichtkommunistischen – Diktaturen Europas hatten sämtlich den Segen der katholischen Kirche. Und selbst die brutalsten Terroristen von Staats wegen – Adolf Hitler und Jossif Wissarionowitsch (Dschugaschwili), der sich Stalin nannte, entsprangen dem Schoß der Kirche – hatten in ihr bestimmte Mechanismen verinnerlicht. Die Nomenklaturen der Kommunisten und der Nazis bauten auf demselben Pyramidenschema auf, wie es die Hierarchie der katholischen Kirche heute noch darstellt.

Durch ihre Reformunfähigkeit und ihr Pochen auf Unfehlbarkeit in Glaubensfragen hat sich die katholische Kirche weit von den Gläubigen entfernt.

SCHWARZ GREIFT EIN

Aus dem Papier des SitKom-Beauftragten der Deutschen Bischofskonferenz, Prof. theol. (Name geschwärzt)

Situation

Das Wort des Apostels Paulus: »Ich bin allen alles geworden, damit ich auf alle Weise etliche rette« (1 Kor 9,22), hat nicht nur dem Londoner Kaufhaus »Harrods« den erfolgreichen Slogan »Allen alles« eingegeben. Es hat auch die Kirche Gottes geleitet, als sie die geistliche Krimiserie »Schwarz greift ein« in Höhe von 3,2 Millionen Mark bei SAT 1 mitfinanzierte. Inzwischen hat nicht nur Papst Johannes Paul II. Günter Strack ausgezeichnet und fleht in einem Gebet »um weitere Schaffenskraft« des Mimen, sondern seine Serie »Mit Leib und Seele« wird sogar zur Theologenausbildung verwendet. Der reiche Quotensegen solcher guten Werke läßt es geraten erscheinen, auch in anderen Bereichen der televisionären Unterhaltung das Feuer des Heiligen Geistes zu entzünden. Die Kirche muß im Bewußtsein der Öffentlichkeit wieder das werden, was sie in glaubensstärkeren Zeiten unbestritten war: Serientäterin.

Zielgruppe

Junge Menschen, die als Kind mit der Kirche in Berührung gekommen sind, aber später den Kontakt zu ihr verloren haben, die sogenannten »SitKom« (»sitzengebliebene Kommunionskinder« – die Red.). Ihrer sollten wir uns annehmen – auch unter Berücksichtigung des Umstandes, daß diese Altersgruppe in Glaubensentscheidungen noch beeinflußbar ist, während bei den über Fünfzigjährigen irreversible konfessionelle Markenbindung vorausgesetzt werden muß.

Vorschlag

Für die Neuevangelisation Europas bietet sich insbesondere die Comedy an. Hierbei sollte weitgehend das Grundmuster der Serie »Schwarz greift ein« übernommen werden. Darin spielt Klaus Wennemann einen Pfarrer, der früher mit Blaulicht im Rotlichtmilieu herumfuhr. In der Situationskomödie könnte nun ein Mann zum Priester reifen, der vordem ein Fernsehkomiker war – und auf diese Weise die geheimnisvolle Nähe der beiden Berufsbilder aufscheinen lassen.

Besetzung

Bei der Besetzung dieser Figur muß außergewöhnliche Sorgfalt obwalten.

Heinz Schenk – scheint als Stand-up-Comedian ein gut geeigneter Verkünder des Auferstandenen. Vorzug: Er hat früher den Bembel gereicht, was den späteren sakramentalen Vollzug versinnbildlicht. Nachteil: Er ist ein zu deutlich sichtbarer Hinweis auf die Überalterung des deutschen Klerus.

Hape Kerkeling – ist jünger, hat aber ein gerade in klerikalem Zusammenhang heikles Imageproblem.

Wigald Boning – demonstriert überzeugend die unerschütterliche Heiterkeit der Kinder Gottes. Allerdings könnte sein musikalisches Credo, vorgetragen als »Lieder, die die Welt nicht braucht«, in negativer Weise auch auf den Stellenwert geistlicher Musik bezogen werden.

Helge Schneider – würfe wohl ein schlechtes Licht auf die technische Ausbildung (Sprecherziehung etc.) im Priesterseminar.

Karl Dall – wäre sowohl unverkennbare Fleischwerdung des Wortes »Hochwürden drückt ein Auge zu« als auch idealtypische Verkörperung der Botschaft, daß die Kirche in der Verwaltung des ihr anvertrauten Gnadenschatzes nicht zu allem und jedem nur ihr freudiges Ja sagen kann. In diese Richtung sollten unsere Überlegungen gehen.

Titel
Sollte aus dem Kernbereich der christlichen Wahrheit kommen und dennoch mit der Institution Kirche assoziiert werden. Er muß unsere Corporate Identity (Selbheit im Fleische) deutlich zum Vorschein bringen.

Ich schlage vor:

HIMMEL NOCH MAL!

Göttliche Komödien

KOALITIONEN
Wer mit wem und warum (nicht)

Hauser

Alleinregierung
Demokratisch legitimierte Alleinregierung hat die besten Voraussetzungen, um klare Entscheidungen zu fällen und auch Fehler rasch zu erkennen und zu korrigieren. Angesichts der möglichen Alternativen ist eine Alleinregierung von CDU/CSU nach der nächsten Wahl allen anderen Regierungsformen vorzuziehen.

Große Koalition
Große Koalitionen sind zwar grundsätzlich nicht wünschenswert. In schwierigen Situationen ist aber die zeitlich befristete Zusammenarbeit beider großen Parteien instabilen Verhältnissen vorzuziehen.

Kienzle

Alleinregierung
Alleinregierung der SPD wäre zwar zu begrüßen, aber auf Bundesebene derzeit nicht erreichbar. Selbst viele sozialdemokratische Wähler wünschen ihrer Partei mit den Grünen einen Koalitionspartner, der im Konflikt zwischen Ökonomie und Ökologie die ökologische Komponente stärkt.

Große Koalition
Große Koalitionen sollte es eigentlich nur in Ausnahmesituationen geben. Angesichts einer schweren Staatskrise dürfte sich die SPD nicht entziehen.

Hauser

Schwarz-Gelb
Nach Alleinregierung von
CDU/CSU ist Schwarz-Gelb,
also Koalition mit der
F.D.P., die zweitbeste Lö-
sung.

Rot-Gelb
Dreizehn Jahre Regierung
in rot-gelber Konstellation
haben die Liberalen an den
Rand des Abgrunds geführt.
Wiederholung deshalb un-
wahrscheinlich.

Rot-Grün
Gefahr für den Wirtschafts-
standort Deutschland, seine
Arbeitsplätze und für die
Berechenbarkeit deutscher

Kienzle

Schwarz-Gelb
Die F.D.P. ist in der schwarz-
gelben Koalition zu einer liberalen Arbeitsgemeinschaft
der Union verkümmert und
hat ihre eigene Identität verloren.

Rot-Gelb
»Wenn die F.D.P. vor der Alternative steht, entweder in
die Opposition zu gehen
oder mit der SPD zu koalie-
ren, wird sie auf dem Bauch
zum Erich-Ollenhauer-Haus
kriechen.« (Gerhard Schröder)

Rot-Grün
Aussichtsreiches Reform-
bündnis für die Probleme
des Jahres 2000 und
danach.

Hauser

Kienzle

Außenpolitik. Die Grünen
werden die SPD wie ein
Wirtstier aussaugen und in
der Praxis ein Bündnis
Grün-Rot schaffen.

Schwarz-Grün
Den Konservativen würden
heute bei einem solchen
Bündnis die Wähler in
Scharen davonlaufen.

Schwarz-Grün
Die Klientel der Grünen
würde eine solche Zusam-
menarbeit weder verstehen
noch akzeptieren. Es gibt auf
absehbare Zeit keine pro-
grammatische Grundlage für
Schwarz-Grün.

Ampel
Die F.D.P. wäre in einer rot-
gelb-grünen Koalition nur
wirtschaftspolitisches Fei-
genblatt, das die fortschritts-
und industriefeindlichen
Zielsetzungen von Rot-Grün
auf Dauer nicht verdecken
könnte. Beispiel: Bremen.

Ampel
Einer Großen Koalition vorzuziehen, aber beim derzeitigen Kurs der F.D.P.
auszuschließen.

Hauser

Kienzle

Schwampel
Eine schwarz-gelb-grüne
Ampelkoalition ist vorerst
nicht drin, mit Blick auf den
Strukturkonservativismus
der SPD aber nicht für alle
Zeiten undenkbar.

Schwampel
Wenn es um den Machter-
halt geht, ist den Konservativen alles zuzutrauen, auch
gnadenloser Opportunismus
in Richtung Fischer-Grün.

Volksfront/Radikampel
Das Beispiel Sachsen-Anhalt
hat gezeigt, daß die Sozialdemokraten gegen alle vorherigen Versprechen notfalls
auch zur Zusammenarbeit
mit der PDS bereit sind.
Volksfront und rot-rot-grüne
Ampel wäre der Freifahrt-
schein in den sozialistischen
Abgrund.

Volksfront/Radikampel
Die Union arbeitet in den
neuen Bundesländern auf
Landkreisebene mit der PDS
zusammen. Das zeigt, wie
verlogen das rechte Ge-
schrei um die PDS-Tolerie-
rung des rot-grünen
Regierungsbündnisses in
Sachsen-Anhalt ist. Solange
aber die SED-Nachfolger
nicht glaubhaft machen können, daß sie mit ihrem totalitären Erbe gebrochen
haben, sind Koalitionen mit
ihnen, von welcher Seite
auch immer, nicht denkbar.

Hauser

Minderheitsregierung
Im Interesse des Staates
sollte die Union bereit sein,
eine SPD-Minderheitsregie-
rung eine gewisse Zeit zu to-
lerieren, wie sie es in
Nordrhein-Westfalen ange-
boten hat, um rot-grüne
Bündnisse zu verhindern.

Kienzle

Minderheitsregierung
Die SPD sollte zur Tolerierung einer Unions-Minder-
heitsregierung nur bereit
sein, wenn die Alternative
eine Koalition zwischen den
Konservativen und einer
rechtsradikalen Partei wäre.

Hauser

DDR-KOMMENTAR
Kratzfuß vor Kommunisten

Seit Egon Bahr 1963 – zwei Jahre nach Errichtung der Berliner
Mauer – auf einer Tagung der Evangelischen Akademie in
Tutzing das Motto »Wandel durch Annäherung« gegenüber dem
SED-Regime ausgegeben hatte, galt es als fortschrittliche linke
Tugend in Westdeutschland, den »sozialistischen Arbeiter- und
Bauernstaat« in Watte zu packen. Selbstverständlich wurden
auch weiterhin Unterdrückung und Menschenrechtsverletzun-
gen aufs entschiedenste angeprangert – in Chile, im Iran, in
Südafrika. Nur um Ulbrichts und später Honeckers Reich
machten linke Moralisten einen weiten Bogen. Aus »Wandel
durch Annäherung« wurde Wandel durch Anbiederung.

Publizisten wie Axel Springer oder Matthias Walden, die
unbeirrt anhand unstrittiger Fakten auf den menschenverachtenden Charakter der DDR-Herrschaft hinwiesen, waren der
westdeutschen Linken verhaßter als SED und Stasi zusammen. Kritik an den Machthabern in Pankow gefährdete nach
dieser Lesart den Frieden in Europa und der Welt. Die Samt-
pfoten, mit denen Ostberlin in der linken und linksliberalen
Presse und besonders in der ARD gestreichelt wurde, hießen
»Entspannungspolitik« und »Anerkennung der Realitäten«.
Als der Korrespondent Lothar Loewe aus der DDR ausge-
wiesen wurde, weil er in einem Bericht wahrheitsgemäß darauf hingewiesen hatte, daß jenseits der Demarkationslinie auf
Menschen geschossen werde »wie auf Hasen«, gab es lauten
Protest – gegen Loewe. Der Devotismus, mit dem bundesrepu-
blikanische »Intellektuelle« zur Aufwertung, Stabilität und
internationalen Anerkennung der DDR beitrugen – beispiel-
haft seien die Schriftsteller Bernt Engelmann und Dieter Latt-
mann genannt –, hat unter den Kulturschaffenden in den
westlichen Nachbarstaaten Kopfschütteln und Verachtung
ausgelöst. Bücklinge und Kratzfüße vor Honecker gehörten
zum Repertoire westdeutscher Entspannungskommentatoren.
Die Bürgerrechtsbewegung wurde mit Nichtbeachtung gestraft. Der Ruf »Wir sind das Volk« aus Hunderttausenden von
Kehlen hat die Gesinnungsakrobaten 1989 von den rosa Sok-
ken gehauen.
Bis heute verzeihen sie den Menschen in der ehemaligen
DDR nicht, daß diese genauso leben wollten wie wir seit
Jahrzehnten im Westen. Mancher gelinkte Leitartikler versucht, die Kurve zu kriegen mit der dreisten Behauptung,
linke Appeasementpolitik habe den Wandel und schließlich
die Wende erst ermöglicht. Wenn das so wäre, dann müßte

doch enge wirtschaftliche und politische Zusammenarbeit mit der Volksrepublik China auf breite Zustimmung stoßen. Aber hier gelten natürlich wieder völlig andere moralische Maßstäbe.

Kienzle

ARD-KOMMENTAR
Organisiertes Erbrechen

Am Anfang ist immer das Wort. Bilder würden nur stören, weil sie den Blick auf den Kommentator verstellen. Denn das Wichtigste am Kommentar ist selbstverständlich der Kommentator. Wer glaubt, der Fernsehkommentar sei dazu da, in erster Linie Meinung zu verkünden, dem Kanzler oder gar dem Oppositionsführer den Marsch zu blasen, der irrt gewaltig. Der Kommentar dient vielmehr dem Kommentierenden als Mittel, Bekannten, Verwandten und Parteifreunden ein Lebenszeichen zukommen zu lassen. Noch genauer: Der Fernsehkommentator demonstriert am Bildschirm, daß er noch am Leben oder noch im Amt ist.

Dieter Lesche, der geschaßte RTL-Chefredakteur, hat es in dieser Disziplin zu wahrer Könnerschaft gebracht: ein Magier des inhaltsleeren Wortgewölks. Seine Kommentare beendete er immer mit dem Hinweis: »Ich meine«, weil sonst niemand eine Meinung erkannt hätte. Mit seinem Weggang von RTL schloß sich eine Lücke, die nie vorhanden war.

Der Meinungskommentar ist vor allem ein Markenzeichen

der ARD. Allabendlich organisiertes Erbrechen von Meinungsvielfalt. Man könnte versucht sein, darin eine ganz besondere
Form der folgenlosen Kommunikation zu vermuten, gäbe es
nicht doch gelegentlich ein paar handfeste Meinungsäußerun-
gen aus Bremen und Köln und Frankfurt. Rechts ist tote Hose.
Den Konservativen fehlt zur Zeit ein intelligentes Lästermaul,
wie es einst Johannes Gross war. Aber Sorgen muß sich deshalb im Konrad-Adenauer-Haus niemand machen. Der Kanzler hatte ausnahmsweise mal recht: »Die Hunde bellen, und die
Karawane zieht weiter.« Das ZDF hält sich deshalb beim Kommentieren vornehm zurück und tarnt seine Kommentare häufig
als Zwischenruf. Kenner wissen es schon lange: Kommentare
überzeugen niemanden, sie ändern auch keine Meinung. Sie
geben jedoch dem Zuschauer eine Chance, sich zum Beispiel
ein Bier zu holen. Was für die Fernsehshow die Musik, ist eben
bei der Nachrichtensendung der Kommentar.

Krisen, Kriege, Katastrophen – der ARD-Kommentator ist
allzeit bereit. Aber nicht etwa Sachkenntnis oder Erfahrung sind
für seine Wahl entscheidend, sondern Mehrheiten in der ARD-
Schaltkonferenz. Das Kommentieren ist noch weitgehend Män-
nersache, die Nominierung der Kommentatoren fast so be-
deutsam wie die Aufstellung der Fußballnationalelf. Glauben
wenigstens die Beteiligten. Die Streichung von der Kommentatorenliste hat schon manche menschliche Tragödie ausgelöst,
obwohl der Gestrichene möglicherweise schon jahrelang nicht
mehr kommentiert hatte. Auf der Kommentatorenliste zu stehen
bleibt ein journalistisches Statussymbol. Übrigens, bis 1978
wurde auch Franz Schönhuber auf der Liste des Bayerischen
Rundfunks geführt.

Gottlob gibt es aber immer wieder Erscheinungen, die aus
dem armseligen Mittelmaß herausragen, Siegmund Gottlieb

zum Beispiel, Chefredakteur des Bayerischen Rundfunks und
Meister der falschen Metapher. Seine Gedankenergüsse wirken wie mit dem Munde gemalt. Eine ganz besondere Form der
bayerischen Mund-Art. Der Kommentator als Schwert und
Schild der Partei. Daß bei derlei angestrengter Tätigkeit der
deutschen Sprache immer wieder Gewalt angetan wird, ist nur
zu verständlich. Es ist höchste Zeit, den ARD-Chefredakteur
wegen unterlassener Hilfeleistung anzuzeigen. Aber Sprache
ist geduldig.

Und wenn das Wort nicht willig ist, dann hilft nicht Gewalt,
sondern die Montage bewährter Versatzstücke zur TV-Stan-
dardpredigt: »Es steht nicht dafür, daß …« signalisiert, daß
der Kommentator über die Tugend der Mäßigung verfügt. »Es
bleibt abzuwarten, ob …« oder »Es zeigt sich einmal mehr,
daß …« sind schon Keckheiten, die auf Unkündbarkeit schließen lassen. Gern genommen wird auch »So gesehen«. Das
verpflichtet zu nichts, macht sich aber gut, weil es suggeriert,
der Kommentator habe den Durchblick. Ganz besondere
Draufgänger des Metiers ziehen am Ende von Einsdreißig
das knallharte Fazit: »Hier ist die Politik gefordert!« Da kann
sich glatt jeder angesprochen fühlen oder auch keiner. Das
macht diesen Allgemeinplatz bei den Meinungspäpsten so
beliebt. Die mildere Form der Conclusio aber lautet in der
Regel: »Es gibt eben keine Patentrezepte. Machen wir uns
nichts vor.«

Für Novizen im Konklave der Kommentatoren hier ein kleiner
Legobaukasten, kompatibel für alle Gelegenheiten und Fern-
sehsysteme: »Es zeigt sich einmal mehr, daß es ohne (hier
Namen oder Begriff einsetzen) nicht geht. So gesehen sind alle
Kritiker im Irrtum. Es steht denn auch gar nicht dafür, noch
länger Vor- und Nachteile abzuwägen. Denn das liefe schließ-

lich darauf hinaus, eine Diskussion zu entfachen, die sich im Für und Wider erschöpft, wo wir die Optionen sowohl – als auch offenhalten sollten. Bleibt also abzuwarten, welchen Verlauf die Dinge schlußendlich nehmen. Patentrezepte gibt es eben nicht – und weil das so ist, sieht sich in diesem Fall vor allem die Politik gefordert.«

Hauser

KOMMUNISMUS

Der Kommunismus unterscheidet sich in seinem totalitären Anspruch und seiner menschenverachtenden Ideologie in nichts vom Nationalsozialismus. Waren schon die theoretischen Grundlagen des Kommunismus mit seiner Utopie von der Gleichheit aller eine gefährliche Irrlehre, so geriet seine praktische Umsetzung zur brutalen Unterdrückung vieler Völker. Unter dem Kommunismus wurden die Menschen nicht weniger, sondern mehr ausgebeutet als im »kapitalistischen« System, zudem blieb ihnen ein gerechter Anteil am Ertrag verweigert. Von Gleichheit konnte kein Rede sein. Die vermeintlich klassenlose Gesellschaft teilte sich in Wahrheit in eine Funktionärskaste, die sich an Luxusgütern aus den Ländern des »Klassenfeindes« labte, und in die Masse der Bevölkerung, die kaum das Notwendigste zum Leben hatte. Wirtschaftlich erwies sich der Kommunismus als Katastrophe. Einzige Wachstumsbranche war die Rüstungsindustrie. Durch Verweigerung materieller Leistungsanreize und das Fehlen von Wettbewerbsstrukturen wurden selbst einstmals florierende Unternehmen heruntergeschlampt, Natur und Umwelt in eine große Kloake verwandelt. Unfaßbar, wie lange sich der Westen von den Potemkinschen Dörfern irreführen ließ und Milliarden von Steuergeldern ostwärts pumpte.

Keine kommunistische Regierung hat es je gewagt, sich freien Wahlen zu stellen, im sicheren Wissen, von der Bevölkerung zum Teufel gejagt zu werden. Jede Form von Opposition wurde gewaltsam ausgeschaltet. Man mußte schon im freien Westen leben, um von linken Salons aus im Kommunismus die bessere Alternative zu Demokratie und Marktwirtschaft zu erblicken.

Kienzle

KOMMUNISMUS

Die Pervertierung des kommunistischen Gedankens durch den Stalinismus kann nicht seinen geistigen Vätern Marx und Engels angelastet werden. Die kommunistische Idee von Gleichheit und Kampf gegen die Ausbeutung des Menschen durch das Kapital war im ausgehenden 19. Jahrhundert Antwort auf die Unterdrückung der Arbeiterklasse durch feudalistische Herrschaftssysteme. Die Gleichsetzung von Kommunismus und Nationalsozialismus ist infam. Viele Tausende Kommunisten gehörten zu den ersten Opfern des Hitler-Regimes. Kein Land hat mehr unter dem von den Nazis entfesselten Krieg gelitten als Rußland. Der Kommunismus bisheriger staatlicher Prägung hat eine Niederlage erlitten. Seine Idee von einer gerechteren Welt, in der nicht eine Minderheit über den Löwenanteil des Volksvermögens verfügt, wird weiterleben.

Hauser

KONSERVATIV

Konservativ sein heißt nicht, die Asche zu bewahren, sondern das Licht weiterzutragen. Oder, um mit Franz Josef Strauß zu sprechen: »Konservativ sein heißt an der Spitze des Fortschritts marschieren.« Konservativ bedeutet nicht, wie Gegner behaupten, um jeden Preis auf Bestehendem zu beharren, sondern die ständige kritische Prüfung des Neuen. Allerdings, und das unterscheidet den Konservativen vom blinden Fortschrittsgläubigen, wird das Neue nicht nur deshalb, weil es neu ist, schon als das Bessere betrachtet. Für den Konservativen obliegt dem Neuen die Beweislast, ob die mit ihm verbundenen Änderungen wirklich zu positiven Ergebnissen führen. Damit befindet sich konservative Politik im Einklang mit der Mehrheit der Bevölkerung. Die Menschen wollen ein sicheres Fundament, von dem aus sie Schritt für Schritt in die Zukunft schreiten. Nur auf dieser Basis sind wirkliche Reformen möglich. Auch wenn sie es nie zugeben würden: Insgeheim danken die Linken den Konservativen täglich auf Knien dafür, daß sie linken Utopien so beharrlich Widerstand leisten.

Kienzle

KONSERVATIV

Die gebräuchlichste Waffe der Konservativen ist die Angst. »Keine Experimente«, so lautete in den fünfziger Jahren die Parole Konrad Adenauers. Furcht vor überfälligen Veränderungen hat Deutschland über viele Jahre hinweg Stillstand beschert. Vor die Wahl gestellt, weiterzumachen wie gehabt oder Neues zu wagen, entscheiden sich Konservative immer für den Status quo. Wie soll das Neue denn beweisen, daß es besser ist als das Alte, wenn man ihm nicht die Chance der Bewährung gibt? Wäre es nach den Konservativen gegangen, hätten Frauen vermutlich bis heute nicht einmal Stimmrecht. Der Konservative findet stets tausend Ausreden und Begründungen für seine Abscheu vor Wandel und Wechsel. Dabei sind die Konservativen fortschrittlichen Linken für ihren Mut zu Reformen außerordentlich dankbar. Bestes Beispiel dafür ist die Frauenpolitik. Unter Hinweis auf die wachsende Zahl weiblicher Mandatsträger bei SPD und Grünen können endlich auch konservative Frauen Schritt für Schritt ihren Anspruch auf Gleichberechtigung durchsetzen.

KOPPERFIELD 1

H

Noch Fragen, Kienzle?

K

Ja, Hauser: Was ist eigentlich der aktuelle Werbespruch der Deutschen Bank?

H

Bis jetzt noch: »Reden wir darüber«. Aber vor dem Prozeß gegen Dr. Schneider soll er geändert werden in: »Schwamm drüber«.

K

Was die jetzt dringend bräuchten, ist eine populäre PR-Kampagne. Vorschlag: »Die Hilmar-Kopperfield-Show« mit dem Slogan: »Wir lassen Ihr Geld verschwinden«.

KOPPERFIELD 2

H

Noch Fragen, Kienzle?

K

Ja, Hauser: Wie hat Ihnen eigentlich die erste Folge der Hilmar-Kopperfield-Show gefallen?

H

Sie meinen die Pressekonferenz der Deutschen Bank? Ich habe mir nur zwei Worte gemerkt: Peanuts und so what.

K

Wenn deutsche Banker mit ihrem Latein am Ende sind, dann sprechen sie Englisch.

H

Ganz schlimm wird's, wenn Banker es auf Hoch-deutsch versuchen. Da lernen wir dann so harmlos klingende Begriffe wie Wertberichtigung.

K

Gemeint ist: Fünf Milliarden futsch.

H

Fünf Milliarden Peanuts.

K

So what?

Hauser

KORRESPONDENTEN
Überlebensregeln für Bonner Newcomer

Was wären die Politiker ohne uns Journalisten! Erst unsere Schlagzeilen und Mattscheiben machen aus *ge*wählten Partei-buchbesitzern *er*wählte Medienstars. Dies führt leicht zu Größenwahn – auf beiden Seiten. Politiker versuchen immer wieder, auch im Lager der Journalisten ihr beliebtes Hof-schranzensystem zu etablieren. Und manche Vertreter der Vierten Gewalt sonnen sich so lange im Abglanz der Macht, bis sie die Realitäten nur noch durch die getönte Parteibrille er-tragen. Wer neu nach Bonn kommt, ob als Volksvertreter oder

als Korrespondent, hat es nicht leicht. Ein feinmaschiges Netz
aus Zirkeln und Cliquen, aus Wasserträgern und Lobbyisten,
aus Günstlingen und Informanten, aus Abhängigkeiten und
Gefälligkeiten schützt das Revier der Regierenden vor New-
comern ohne Stallgeruch. Wer glaubt, auf eigene Faust sein
Reporterglück machen zu können oder aus eigener Kraft von
der Hinterbank ins Blickfeld der Presse zu avancieren, der
kriegt kein Bein auf den Boden. Um dazuzugehören, muß man
in Bonn genaue Regeln einhalten. Hier eine kleine Auswahl.

PFLICHT

1. Mitgliedschaft in der *Bundespressekonferenz*. Wer rein-
kommt, ist drin. Aber erst im Vorzimmer der Macht. Bisher
genossen Mitglieder der BPK übrigens einen nicht unerheb-
lichen Steuervorteil, den kein Finanzminister abzuschaffen
wagte. Doch dann kam Waigel ...

2. Gelegentlich Sitzungen von *Bundestag* und *Bundesrat* besuchen. Kann nie schaden. Man sieht und wird gesehen.

3. Vorabonnement von »Spiegel« und »Focus«. Für saftigen
Aufpreis kann man sich schon am Sonntagmorgen in den
Skandal der Woche einlesen. Computerfreaks holen sich be-
reits Samstag ab 14 Uhr den »Spiegel« online auf den Monitor.

4. Mitglied in diversen Hintergrundkreisen werden. Nicht
ganz einfach, denn im Gegensatz zu früher haben sich diese
Info-Eliten aufgespalten, nicht nur nach links und rechts,
sondern auch nach Alter, Geschlecht und Geschmack:

»Gelbe Karte« – tagt an verschiedenen Orten. Linke Journalisten.

»Brückenkreis« – tagt im »Bootshaus am Rhein«. Konservative Journalisten.

»Kiebitze« – plural besetzt mit Journalisten um die Dreißig.

»Rotes Tuch« – tagt im Restaurant »Traube«. Linke Frauenjournaille.

»Lila Tuch« – jüngerer Frauenkreis.

»Provinz« – Journalisten der Regionalblätter.

»Wespennest« – pluraler Kreis von »FAZ« bis »taz«.

»Antenne« – linke Funk- und Fernsehjournalisten.

»Funkturm« – Funk und Fernsehen, nur jünger.

»Vier-Sterne-Kreis« – Fachgruppe Sicherheit und Verteidigung, plural.

»Sicherheitsrat« – junge Version der »Vier Sterne«.

»Ruderklub« – alte Kämpen der Bonner Journaille, alle konservativ.

5. Mitgliedschaft beim Bonner Rotary-Club. Bringt mehr Informationen aus erster Hand als der Bonner Presseklub.

6. Gute Verbindungen zu den Fraktionen aufbauen und über den Bundesrat auch die Länder pflegen.

7. Ganz wichtig: Besuch der richtigen Speiselokale, um festzustellen, wer mit wem beim Essen Politik macht. Besuch der richtigen Feste und Empfänge – Chance für Direktkontakte mit der Polit-Spitze außerhalb des journalistischen Dienstweges. Außerdem: Rechtzeitig um ein Ticket für den Bundespresseball kümmern – bei der paritätisch besetzten Ballkommission. Zusatztip: Wer niedrigen Polit-Chargen die begehrten Ball-

karten verschafft (Plätze meist nur in Neben-Ballsälen, genannt »Informantenstadel«), macht sich Freunde im Bonner
Flüster-Netzwerk.

KÜR

1. Am Anfang steht die Frage: Bin ich für oder gegen die
Regierung? Dann: Für die Union oder für die F.D.P.? Letzteres
garantiert dem Newcomer einen gewissen Exotenstatus.

2. Bin ich für Helmut Kohl? Nicht sehr originell, weil großes
Gedränge.

3. Wer sich für Kohl entschieden hat, darf Geißler und Süssmuth nicht loben. Der Kanzler hat ein Elefantengedächtnis
und bestraft Fremdgehen mit dauerhaftem Liebesentzug.

4. Nicht strafbar ist es, neben Kohl für Schröder zu sein – aber
nur, solange der nicht Kanzlerkandidat ist.

5. Sympathie für Schröder bedeutet allerdings Verschiß bei
Scharping – das läßt sich aushalten – und bei Lafontaine – das
ist schon problematischer, weil man nicht weiß, was der vielleicht noch wird.

6. Mit Fischer zu können, ist rundum risikolos.

7. Nie vergessen: Es kommt nicht darauf an, was die Leser interessiert, die verstehen das meiste ohnehin nicht. Die Politiker
müssen kapieren, was Sie meinen, damit Sie richtig eingeord-

net, etikettiert und entsprechend genutzt werden können. Ihre eifrigsten Leser sind allerdings die Journalistenkollegen. Deren Aufmerksamkeit ist der entscheidende Gradmesser für Ihre Bedeutung im erlauchten Kreise der Bonner Korrespondenten.

DER KLEINE TOD IM REISFELD
Aus dem erst kürzlich entdeckten Vietnam-Logbuch des Tonassistenten P. P. über Dreharbeiten mit dem legendären Asien-Korrespondenten Jean Schall-Retour alias Erwin Echo

Timecode 21:18:03

Für Schall-Retour war Asien immer eine Frau mit geheimnisvoll hochgezogenem Schlitz am Bein. Schon beim Frühstück, es war gerade Timecode 15:35:00, sagte er mir nach dem ersten Whisky, morgen wird Europa seinen Mann stehen müssen, oder es wird für ewig darnieder liegen. – Nagra-Akku zeigt Schwächen. Ich versuche es mit einer Schnellaufladung.

Timecode 16:10:58

Es ist soweit. Im Etablissement »Pleasure Island« lächelt uns Asien aus vielen unergründlichen Augen an. »Fünfzig Dollar« lautet das Angebot. »Das ist nun mal die Bürde des weißen Mannes«, kommentiert dieser Ur-Europäer druckreif und leiht sich von mir schwer atmend dreißig Dollar. Mit dem Taxi geht es hinaus aufs Land. »Asien will nicht genommen werden in amerikanisch gestylter Ambiance, es will genommen werden, wo es ganz bei sich ist, wo seine Kraft aus frisch gewässerten Furchen strömt, die schon die Vorfahren gezogen haben«, hat er mir einmal anvertraut. Besagtes Asien sitzt im Fond des Wagens und liest ein Mickey-Mouse-Heft.

Timecode 19:13:37

An Ort und Stelle habe ich Probleme mit dem Adapter. Die benutzen hier eine ganz andere Dose. Verdammte Fummelei mit dem Lötkolben! Zu allem Unglück verlangt Asien jetzt eine Ausländerzulage. Europa flucht auf französisch und bietet einen Scheck Amerikas an. Nach zähen Verhandlungen schließen die Kontinente ein Übereinkommen, europäischer Himmel und asiatische Erde können sich vereinigen. Schon öffnet sich der Boden weit in Erwartung des abendländischen Geistes. Europa behält die Stiefel an.

Timecode 19:37:02

Ich habe alles toll hingekriegt. Der Stecker flutscht butterweich in die Buchse. Jetzt kann es endlich richtig abgehen. Doch kaum sage ich »Action«, versagt Europa! Schon wieder! Die Furche schließt sich. Wie immer behält Asien die Dollars und lächelt uns mit der ewigen Rätselhaftigkeit des Ostens an.

Timecode 20:49:43

Wieder im Hotelzimmer. Schall-Retour unten in der Bar mit den Kollegen. Sie hängen an seinen Lippen. Wollen wissen, wie nah wir an den Vietcong rangekommen sind. Er sagt, sie werden es in seinem nächsten Buch lesen. Er ist und bleibt ihr Leithengst. – Ich glaube, ich bestelle mir von der Zentrale doch einen neuen Akku.

Kienzle

KORRESPONDENTEN
Die Herren der Welt

Sie haben sich selbst noch als Herren gesehen. Schlimmstenfalls traten sie als Herrenmenschen auf. Nuschelnd und näselnd, gelegentlich nörgelnd, wenn auch auf hohem Niveau, haben sie die Deutschen den Duft der großen, weiten Welt schnuppern lassen. Weltpolitik als Hochamt. Wäre es nach ihnen gegangen, den wahren Herren der Welt, mancher Krieg und manche Krise wären uns erspart geblieben, denn sie wußten es meist besser als die armen Schlucker, über die sie notgedrungen nur berichten durften. Der Großkorrespondent der frühen Jahre – eine Mischung aus Dschungelkämpfer, Großwildjäger, Salonlöwe und Forschungsreisendem. Gelegentlich tauchen diese TV-Dinos noch auf dem Bildschirm und in den Dritten Programmen auf, wenn alte Tagesschau-Sendungen wiederholt werden, aber ihr Ruhm ist längst im Fegefeuer der Fernseheitelkeiten verbrannt. Vergangenheit.

Und das hat die Welt nun davon, daß ihre frühen Warnungen nicht ernst genommen wurden: Ein Globus aus den Fugen. Krisen und Kriege überall. Viel Stoff zum Kommentieren und Lamentieren. Aber inzwischen haben ganz neue Typen die

Bildschirme erobert, die sich nicht mehr für politische Entwick-
lungen interessieren. Mit der Sprachgewalt von Staubsauger-
vertretern stottern sie atemlos durch die neuen Kanäle, auf
einer Schleimspur von Blut, Sperma und Tränen.

Um so wehmütiger die Erinnerungen an die alten Haudegen
wie den »Maharadscha von Whisky Pur« – Spitzname für den In-
dienkorrespondenten Hans-Walter Berg. Oder Peter von Zahn,
der das Lispeln zu einer richtigen Kunstform veredelt hat. Oder
Peter Scholl-Latour, den raunenden Weltreisenden, den Polit-My-
stiker mit dem Mikrofon im Tornister. Selbst der Kujau unter den
Korrespondenten, Nahost-Berichter Gerhard Konzelmann, war
eine überlebensgroße Persönlichkeit, verglichen mit den Würst-
chen, die heute ihren Senf aus aller Welt auf den Bildschirm bea-
men. Niemand hat je wieder Vorurteile über die Araber so bieder
und überzeugend ans Publikum verhökert wie der »Kalif aus
Stuttgart«. Ein journalistischer Freibeuter, der eine ganze Fälscher-
werkstatt ersetzte und dem es mit seinen Phantasieprodukten
gelungen ist, selbst höchste Araberkreise mit Unwahrheiten ein-
zuseifen. Eine Leistung, die ganz besondere Bewunderung verdient. Die schnöde Wirklichkeit, sie war ihm einfach zu langweilig. Und so hat er sie auf seine Weise mit List und Phantasie über-
höht. König Hussein von Jordanien hat er schon vor Jahrzehnten
einen tödlichen Herzfehler angedichtet, was der ohne große
Komplikationen überlebte. Der Zuschauer war fasziniert von den
»intimen« Kenntnissen des Nahost-»Experten« Konzelmann.

In der wirren arabischen Welt, wo Lügen und Legenden noch
mehr zum politischen Handwerk gehören als etwa hierzulande,
hat Konzelmann sich sehr früh dafür entschieden, ganz präzise
die Unwahrheit zu sagen. Der Heizungskeller des Süddeutschen
Rundfunks wurde schon mal als Kommandozentrale eines Öl-
tankers zweckentfremdet, von der aus Konzelmann Dramati-

sches über die Ölkrise berichtete. Die Office-Tür des Beiruter ARD-Büros war lange die bekannteste Polit-Pforte Deutschlands. Hinter ihr trafen sich Yasir Arafat und seine Gegner, hinter ihr verhandelten arabische Kriegsherren und Diplomaten – Konzelmann machte es möglich, indem er vor dieser schlichten Türe seine Aufsager in Szene setzte. Amman oder Kairo – alles in Beirut inszeniert. Auch die Golfstaaten lagen nur wenige Autominuten vom Beiruter Büro entfernt: ein Badehäuschen mit blauem Mittelmeer und Palmen. Der ganze Orient, getürkt von einem listigen Schwaben. Hätte er keine Bücher geschrieben, er wäre wohl nie als Fälscher entlarvt worden. Erst als auch seriöse Orientalisten sich wörtlich in Konzelmanns »Werk« wiederfanden, ohne vorher gefragt worden zu sein, zerriß das Märchengespinst. Das tragische Ende eines genialen Fälschers, tragisch vor allem, weil er seinen eigenen Fäschungen glaubte.

Schade eigentlich, daß die Welt, aus der die Großkorrespondenten einst berichteten, mit ihnen untergegangen ist. Der Ost-West-Konflikt, er ist der Weltpolitik über Nacht abhanden gekommen. Die UdSSR, das Reich des Bösen, hat sich unerlaubt aus dem Kreis der Weltmächte verabschiedet. Dem Nahen Osten droht zum ersten Mal seit Jahrzehnten Frieden, und Afrika wäre fast vergessen worden, fänden da nicht gelegentlich Massaker oder Viren-Outbreaks als PR-Aktion für Hollywoodfilme statt.

Statt dessen: kleine, schmutzige Kriege auf dem Balkan und im Kaukasus, die keinen Korrespondenten so richtig groß machen. Und viele neue TV-Sender, die Gesichter und Geschichten verschleißen. Nur Konzelmann überlebt. Er soll wieder im Nahen Osten gelandet sein, wo er angeblich das palästinensische Fernsehen aufbaut. Ein Märchen aus Tausendundeiner Nacht?

Hauser

KRITIK

Kritik heißt dem Ursprung des Wortes nach begutachten, unterscheiden. Daß der Begriff heute vornehmlich mit Negativem in Verbindung gebracht wird, verdanken wir seinem Gebrauch durch die Linken. Sie haben vorurteilsfreie Begutachtung durch ideologische Brillen ersetzt und sehen durch sie rot. Kritik bedeutet für Linke, alles Bewährte zu bekritteln. Nichts, was vielen Freude macht, ist vor ihnen sicher. Sie wollen mit ihrer Nörgelei aber nichts verbessern, sondern nur ihre schlechte Laune auf alle anderen übertragen. Ihr kritisches Credo lautet: Die Mehrheit ist dumm, die Minderheit ist gescheit und hat deshalb immer recht.

Kienzle

KRITIK

Kritik hatte in Deutschland schon immer einen negativen Beigeschmack. In Kritikern zersetzende Volksschädlinge zu sehen entspricht obrigkeitsstaatlichem, autoritärem Denken. Ohne kritische Beurteilung des Bestehenden wären gesellschaftliche Fortschritte nicht möglich. Jede herrschende Ordnung muß immer wieder auf den Prüfstand der Kritik gestellt werden, wenn sie nicht erstarren soll. Naturgemäß richtet Kritik ihr Hauptaugenmerk auf die Mächtigen und nicht auf die Ohnmächtigen. Solange sich hierzulande staatliche, wirtschaftliche und gesellschaftliche Macht fest in konservativem Griff befinden, kommt Kritik zwangsläufig von links.

Hauser

KRUZIFIX

Unser Verfassungsgericht ist derzeit in keiner guten Verfassung. Soldaten dürfen ungestraft Mörder genannt werden. Drogenbesitz wird »entkriminalisiert«. Jetzt soll sogar das Symbol des Gekreuzigten aus Klassenzimmern verschwinden. Die Verbindlichkeit christlicher Werte, im Grundgesetz ausdrücklich festgeschrieben, wurde vom Kruzifix-Urteil der Karlsruher Richter geschleift. Der Grundsatz der Verhältnismäßigkeit – welcher tatsächliche Schaden entsteht, bitte, wenn die vorherrschende Religion eines Landes auch in der Schule sichtbar wird? – soll dem Diktat absurder Political Correctness weichen. Wie kann man ein solches Urteil ernst nehmen? Konsequenterweise kommt als nächstes die Weihnachtskrippe vorm Rathaus dran, weil derlei christliche Insignien dem religiösen Empfinden mohammedanischer, jüdischer und hinduistischer Passanten hohnsprechen. Kann man anderen Glaubensgemeinschaften noch Christkindlesmärkte auf öffentlichen Plätzen zumuten, statt auf der Stelle oder nach dem Rotationsprinzip alle Weltreligionen einzuladen, auch ihre Kirmesbuden aufzubauen? Müßten wir nicht aus Rücksicht auf Atheisten und Zeugen

Jehovas das sonntägliche Glockengeläut sofort einstellen? Erfüllt ein herzliches »Grüß Gott« vielleicht bald den Tatbestand der Beleidigung religiöser Gefühle? Es gab einmal ein gottloses politisches Gebilde auf deutschem Boden, das seinen Bürgern Political Correctness derart eingebleut hatte, daß Weihnachtsengel nur noch als »Jahresend-Flügelpuppen« feilgeboten werden durften. Gott schütze uns vor allem, was auch nur von ferne an diese Gesellschaftsordnung erinnert!

Kienzle

KRUZIFIX

Auch bayerische Schulen sind ab sofort kein Naturschutzgebiet mehr für eine gefährdete Glaubensgemeinschaft. Die vom Grundgesetz garantierte Freiheit der Religionsausübung endet genau dort, wo die Freiheit des Anders- bzw. Nichtgläubigen beginnt. Solange allgemeine Schulpflicht Kindern und Eltern keine Alternative läßt, sind christliche Symbole an Wänden von Klassenzimmern so fehl am Platze wie Bilder von Buddhas oder Bundeskanzlern. In Deutschland gibt es, gottlob, keine Staatsreligion, auch wenn Edmund Stoiber immer so tut. Konfessionslosigkeit ist die Glaubensrichtung mit der höchsten Zuwachsrate. Es war also überfällig, daß Verfassungsrichter Schluß machten mit freistaatlich vorgeschriebener Schleichwerbung für den Christengott in Schulen. Ausgerechnet in Bayern, wo Haftbefehle verhängt werden gegen Asylanten, die im Zeichen des Kreuzes Zuflucht suchten und fanden, war die Empörung

über das Karlsruher Kruzifix-Urteil am größten. Rechte Leitartikler spielten wieder einmal ihre alte Leier vom Untergang des
christlichen Abendlandes und beschuldigten fünf Verfassungsrichter der Ketzerei. Dieselben Pharisäer hatten ehedem nichts
dabei gefunden, daß das Tragen eines »Stoppt Strauß«-But-
tons mit Schulverweis geahndet wurde. Moral: Wer in Bayern
vom rechten Glauben abfällt, der muß erst recht dran glauben.
Karlsruhe setzt glücklicherweise andere Maßstäbe. Humanisti-
sche Toleranz, wie sie Lessings »Nathan der Weise« gegenüber allen Religionen fordert, kann künftig auch von christlich-
sozialen Alleinseligmachern eingeklagt werden.

Hauser

LADENSCHLUSS

Knebelungsbestimmungen im geltenden Ladenschlußgesetz
sind mit einer liberalen Wirtschaftsordnung unvereinbar. Sowohl die Ladenbesitzer wie auch die Kunden werden in uner-
träglicher Weise bevormundet und gegängelt. In nahezu allen
anderen Ländern bleibt es dem Handel selbst überlassen, über
die Öffnungszeiten zu entscheiden. Es geht nicht darum, den
Beschäftigten im Einzelhandel längere Arbeitszeiten aufzuer-
legen, vielmehr soll die Arbeitszeit, gemessen an den Bedürfnissen der Kundschaft, flexibler gestaltet werden.

Am Montagvormittag wird ein Möbelgeschäft kaum hohe
Umsätze machen. Seine Kundschaft wird sich eher samstag-
nachmittags oder sonntagvormittags für solche Einkäufe Zeit

nehmen. Umgekehrt wird in den meisten Bäckereien am Freitagnachmittag das Personal beschäftigungslos im Laden stehen. Mit Liberalisierung oder noch besser: mit Abschaffung der starren Öffnungszeiten wäre allen gedient. Im Rahmen einer Mindeststundenzahl, in der die Geschäfte offenzuhalten sind, sollten die Ladenbesitzer selbst entscheiden können, wann sie auf- und zusperren. Die Zahl der Teilzeitarbeitskräfte könnte erheblich erhöht werden. Stärkerer Wettbewerb würde dafür sorgen, daß den Kunden ein optimales Einkaufsangebot zur Verfügung steht.

Kienzle

LADENSCHLUSS

Wenn man die Kritiker des Ladenschlußgesetzes so reden hört, möchte man glauben, bei uns würden Menschen verhungern, weil sie nicht rund um die Uhr alles einkaufen können, was ihnen gerade in den Sinn kommt. Tatsache ist: Die Ladenöffnungszeiten liegen erheblich über der wöchentlichen Arbeitsstundenzahl. Mit dem Donnerstagabend und den langen Samstagen sind ausreichend Ausweichmöglichkeiten für jene geschaffen, die angeblich nicht in der Lage sind, ihre Einkäufe während der normalen Öffnungszeiten zu erledigen. Freigabe der Ladenschlußzeiten würde den Mittelstand gegenüber den Großunternehmen weiter belasten, wäre arbeitnehmer- und vor allem arbeitnehmerinnenfeindlich. Angesichts der Öffnungszeiten von Kindergärten und Horten haben berufstätige

Frauen schon heute größte Schwierigkeiten bei der Betreuung ihrer Kinder. Die Bedürfnisse von Singles in allen Ehren – aber wem der Whisky oder Pinot Grigio ausgegangen ist, der muß sich am Abend oder am Wochenende halt zum nächsten Bahnhof oder Tankstellenshop bemühen und für seine Saumseligkeit in paar Mark mehr bezahlen.

LATE NIGHT

In Amerika wurde die tägliche Late Night Show erfunden.
Moderator Johnny Carson hielt 29 Jahre lang durch,
David Letterman macht es seit 15 Jahren.
Der erste Deutsche war bereits nach zwei Jahren am Ende.
Was ist da dumm gelaufen?

Auf einem roten Sofa sitzt ein Moderator und redet und redet. Bei ihm sitzt eine junge Frau mit einem Stöpsel im Ohr und kriegt es übersetzt – ins Englische, ins Französische oder ins Italienische. Meistens ist es das Italienische. Ein Nacktfoto der Frau wird eingeblendet und darunter zur Erklärung eine Zeile wie: *Cristina Garavaglia – Italiens Titelmädchen Nr. 1.* Oder: *Moana Pozzi – Italiens Erotik-Diva Nr. 1.* Oder: *Milli d'Abbraccio – Italiens Sexbombe Nr. 1.* Der Moderator heißt so wie die Sendung. Jetzt, bei ihm auf dem Sofa, hat die Frau etwas an. Auf dem Foto, das als nächstes eingeblendet wird, dann wieder nicht. *Cristina Garavaglia – Mamma mia!* lesen wir dazu. Oder: *Moana Pozzi – Keine zieht sich so schön aus wie sie.* Beziehungsweise: *Milli d'Abbraccio – Lag immer richtig auf den Stufen zum Erfolg.*

Der Sender ist privat. Eine Textzeile, die man für ein paar Sekunden im unteren Bildteil einblendet, heißt beim Fernsehen »Bauchbinde«. Die Frauen, die zu besagter Late Show eingeladen wurden, damit man während der Sendung Nacktfotos von ihnen zeigen konnte, hießen bei den Redakteuren »Tittenschlampen«. *Serena Grandi – Der Name ist Programm.* Der Bedarf war groß bei vier Sendungen pro Woche, jeden Dienstag, jeden Mittwoch, jeden Donnerstag und jeden Freitag von 23 Uhr 15 bis Mitternacht. *Sabrina Salerno – Maße 101–60–90* profitierte davon, *Moana Pozzi – »La Prozzi«* ebenfalls und *Francesca Dellera – Italiens Erotik-Vulkan* natürlich sowieso. In den Bauchbinden wird der Begriff »Tittenschlampe« immer nur umschrieben. Es ist die Pionierzeit der Late Night Shows im deutschen Fernsehen. Die Sendung kommt aus München, die Werbeblöcke kommen aus Köln, aber woher nur kommt dieser besondere Beigeschmack der Bauchbinden? *Deborah Caprioglio – Sie zog aus, sich auszuziehen.* Das ist frivol, das ist pikant – es ist aber auch von einer seltsam süßen Sinnlichkeit: *Dalia di Lazarro – Wie eine Perle am Strand.* Wie hier zitiert, sind die Bauchbinden damals wörtlich auf dem Bildschirm erschienen.

Der Moderator redet und redet und redet, aber was, das kümmert uns wenig. Die Nacktfotos hat nicht er ausgesucht, sondern sein Chefredakteur. Wie, das schildern Augenzeugen: Die Fotos kamen immer als Dias, bogenweise, die Diabögen kamen auf den Lichttisch, der Lichttisch kam auf den Tisch des Chefredakteurs, und am Nachmittag saß der Chefredakteur dann da, den Rücken gekrümmt, das Auge zugekniffen, und nahm Bogen für Bogen, Dia um Dia persönlich unter die Lupe.

Carmen di Pietro – Mamma mia, bella Italia. Der Chefredakteur heißt Hans-Hermann T. Er ist Träger des Bundesverdienstkreuzes. *Fabienne Gueye – Hoppla, wie kommt denn da die*

Rose hin? Die Texte für die Bauchbinden schreibt er zusammen mit einem kleinen Stab von Führungsredakteuren, die von Blättern wie »Bild«, »SuperIllu«, »Hamburger Morgenpost«, »Neue Revue« oder »Die ganze Woche« zur Late Night Show gekommen sind. *Sylvie Rauch – Aktuelle Maße 92–60–83 und Italienisch kann sie auch.* T. selbst war zuvor Chefredakteur bei »Bild«, und er wird anschließend Chefredakteur von »Tango« sein, einer von ihm selbst konzipierten »Info-Illustrierten«, die Mitte '95 nach 23 mickrigen Ausgaben wieder eingestellt wird, nachdem sie den Verlag Gruner + Jahr bis dahin 57 Millionen Mark gekostet hat. *Samantha Fox – Oi, oi, oi – so schön ist es im Heu.* Der Late-Night-Moderator ist Träger des Fernsehpreises »Bambi«, den er freilich unter Protest an den Burda-Verlag zurückgegeben hat, als die »Bunte« auf der Titelseite groß die Frage stellte, wie kaputt seine Ehe sei. Der Chefredakteur der »Bunten« hieß damals Hans-Hermann T.

Der Moderator redet, redet, redet, und es ist eigentlich bedauerlich, daß der Sender ihm 1995 einfach den Strom abstellte: *Milli d'Abbraccio – »Ich stehe auf große, blonde Männer«.* Hans-Hermann T. hat das mit der kaputten Ehe damals natürlich nur gut gemeint, und Jahre später hat der Moderator das ja auch begriffen. *Milli d'Abbraccio – Nein Thomas, Du träumst nicht.* Für den Moderator haben sich in seiner Late Night Show alle Träume erfüllt, die ein Fernfahrer nur träumen kann. Oder sagen wir: fast alle. *Katarina Vassilissa – Erotik-Star aus Kattowitz –* schön und gut, *Sarah Young – Die neue Porno-Queen –* jederzeit, *Mercedes Ambrus – Eine Ungarin wie Paprika –* selbstverständlich, *Pandora Peaks – Güte-Klasse 107–56–91 –* Sekt für alle! Ausziehn!

Aber trotzdem: Zum Äußersten ist es nicht mehr gekommen. Stichwort Asiatinnen. Stichwort Bangkok. Anstelle etwa von *Hildegard Knef* – *Löste 1950 mit einer Nacktszene in »Die Sünderin« einen Skandal aus.* Eine oder besser gleich drei – wie T. gesagt hätte – thailändische Tittenschlampen. Live. Auf der Couch. Das wär's gewesen. Bauchbinde: *Oi oi oi – wie süß sind diese drei.*

Ganz aufgeben müssen wir die Hoffnung zwar noch nicht: Der Moderator kehrt zur Sofasendung zurück, nur die Antenne hat er gewechselt. Das Sofa steht immer noch in München und wartet auf die Rückkehr der Tittenschlampen. Aber werden sie auch kommen? Was, wenn der Berliner Privatsender ganz andere Wünsche hat als der Kölner? *Carmen di Pietro – O la la, Carmen mal ganz klassisch.* Warum nur konnte Deutschlands erster Late-Show-Moderator nicht einfach ganz normal weitermachen? Dumm gelaufen. Zu spät. Bauchbinde für seinen Abgang: *Es war, als sollte die Scham ihn überleben.* (Kafka, »Der Prozeß«).

Kienzle

**SIEBEN SACH-
BÜCHER FÜR DIE
LINKE HIRN-
HÄLFTE**

Hauser

SIEBEN SACH-
BÜCHER FÜR DEN
RECHTEN
BILDUNGSWEG

1.

**Thomas Morus, »Utopia«,
C. H. Beck**

Ernst gemeinte und dennoch
äußerst witzig formulierte Le-
bensregeln für Visionäre.
Keine Lektüre für Unternehmensberater, Standortpoliti-
ker, Ministerialbeamte und
Militärgeistliche. Nur für
Menschen.

1.

Hans Peter Schwarz,
»Adenauer«, dva

Mancher glaubte, alles über
Konrad Adenauer zu wissen,
bis ihm diese Biographie des
Gründungskanzlers der Bundesrepublik Deutschland in
die Hände fiel. Seitdem weiß
er es besser. Eine Betrach-
tung voller Sympathie.

2.

**Ralph Giordano, »Die
zweite Schuld oder Von
der Last, Deutscher zu
sein«, Rasch und Röhring**

Das gründliche Sauber-
machen, das am Ende des
20. Jahrhunderts Westler im
Osten betreiben, das haben
sie 50 Jahre früher beim
Kehren vor der eigenen Tür

2.

Arnulf Baring, »Unser
neuer Größenwahn«, dva

Gemeinsam geht's besser, das
wissen Quelle-Kunden schon
lange. Aus der Quelle Baring
können verstockte Politkläf-
fer lernen, wie sehr die Deutschen die Amerikaner brauchen. Mit oder ohne Einheit.
Beschreibung einer Symbiose.

Kienzle

versäumt. Den Tätern von
damals geht's blendend.
Deutsch sein heißt, mit
gespaltenem Bewußtsein zu
leben.

3.
**Heribert Prantl, »Deutsch-
land – leicht entflammbar«,
Hanser**
Daß Deutschlands derzeit
bester politischer Kommentator, Heribert Prantl von der
»Süddeutschen Zeitung«, als
ehemaliger Staatsanwalt genau weiß, wofür und woge-
gen er schreibt und spricht,
treibt die Rechten immer wieder zur Weißglut. Die preis-
gekrönte Streitschrift gegen
schleichende Veränderung
des Rechtsstaats und für die
Bewahrung der Liberalität
(»Geschwister-Scholl«-Jury)
ist brillante Zeitkritik eines
kompromißlosen Moralisten.

Hauser

3.
**André Glucksmann, »Die
Meisterdenker«, dva**
Sind Grübler, Spinner, Denker dafür verantwortlich,
was entfesselte »Tatmen-
schen« aus ihren Gedanken,
Ideen und Konzepten ma-
chen? Ein zum Konservati-
ven bekehrter Linker
kommt über Fichte, Hegel,
Marx und Nietzsche zu er-
staunlichen Ergebnissen.

4.
**Paul Kleinewefers, »Jahr-
gang 1905«, Seewald**
Ein deutscher Unternehmer
und Firmeninhaber in dritter Generation liefert hier
Zeitgeschichte zum Anfas-
sen – am Beispiel eines Betriebes. Sein Credo:
Unternehmen heißt han-
deln, tätig sein – nicht hoffen. Wer sich auf seinen
Lorbeeren ausruht, ist die
längste Zeit Unternehmer
gewesen.

Kienzle

4.

Erhard Eppler, »Als die Wahrheit verordnet wurde«, Insel

Endlich mal einer, der zugibt, daß er während der Nazizeit das Maul gehalten und dadurch Vorschub geleistet hat. Schon die Form – Briefe eines Großvaters an seine Enkelin – beeindruckt. Noch mehr allerdings überzeugt und rührt einen die Ehrlichkeit.

5.

Peter Glotz, »Die Linke nach dem Sieg des Westens«, dva

Anleitung zum Handeln. Ermutigung, sich der Kraft und des Geistes wahrer Linker zu erinnern und zu bedienen. Der Sturz pervertierter Epigonen des Denkers Karl Marx ist eine Schlappe der Vernunft – nicht ihr Ende.

Hauser

5.

Hugo Müller-Vogg, »Deutschland Deine Stärken«, Kölner Universitätsverlag

Es gibt Leute, die finden in jeder Suppe ein Haar, weil sie so lange mit dem Kopf schüttelnd davor sitzen, bis eins reingefallen ist. Das ist die Botschaft. Ihr Aufruf heißt: Mehr Selbstbewußtsein! Denn Deutschland ist trotz aller linken Larmoyanz gesund und stark.

6.

Erich Wiedemann, »Die deutschen Ängste. Ein Volk in Moll«, Ullstein

Kein Mensch im Ausland kann verstehen, weshalb die Deutschen unablässig dasitzen, ihren Nabel beschauen und sich dabei einreden, sie hätten einen »Leisten«-Bruch. Es gibt tausend Gründe, stolz auf dieses Land zu sein. Eine Aufforderung, sich nicht gehen zu lassen.

Kienzle   Hauser

6.   **7.**
Willy Brandt, »Links und   **Golo Mann, »Deutsche**
frei«, Hoffmann und Campe   **Geschichte«, S. Fischer**
Auch wenn's am Ende – seit   Hier wird Vergangenheit
seine dritte Ehefrau ihm zum   analysiert und nicht wohlfeil
einzigen Sprachrohr gewor-   bewertet. Das umfassende
den war – nicht mehr so   Geschichtsbild eines Gebil-
aussah: Der ehemalige Re-   deten und endgültiger Be-
gierende Bürgermeister von   weis dafür, daß es dummes
Berlin, der ehemalige Bun-   Zeug ist, zu behaupten, nur
desaußenminister und der   links gäb's Intellektuelle.
ehemalige Kanzler war ein   Staunend die eigene Identi-
Linker – ein ganz freier.   tät kennenlernen.

7.
Bibel
Bertolt Brecht, nach seinem
Lieblingsbuch gefragt, erwi-
derte: »Sie werden lachen –
die Bibel.« Herbert Wehners
»Heilige Schrift« war so zerle-
sen wie keines Pfarrers Brevier.
Sein liebster Text: Paulus an
die Römer (12,9–21): »Mit jedermann in Frieden leben«.
Der Linke, den die Bergpre-
digt nicht über die Ungerechtigkeit hinwegtröstet, dem ist
nicht mehr zu helfen.

Hauser

LIBERAL

Die deutschen Liberalen haben sich in den zurückliegenden 25 Jahren auf einen Irrweg begeben, der sie als organisierte politische Kraft überflüssig zu machen droht. Bewußte Loslösung von national-freiheitlichen Traditionen, in denen der Liberalismus einst wurzelte, ließ urliberales Gedankengut verkümmern. Sogenannter Liberalismus, wie ihn die F.D.P. von heute verkörpert, geht an falscher Stelle auf Distanz zum Staat und entfernt sich immer weiter von den Erwartungen seiner Wähler. Auch freiheitlich gesinnte Menschen wollen vor Kriminalität geschützt werden und haben deshalb kein Verständnis dafür, daß sich »ihre« Partei gegen den Einsatz der dafür erforderlichen Mittel wie etwa die elektronische Überwachung sperrt. Die Hälfte der darauf verwendeten Energie würden sich wahrhaft Liberale für den Kampf gegen fortschreitende Sozialdemokratisierung der Politik und immer stärkeren Ausbau des Wohlfahrtsstaates wünschen.

1966 ließ die F.D.P. wegen vergleichsweise läppischer Steuererhöhungen zur Konsolidierung des Bundeshaushaltes die damalige Koalition platzen, heute macht sie ungerührt jede Steuer- und Abgabenerhöhung mit und ist für die astronomische Staatsverschuldung mitverantwortlich.

Auch die Flut von Gesetzen und die bürgerfeindliche Regelungswut der Bürokratie kann sich vor allen freiheitlichen Gegenoffensiven sicher fühlen. Der real existierende Liberalismus aber hat sich selbst die Totenmelodie komponiert.

Kienzle

LIBERAL

Deutsche Liberale sind inzwischen zur Arbeitsgemeinschaft der Konservativen geschrumpft. Seit 1982 hat die FDP für die weitere Beteiligung an der Regierungsmacht ihr eigenes Profil Stück um Stück verscherbelt. Dabei wäre entschiedener Liberalismus heute notwendiger denn je. Durch das programmatische Zusammenrücken der beiden großen Volksparteien, die sich in ihrer Staatsgläubigkeit immer ähnlicher werden, fände eine wirklich liberale Partei ein ausreichendes Betätigungsfeld. Ein Liberalismus aber, der sich nur noch auf die Interessen einer ohnehin privilegierten Wirtschaftsklientel konzentriert und die Freiheits- und Bürgerrechte immer weiter hintanstellt, macht sich selbst überflüssig. Einstige Domänen des Liberalismus wie die Bildungspolitik oder das Eintreten für Individualrechte sind heute bei den Sozialdemokraten und den Grünen besser aufgehoben. Noch zu Beginn der siebziger Jahre waren die Liberalen Impulsgeber beim Umweltschutz. Inzwischen steigen sie auch auf diesem Gebiet ständig auf die Bremse, um ihre Unternehmerlobby nicht zu vergrätzen. Zahnärzte, Apotheker und höhere Beamte reichen allerdings nicht aus, um das Überleben einer pseudoliberalen Partei zu garantieren. Setzen sich in der Zukunft auch noch jene durch, die den Standort der Liberalen rechts von den Rechten ansiedeln wollen, ist der F.D.P. das Schicksal der »Republikaner« sicher. Und keiner weint ihr nach.

Hauser

LOBBY

Stärkste Lobby in der Politik sind die Angehörigen des öffentlichen Dienstes. Ihre Dominanz in den gesetzgebenden Körperschaften steht in keinem vernünftigen Verhältnis mehr zu ihrem Anteil an der Bevölkerung und braucht daher ein Gegengewicht vor allem auf seiten der Wirtschaft und der Selbständigen. Die Kompetenz beamteter Parlamentarier in Hinblick auf die Sorgen und Nöte ihres eigenen Berufsstandes ist unbestritten und über die Maßen repräsentiert. Ebenso legitim bleibt es, daß auch diejenigen, die das Geld für die Bezahlung des öffentlichen Dienstes erwirtschaften müssen, ihre Interessen bei Gesetzgebungsvorhaben rechtzeitig und nachdrücklich geltend machen. Dies geschieht durch ständige Präsenz der Unternehmen und Wirtschaftsverbände in Bonn, der sogenannten Lobbys. Angesichts des sich ausbreitenden Mittelmaßes in den Volksvertretungen ist stärkere Einbeziehung externen Sachverstandes schon im Frühstadium gesetzgeberischer Planungen unverzichtbar, wenn die Ergebnisse parlamentarischer Arbeit – oft erst Jahre später – auch nur annähernd den Erfordernissen des praktischen Lebens entsprechen sollen. Was die Linken abfällig »Lobbyismus« nennen, ist also nichts anderes als ein hilfreiches Korrektiv für einen Politikbetrieb, der sich immer weiter von der Wirklichkeit entfernt.

Kienzle

LOBBY

Dieselben Unternehmen, die ständig über steigende Kostenbe-
lastungen lamentieren, leisten sich einen ebenso teuren wie
fragwürdigen Luxus: 341 Konzerne und 1481 Verbände be-
schäftigen in Bonn hochbezahlte Leute zu keinem anderen
Zweck als zur Wahrung eigenen Besitzstandes. Buhlen um
staatliche Aufträge, ob mit oder ohne Schmiergelder, und ewi-
ges Barmen um staatliche Subventionen hat für große Teile der
Wirtschaft Vorrang vor Entwicklung neuer Produkte und Ausschau nach neuen Märkten – es ist ja auch viel bequemer. Diesem Umstand verdanken wir beispielsweise das ungehemmte
Weiterwachsen der Rüstungsindustrie, siehe »Eurofighter«. Leider finden umtriebige Lobbyisten unter den Abgeordneten
immer mehr willfährige Helfer. Nicht wenige Parlamentarier
reichen Gesetzesvorlagen zuerst an die Lobby weiter und machen ihre eigene Meinung von deren Stellungnahme abhängig. Da sich die Schwachen in der Gesellschaft, die Arbeitslosen und Sozialhilfeempfänger, keine Lobby in Bonn leisten
können, sehen die Ergebnisse der Politik auch entsprechend
aus.

Hauser & Kienzle

MAASTRICHT

Der am 7. Februar 1992 in Maastricht geschlossene Vertrag
über die Europäische Union ist die logische Fortsetzung der
Römischen Verträge zur Gründung der Europäischen Gemeinschaft vom 25. März 1957. Die Tatsache, daß der europäische
Gedanke seit Ende des Kalten Krieges vorübergehend an Anziehungskraft verloren hat, darf nicht dazu führen, im Bemühen
um weitere Integration nachzulassen. Ziel von Maastricht ist
nicht, per Verordnung den europäischen Einheitsstaat zu er-
zwingen, sondern die Schaffung politischer Rahmenbedingungen für ein wirtschaftlich starkes Europa, in dem regionale und
kulturelle Besonderheiten sich freier entfalten können, als es
heute unter nationalstaatlicher Obhut der Fall ist. Stillstand im
europäischen Einigungsprozeß würde zur schleichenden Auflösung der bisherigen Bindungen führen. Ein Rückfall in alte
nationalstaatliche Interessenpolitik, Denkweisen und Egois-
men wäre nicht nur ökonomisch und ökologisch katastrophal,
sondern angesichts globaler Krisen und Kräfteverschiebungen
auch bedrohlich für die Sicherheit und Eigenständigkeit Mittel-
europas. In diesem Sinne ist Maastricht unsere europäische
Unabhängigkeitserklärung.

Hauser

MARKTWIRTSCHAFT

Das System der sozialen Marktwirtschaft hat sich weltweit als die erfolgreichste Ordnung erwiesen, sie ist der »dritte Weg« zwischen schrankenlosem Liberalismus nach Manchester-Art und kommunistischer Planwirtschaft. Politik hat dabei die Aufgabe, Rahmenbedingungen für fairen Wettbewerb zu schaffen und durch Kartellgesetze dafür zu sorgen, daß dieser Wettbewerb den Verbrauchern zugute kommt und nicht durch Monopolbildungen manipuliert wird. Leider streuen Politiker immer mehr Sand ins marktwirtschaftliche Getriebe und gefährden mit der ökonomischen auch die soziale Komponente – beispielsweise durch Subventionen für nicht mehr wettbewerbsfähige Branchen und durch Expansion der »sozialen Hängematte« zu Lasten des freien Marktes. Funktionierende Marktwirtschaft setzt politische Zurückhaltung voraus. Der Wirtschaftsminister verfügt dementsprechend über wenige konkrete Steuerinstrumente. Um so mehr muß er durch Kompetenz und persönliche Autorität überzeugen. Musterbeispiel dafür ist immer noch Ludwig Erhard. Aber auch Karl Schiller und Otto Graf Lambsdorff erwiesen sich als hervorragende »Verkäufer« der Marktwirtschaft. Solche Persönlichkeiten fehlen heute. Von Bangemann über Haussmann bis Möllemann ging es mit dem Ansehen der Wirtschaftspolitik immer weiter bergab. Jetzt ist die Marktwirtschaft auf den Rexrodt gekommen. Das hat sie nicht verdient.

Kienzle

MARKTWIRTSCHAFT

Es ist Mode geworden, nur noch von Marktwirtschaft oder freier Marktwirtschaft zu sprechen. Dabei konnte sich die Marktwirtschaft nur in Verbindung mit dem Adjektiv »sozial« so erfolgreich entwickeln. Ohne soziale Komponente reduziert sich Marktwirtschaft auf lupenreinen Kapitalismus, dessen alleiniges Ziel möglichst hohe Gewinne sind. Soziale Marktwirtschaft verpflichtet den Staat, dort lenkend einzugreifen, wo der Wettbewerb allein den Bedürfnissen des Gemeinwesens nicht genügt. Doch in der Wirtschaftspolitik geben mehr und mehr neoliberale Ideologen den Ton an, die in Deregulierung und Privatisierung marktwirtschaftliche Allheilmittel sehen. Mit dem Rückzug des Staates auch aus allgmeinen Dienstleistungen wie Post oder Bahn nehmen sie billigend in Kauf, daß sich die frischgebackenen Privatunternehmen allein auf gewinnbringende Angebote beschränken und flächendeckende Versorgung vernachlässigen bzw. vom Steuerzahler begleichen lassen. Auf diese Weise Gewinne zu privatisieren und Verluste zu sozialisieren widerspricht aber den Prinzipien sozial verantwortlicher Marktwirtschaft.

Wirtschaftspolitik, die nicht mehr handelt, sondern nur noch zuschaut, wird auch von der Wirtschaft nicht mehr ernst genommen. Der jetzige Ressortchef Rexrodt hat es geschafft, sich zum überflüssigsten Mitglied des Bonner Kabinetts zu machen.

MASKE – ROCCHIGIANI

H

Noch Fragen, Kienzle?

K

Ja, Hauser: Hat an diesem Samstag im Mai eigentlich der Osten den Westen geschlagen oder doch nur der Maske den Rocchigiani?

H

Damals ist alles sportlich und politisch ziemlich korrekt gelaufen, Kienzle: Der Wessi war zwar moralischer Sieger, aber gewonnen hat der Ossi.

K

Rockys überragende Stärke waren eindeutig seine linken Haken.

H

Die Punktemehrheit hatte trotzdem Henry, und der ist bekanntlich Rechtsausleger.

K

Nach dem Kampf sah der aber eher aus nach Maske in Blau – besonders in Augenhöhe.

H

Mehrheit ist Mehrheit. Auch Sie, Kienzle, hat schon öfter mal der Gong über die Runden gerettet.

K

Kopf hoch, Rocky! La lotta continua. Unser Kampf geht weiter.

KIENZLES SIEBEN PRESSEGESETZE
Politik in den Medien

§ 1
JOJO-GESETZ

Journalisten lieben Politiker, die sich in ständigem Auf und Ab immer wieder neu erfinden – egal wie oft. Hauptsache, sie liefern dabei genügend Schlagzeilen.

Beispiel Möllemann. Ein JoJo-Politiker par excellence. Man läßt ihn fallen, er rotiert ein paarmal um die eigene Achse, und schon ist er wieder da. Der Ex-Volksschullehrer hat sein politisches Leben mehrfach neu erfunden, selbstverständlich immer über die Medien. Um das graue Image des Paukerberufs abzustreifen, hat »Riesenstaatsmann Mümmelmann« (Strauß) sich mit dem Fallschirm den Weg in die politische Arena freigesprungen und wurde so der Liebling der Kameraleute und Fotografen. Außerdem ist er ein gefürchteter Morgenanrufer bei allen Radiosendern. Dann aber hat der unermüdliche Nachrichtengenerator mit seiner Briefbogen-Affäre ein bißchen überzogen. Weil er gelogen hatte, wurde er von den Medien prompt abgestraft. Aber die Journalisten wissen, was sie an Mölli haben. Seine Neuerfindung als gesundheitspolitischer Sprecher der F.D.P. und sein verlorener Kampf um den Parteivorsitz ist der Anfang der nächsten medialen Wiedergeburt. Aufstieg durch Fall.

§ 2
TONTAUBEN-GESETZ

Aufsteigende Politiker werden von den Medien hochgejubelt und am Höhepunkt, wenn sie nicht aufpassen, wieder abgeschossen.

Beispiel Lafontaine. Nachdem er die Wahl im Saarland gewonnen hatte, war er jahrelang der verwöhnte Headline-Hero der Medien. Besonders der »Spiegel« pflegte den »Saar-Napoleon«, versuchte ihn aber auch zu massakrieren, als die Zeit reif schien. Vergebens. Oskar beherrscht die Nachrichtengebung wie kein anderer: »Lafontainment« nennt es TV-Kollege Küppersbusch. Schon als er Kanzler Schmidt angriff und ihm deutsche Sekundärtugenden attestierte, mit denen man auch ein KZ leiten könne, war Lafontaine zum Liebling der Medien avanciert: jung, aggressiv, voll frischer Ideen und frecher Injurien. Als jedoch seine Ruhegeld-Affäre enthüllt wurde, stürzte er in der Gunst der Presse. Seine Rache: ein metternichsches Pressegesetz im Saarland. An Oskars Beispiel zeigt sich auch die gelegentliche Wirkungslosigkeit von Medien. Die Wähler standen weiterhin zu ihm, und er stieg als Phönix aus der Urne. Sein Wort vom »Schweinejournalismus« beweist, daß auch einer wie er eherne Mediengesetze nicht ganz rafft.

§ 3
HUNDEKNOCHEN-GESETZ

Flucht in die Medien zahlt sich aus. Wirf einen schmackhaften Knochen weit von dir weg, und die pawlowschen Pressebluthunde stürzen sich drauf – und lassen von dir ab.

Peter Gauweiler ist ein Opfer dieses Gesetzes geworden. Hätte er seinen Fehler in der Kanzlei-Affäre eingestanden, man hätte ihm wohl bald verziehen. Aber da er starrköpfig auf dem falschen Dampfer sitzen blieb, wurde er zuerst von der Presse und dann von seiner Partei abgestraft. Wie man es dagegen richtig macht, bewies Gauweilers zuverlässiger Parteifeind Edmund Stoiber. Kein Politiker hat sich in den letzten Jahren so clever aus der Affäre gezogen wie der bayerische Ministerpräsident. Als auch Stoiber im Strudel der Amigo-Affäre seines Vorgängers Streibl unterzugehen drohte, inszenierte er ein ungewöhnliches Medienereignis: Er ging selbst vor die Presse, gestand ein bißchen Mitschuld – und zog sich damit am eigenen Schopf aus dem Amigo-Sumpf. Auch Journalisten, die Stoiber nicht nahestehen, fanden sein kaltblütiges Krisenmanagement äußerst professionell. Wir Nachrichtenmenschen schätzen eben Kämpfe und Kämpfertypen – und ab und zu einen saftigen Knochen.

§ 4
»ARSCHLOCH«-GESETZ

Wer Politstars und/oder die Presse angreift, erhält automatisch Publizität.

Attacken auf Würdenträger sorgen postwendend für Entrüstung und Schlagzeilen, also Medienpräsenz. Mit seinem berühmten Ausfall gegen den Bundestagspräsidenten Stücklen: »Mit Verlaub, Herr Präsident, Sie sind ein Arschloch«, katapultierte sich Joschka Fischer in die Profiliga der Schlagzeilenlieferanten, Abteilung Schimpf und Schandmaul. Genauso PR-tauglich sind Angriffe auf die Medien selbst, die ja ein starker Hang zum Masochismus prägt. Das Echo ist zwar negativ, aber es bleibt der beste Weg, den eigenen Anhängern Furchtlosigkeit vor dem übermächtigen Gegner zu beweisen. Wer sich mit den Medien anlegt, muß von seiner Sache allerdings porentief durchdrungen sein und Charisma besitzen. All das traf auch auf Franz Schönhuber zu, den Medienjockey der Republikaner. Schönhuber war bei seiner Klientel und bei pawlowschen Redakteuren so erfolgreich, weil er auf das »liberale Medienestablishment« einprügelte, dem er selbst entstammt: »Diese Leute haben kein Ohr für den hart arbeitenden, anständigen Deutschen ...« Aufstieg durch Ausfälle.

§ 5
GYSIMATENTEN-GESETZ

Medien haben nur begrenztes Interesse an Ideen und Inhalten. Personen ersetzen Positionen, weiter als mit Visionen kommt man mit Televisionen.

Personality, Stil, Konflikte, Gerüchte und Affären erregen mehr Aufmerksamkeit als Programme. Das haben konservative Politiker immer schon gewußt, Kohl allen voran. Er ist nie durch visionäre Entwürfe aufgefallen, um so mehr durch den geschickten und skrupellosen Gebrauch von Macht. Natürlich lassen sich Medienkonsumenten davon mehr beeindrucken als von »grauer Theorie«. Ginge es um politische Absichtserklärungen, dann müßten die Sozialdemokraten in Bonn schon lange herrschen, denn keine Partei ist fleißiger in der Produktion von Programmen. Scharping und Schröder mögen inzwischen begriffen haben, daß politische Inhaltsangaben keine Wähler mobilisieren, aber ihre Partei ist davon noch lange nicht überzeugt. Virtuos beherrscht dagegen Gregor Gysi die Rolle des medienwirksamen Charakterdarstellers. Nach Bedarf changierend zwischen coolem Politprofi und geprügeltem Ossi-Underdog, überspielt PDS-Alleinunterhalter Gysi Gedächtnislücken im Parteiprogramm und sogar Stasilöcher in der eigenen Biographie.

§ 6
KNALL-GESETZ

Medien brauchen Skandale. Aber Skandale machen nur Medienkarriere, wenn sie richtig losgehen, übersichtlich bleiben und prominente Hauptdarsteller haben.

Journalisten behandeln Skandale nach einem ganz simplen Muster. Am meisten mögen sie den Eröffnungsschlag, die sogenannte Enthüllung. Dann feuern sie ethisch hochstehende Kommentare ab, kombiniert mit hochgradig scheinheiligen Fragen. Zur Dramaturgie des Skandals gehört neben dem Knalleffekt der Bericht über den angeschlagenen Politiker, der reflexhaft versucht, den Rücktritt mit Vertuschungen abzuwenden. Je mehr er vertuscht, desto besser für die Presse, denn desto tiefer versinkt er im eigenen Sumpf. Fortsetzung folgt. Barschel und Engholm waren geradezu idealtypische Fortsetzungsskandale, bei denen sich noch dazu die Rollenverteilung Opfer und Bösewicht just in dem Augenblick umkehrte, als das Medieninteresse zu erlahmen drohte: Lügner Engholm, betrogener Betrüger Barschel. Ohne den ganz großen Knall blieb der Skandal um Plutonium-Schmidtbauer. Die Sache, anfänglich eine deftige Pullach-Plotte, wurde bald viel zu kompliziert fürs schlichte Bum-Bum-Bedürfnis medialer »Donnerbalken«.

§ 7
DOLCHSTOSS-GESETZ

Vor der medialen Hinrichtung eines Politikers kommt meist der Dolchstroß aus dem Lager des Delinquenten.

Ein schneller Rücktritt ist absolut medienfeindlich, darum manchmal die einzige Rettung. Durchhalten hingegen lohnt sich – für beide Seiten. Politprofis mit robustem Nervenkostüm überstehen nicht selten auch Extremsituationen ohne tödliche Blessuren. Es sei denn, aus den eigenen Reihen trifft sie ein Dolchstoß. Hinter vielen vermeintlich journalistischen Enthüllungshits steckt in Wirklichkeit ein Heckenschütze aus dem Kreis der »lieben Parteifreunde«. Prominente Politiker werden in der Regel von den Medien erst absorviert, wenn sie von ihresgleichen zum Abschuß freigegeben sind. Paradebeispiel: der ehemalige bayerische Ministerpräsident Streibl. Die Medien wurden in seinem Fall instrumentalisiert, um den Willen einer Clique in der CSU zu vollstrecken. Der Mann war in ihren Augen zur Belastung für die Partei geworden. »Nahestehenden« Journalisten wurde kompromittierendes Material zugespielt. Der Dolchstoß traf mit tödlicher Präzision. Statt Enthüllungsjournalisten waren also lediglich Erfüllungsjournalisten am Werk, freiwillige und unfreiwillige.

Hauser

MEHRHEIT

Das Mehrheitsprinzip ist Grundlage der Demokratie. Aufgabe der Politik ist es, um Mehrheiten für Entscheidungen zu werben. Politik hat allerdings auch Führungsfunktion und damit die Pflicht, für notwendig und richtig erachtete Entscheidungen auch dann durchzusetzen, wenn eine demoskopisch ermittelte Mehrheit in der Bevölkerung zum Zeitpunkt der Entscheidung dagegen ist. Das galt bei der Wiedereinführung der allgemeinen Wehrpflicht ebenso wie beim Nato-Doppelbeschluß. Auch der Schutz des ungeborenen Lebens kann nicht egoistischen Mehrheiten geopfert werden. Das gleiche gilt für Grundrechte wie den Schutz der Menschenwürde und die Freiheit der Person, die das Grundgesetz im Artikel 1, Absatz 3, zu unmittelbar geltenden Rechten erklärt und damit jeder Möglichkeit zur Veränderung entzogen hat, auch durch eine sonst zur Verfassungsänderung berechtigte Zweidrittelmehrheit in Bundestag und Bundesrat. Es gehört zu den Vorzügen repräsentativer Demokratie, daß die Gewählten nicht jeder Augenblicksstimmung nachgeben müssen. Die Erfahrung zeigt, daß es sich noch für jede Regierung ausgezahlt hat, auch unpopuläre Entscheidungen zu treffen, etwa Steuererhöhungen zur Finanzierung der deutschen Einheit. Wer sich jedoch dauerhaft gegen den erklärten Willen einer Mehrheit zu stellen versucht, muß mit schmerzlichen Konsequenzen rechnen. Dies hat die SPD erfahren, die sich erst durch massiven Druck aus der Bevölkerung dazu veranlaßt sah, ihre langjährige Blockade in der Asylpolitik aufzugeben.

Dies wird auch die F.D.P. zu spüren bekommen, wenn sie sich weiterhin gegen notwendige Instrumente zur Verbrechensbekämpfung wie den »großen Lauschangriff« sperrt.

Kienzle

MEHRHEIT

Politik, die Mehrheiten holt, indem sie jedermann nach dem Munde redet, wird nicht weit kommen. Die »Lufthoheit über Stammtischen« zu verteidigen kann nicht Grundlage politisch verantwortlicher Entscheidungen sein. Gerade wenn es um Freiheits- und Bürgerrechte, den Umgang mit Ausländern und Asylbewerbern oder um den Schutz der Umwelt geht, muß Mehrheiten widerstanden und beharrlich für bessere Lösungen geworben werden. Das gilt auch für die Notwendigkeit eines Tempolimits auf Autobahnen oder für höhere Energiesteuern. Konservative neigen dazu, das Schüren von Ängsten und Vorurteilen zum Instrument der Mehrheitsbeschaffung zu machen. Beim Thema Asyl haben sie dabei über längere Zeit die »Republikaner« hochgepäppelt. Nach gleichem Muster versuchen sie jetzt, Wenigverdienende gegen Arbeitslose und Sozialhilfempfänger auszuspielen. Wer sich auf diese Art Mehrheiten beschaffen will, spürt offenbar, wie ihm die Mehrheit davonläuft.

MULTIMEDIA

SIEBEN SACHEN FÜR DEN MÜLL

SIEBEN SACHEN FÜR DIE ZUKUNFT

Kienzle

Hauser

1.
Schreibmaschine. – Liebesbriefe schreiben wir mit der Hand. Geschäftspost auf dem Bürocomputer. Für alle Drucksachen des täglichen Bedarfs gibt es bequeme Software. Die Schreibmaschine hat ausgedient. Wer heute noch mit Farbband und Tipp-Ex hantiert, der darf sich so traditionsbewußt und wertkonservativ fühlen wie ein Fußgänger auf der Brennerautobahn. Die Schreibmaschine gehört auf den Schrott oder aufs Vertiko, gleich neben Federkiel und Trichtergrammophon – zur Erinnerung an schöne Stunden mit Blaupapier, Typenrad und Tintentod.

1.
Computer. – Computer sind noch immer weit davon entfernt, für jeden selbstverständlich zu funktionieren. Aber Autofahren geht auch nicht ohne Führerschein und ohne gelegentliche Besuche in der Werkstatt. Verglichen mit den Summen, die wir für unsere physische Mobilität aufwenden, investieren wir in die geistige Mobilmachung nur ungern Geld und Grips. Wer in Zukunft nicht zum Fußvolk gehören will, sollte schnellstmöglich den Führerschein auf der Datenautobahn machen. Also: Anschaffung eines Personal Computers, am besten eines

Kienzle

2.
Mobiltelefon. – Da hat der
Kanzler ausnahmsweise
recht: Handys sind Nerv-
töter. Und mit ihrem hoch-
frequenten Düdeldüh! eine
echte Umweltbelastung.
Telefonieren als Volkssport –
nichts dagegen. Aber bitte
nicht im Restaurant, Omnibus
oder Wartezimmer. Ich will
nicht lautstark in fremde An-
gelegenheiten gezogen werden – »Hallo, Herta, ja, ich
bin's, lebt Opa noch?«. Mo-
biltelefonieren außerhalb ge-
schlossener PKWs erfüllt den
Tatbestand der Belästigung
anderer mit Lärm aus dem
eigenen Intimbereich und
sollte entsprechend hart bestraft werden – als Exhibitio-
nismus!

3.
Palmtop. – Geräte, die man
nur mit Bonsaifingern bedienen kann, haben sich für den
täglichen Gebrauch disqua-

Hauser

leistungsstarken und doch
mühelos in der Aktentasche
tragbaren *Notebooks*, denn
Computer sollen uns nicht
vom Büro ins Wohnzimmer
verpflanzen, sondern unabhängig machen von Raum
und Zeit.

2.
Windows 95. – Daß Soft-
ware-Krösus Bill Gates ein
Monopolkrake bedenklicher
Größenordnung ist, gehört
in ein anderes Diskussions-
feld. Daß seine Produkte
den kreativen Spielraum des
Computers nicht nur aus-
schöpfen, sondern immer
wieder sprengen, um ihn
auszuweiten, ist Tatsache
und kein Verbrechen. Die
grafische Benutzeroberflä-
che Windows mit ihrer Le-
porello-Logik hat vielen von
uns erst die Schwellenangst
vorm Computer genommen
und ihn uns dann schnell
zum Freund und Helfer ge-

Kienzle

lifiziert. Diese mißlungene Kreuzung aus Filofax und Brillenetui ist nur was für Elektronikfetischisten, die für jeden neuen Quatsch 500 Mark und mehr hinblättern. Benutzer solcher Datenklimperkästchen sehen aus wie Schröder von den Peanuts an seinem Kinderklavier. Ihrem beruflichen Umfeld signalisieren sie nicht etwa Organisationstalent, sondern postpubertären Fummeltrieb.

4.
Walkman. – Das Folterinstrument rücksichtsloser Audio-Autisten. Wer jemals die Kopfhörernähe eines halblaut die Hitparade mitlallenden Walkoholikers ertragen mußte, sehnt sich geradezu nach einem dauerquatschenden Handy-Hektiker: Mobiltelefonisten treten wenigstens mit der Außenwelt noch in Kontakt. Der herme-

Hauser

macht. Windows 95, das spektakulär lancierte Nachfolgemodell, ist der längst fällige Radikalschritt zu noch mehr Einfachheit und Kompatibilität im Multimedia-Dschungel.

3.
CD-ROM. – Sie sind teuer, überforden ältere Computer, und ihr Inhalt ist oft nur ein schauriges Potpourri aus Ruckelvideos, Stammeltexten und Billigdesign. Die CD-ROM-Technologie steckt noch tief in den Kinderschuhen. Aber auch die ersten Schellack-Schallplatten klingen aus heutiger Hörweite armselig – und entzückten doch damals sogar Stardirigenten. Die CD-ROM mit ihrer enormen digitalen Speicherkapazität wird schneller als die Schallplatte Karriere machen, erst mal wie bisher als Infotainer mit Filmen, Bil-

Kienzle

tisch abgestöpselte Audiot
aber holt sich die volle Dröh-
nung und blickt obendrein
mit hirnloser Hybris auf den
Handyman herab. Kommuni-
kationskrüppel alle beide!

5.
Cityruf. – Der Beeper am
Gürtel hat die piepsende
Quartzuhr abgelöst – als
Pain in the ears. Erstaunlich,
wer hierzulande alles der
Meinung ist, ständig und
überall erreichbar sein zu
müssen. Nachdem Raucher
schon genug diskriminiert
sind, zwanghafte Kommuni-
zierer aber nahezu unbehel-
ligt bleiben, sei hier endlich
die totale Apartheid zwi-
schen Menschen und Kom-
munizisten gefordert.
Für K-Gruppen ab sofort
schalldichte Nebenzimmer in
Gaststätten! Deutlich mit
einem K gekennzeichnete
Busse und Bahnen! Einge-

Hauser

dern, Lexika, Software und
Spielen. Immer häufiger jedoch als hilfreiche Dreh-
scheibe für den alltäglichen
Stoßverkehr auf der Datenautobahn. Tip: Kinder um
Rat fragen!

4.
Modem/Telefon. – 9600
Baud sind viel zu langsam.
14 400 lohnen sich schon
kaum mehr. Lieber gleich
bei 28 800 Baud einsteigen,
sonst bleibt Ihnen auf dem
Information Superhighway
nur die Kriechspur – und
die Telekom kassiert noch
mehr Gebühren. Die Rede
ist von Modems, diesen ma-
gischen Medien für die Ver-
mählung von Computer und
Telefonsteckdose. Ohne Modem als Herzschrittmacher
läuft online gar nix. Wer im
Internet surfen oder auch
nur direkt aus seinem Computer faxen will, der braucht
ein externes, internes oder

Kienzle

zäunte K-Reviere in Parks und
auf öffentlichen Plätzen! Ja,
auch getrennte Toiletten.
Wenigstens da will der
Mensch endlich Ruhe
haben.

6.
Datex-J. – Jämmerlicher Versuch der deutschen Telekom,
ihrem stümperhaft zusam-
mengeschusterten BTX-Ser-
vice einen professionellen
Online-Anstrich zu geben.
Angelegt auf solide teutoni-
sche Benutzerfeindlichkeit,
Zugang nur per Eingabe von
Datenkolonnen, quälend
langsam, graphisch auf dem
Stand der Reichspost, inter-
essant allenfalls fürs Homebanking per Computer. Die
deutsche Datenautobahn –
eine holprige Landstraße.
Ausländische Konkurrenz
höhnt, Deutschland zögere
beim Info-Highway, weil bei
uns der Bau von Autobahnen
historisch belastet sei …

Hauser

als sogenannte PC-Karte er-
hältliches Modem.

5.
Homebanking. – Deutsche
Banken behandeln nur
Kunden wie Dr. Schneider
als König. Der kleine Giro-
konto-Inhaber am Schalter
darf froh sein, wenn man
seine Peanuts überhaupt
noch in Verwahrung nimmt.
Der Service in der Filiale
um die Ecke besteht darin,
daß schlecht ausgebildetes,
aber höchst eingebildetes
Personal einem die Über-
weisungsformulare übern
Tresen schiebt: »Bitte selbst
ausfüllen.« Schluß damit! Ab
sofort alle Bankgeschäfte zu
Hause online am PC erledigen, direkt verbunden mit
dem Bankcomputer – dem
besten Mitarbeiter Ihrer
Bank.

Kienzle

7.
Cybersex. – Begegnung auf
einer Raststätte der Datenautobahn: Vierzehnjähriges
Girlie, blond, frühreif, Maße
90–60–90, tippt Sex-Ge-
stöhne ins Keyboard, adres-
siert an neunzehnjährigen
Beau, sportlich, musisch begabt, jugendlich potent –
rätselhafterweise ausgestat-
tet mit dem erotischen Drall
eines fünfundfünfzigjährigen
Playboys. Passiert dauernd.
Online. Sie treiben es buchstäblich, transatlantisch,
intergalaktisch, ohne Kon-
dom – und immer mit dem
Finger an der Maus. Klick
mich! Hinter der Girlie-
Maske versteckt sich vielleicht ein fünfzigjähriger
EDV-Buchhalter, der Cyber-
Beau ist in Wirklichkeit ein
sadomasochistischer Präsi-
dentenberater. Sie werden
und wollen es nie erfahren.
Sondern schicken weiter ihr
elektronisches Alter ego auf

Hauser

6.
e-mail-Adresse. – Die
Ikone der neunziger Jahre
ist ein kleines Zeichen auf
dem Computer-Keyboard: @
steht für at und gibt mit
einer Ziffern- und Buchsta-
benfolge den Benutzer als
Inhaber einer Adresse für
elektronisch verbreitete Post
zu erkennen. Der e-mail-
Briefkasten hängt nicht im
Hausflur, sondern irgendwo
im Cyberspace. Gefüllt und
geleert wird er von Computern via Telefonleitung –
also online. Rund 30 Millionen Menschen stehen welt-
weit bereits über e-mail
miteinander in Kontakt und
tauschen oft mehrmals täglich Wichtigkeiten, Nichtig-
keiten, Geschäftskorre-
spondenz, Bilder, Töne und
andere Datenpäckchen aus
– sekundenschnell und billig, uneinholbar für die
Schneckenpost.

Kienzle

die Reise und berauschen
sich an der Vorstellung, wenigstens im Datenkanal jederzeit penetrationswillige
Partner zu finden. Liebe in
Zeiten der Cholera.

Hauser

7.
Internet. – Im Internet ist
die Hölle los: Vatikan goes
online, Las Vegas goes online, Bill Clinton goes online, sogar SPD goes online
(CDU längst). Die Medien-
schlacht der Zukunft wird
nicht im Fernsehen ausge-
tragen, sondern im Internet
und seinen verwandten
Netzwerken. Die »Bewußt-
seinsindustrie«, immer auf
der Suche nach junger
Kundschaft, hat sie im Cyberspace entdeckt. Dort
surft sie von Homepage zu
Homepage und holt sich die
ganze Welt auf den Monitor
– die wahre Info-Elite. Vor-
sicht: Netsurfing kann süch-
tig machen. Zu Risiken und
Nebenwirkungen aber bitte
nicht den Arzt oder Apotheker konsultieren, sondern
The Internet Addiction Sup-
port Group. Online-Adresse:
listserv@netcom.com

Hauser

DER LINKE NIEDERRHEIN
Heimatkunde für rechte Anfänger

»Der Niederrheiner weiß nix, kann aber alles erklären.«
Hanns-Dieter Hüsch

Was hat die linke Rheinseite, das die rechte nicht hat? Vielleicht ein paar Affinitäten. Von links kamen die Römer. Aus der Provinz Gallien stießen sie über den Rhein vor. Sie taten es aber dort, wo dieses Gewässer noch ein richtiger Fluß ist, den die Pioniere der römischen Armee mit den altbewährten Mitteln ihrer Kriegskunst in den Griff kriegen konnten. Der Niederrhein war damals ein großer Sumpf, und vor dem hatten die Römer schon lange vor der Schlacht im Odenwald (vormals als »Schlacht im Teutoburger Wald« bekannt), in der ihr Varus nur Zweitbester wurde, einen Heidenrespekt. Immerhin lag die Besatzungsmacht lange westlich des Rheins, beispielsweise in Colonia Ulpia Traiana, deren Überreste man heute noch bei Xanten sehen kann. Da hat man sich ausreichend mit den Töchtern des Landes vergnügt, bevor man sich mit ihren transrheinischen Stammesgenossen herumprügeln mußte.

Heute, da es ja begrifflich keine Sümpfe, sondern nur noch Biotope gibt, frage ich mich, was wohl die Römer in dieses in jeder Hinsicht fruchtbare Biotop mit hineingerührt haben. Welchen Einfluß hatten die Südländer auf das deutsche Gemüt? Diese Frage ist schwerer zu beantworten, als es zunächst den Anschein hat. Geschichte ist nun mal leider immer das, was die Leute heute dazu meinen. Stand hier römisches Ord-

nungsdenken gegen manisches germanisches metbeschwing-
tes Ausflippen? Oder war es die Verderbtheit der städtischen
römischen Zivilisation gegen altdeutsche, vom hanebüchenen
Tendenzautor Tacitus hochgelobte Tugend? Vielleicht war es
von beidem etwas. Wie immer es sich damit verhalten haben
mag, eine andere Denke macht die Leute beweglich. Davon
liegt im Linksrheinischen noch heute was in der Luft.

In Xanten war Siegfried zu Hause, auf den ersten Blick
nichts als ein einfach gestrickter, gutmütiger, starker, blon-
der deutscher Recke. Und doch war dieser ganze Hof der Bur-
gunder eine überaus komplizierte Beziehungskiste. Siegfried
entjungfert unter der Tarnkappe Brunhild, die Gattin seines
Chefs, und erzählt dies seiner eigenen Frau Kriemhild. Im
Kampf um den Status steckt Kriemhild ausgerechnet auf der
Treppe des Doms zu Worms der Brunhild diese heiße Nummer. Das Endergebnis ist Mord und allgemeiner Totschlag. Die
komplizierte erotische Verwicklung darf man linksrheinisch
nennen, der totale Untergang in der brennenden Hunnenstadt
weist ins Rechtsrheinische.

Die Wellen der französischen Revolution brandeten zunächst »von links« an das Rheinufer, bevor dann später Napoleon bis nach Rußland marschierte. Die Linksrheinischen
mögen die Franzosen so sehr, daß manche von ihnen in der
frühen Bundesrepublik sogar im Ruch eines geheimen Sepa-
ratismus standen. Einem nicht geringeren als dem weit ins
Rechtsrheinische hineinreichenden Kölner Oberbürgermeister Konrad Adenauer – der später mit allen Kniffen das
linksrheinische Bonn als »provisorische« Bundeshauptstadt
durchpaukte – hat der »Spiegel« immer wieder einmal hä-
misch den Separatisten der Zwischenkriegszeit an die Frack-
brust geklebt.

Nach den Franzosen kamen die Preußen, die im gesamten
Rheinland sehr unbeliebt waren. Ihre militärischen Rituale
hat man im Karneval mit Gusto veralbert. Ein karnevalisti-
sches Zeremoniell mit Prinzengarde und Tschindarassabum,
dessen Drill die alten Preußen vor Neid erblassen ließe, findet
man am linken Niederrhein nicht. Dem steht zuviel französi-
sches Laisser-faire entgegen.

Welche Arten von Genen mögen wohl zusammengespielt
haben, um beispielsweise ein solches Spitzenprodukt der Evo-
lution wie Margarethe Schreinemakers zu kreieren? Römi-
sche Marketenderin? Wildbewegter Schreihals für die Revolution, als in Paris schon die Köpfe rollten? Strammer Preußen-
offizier? Fehltritt einer Klosterschülerin, die eigentlich nur
über die Liebe reden wollte, unter Willem Zwo? Margarethe
stammt aus Krefeld. Heute wohnt sie in Belgien, und wir tun
hier mal so, als geschähe dies aus Gründen der westeuropäischen Kultur. Von Krefeld kommt freilich auch Ingrid Mat-
thäus-Maier, und schon das läßt die Spannweite des dortigen Menschenschlags ahnen. Und der Krefelder Joseph Beuys
mit dem Römerkopf? Vielleicht hieß sein Urahn Primus Bovi-
stus und war ein Ingenieur, der für Caesar Pontonbrücken
baute.

Warum rede ich immer wieder von diesem Ort? Weil er eine
alte Seidenweberstadt ist? Das auch. Krefeld ist meine Ge-
burtsstadt, der linke Niederrhein meine Heimat. Ich bin Journalist, was von manchen Leuten auch nicht gerade als besonders seriöser Beruf angesehen wird.

Wie anders lebt man doch am rechten Rheinufer. Hier ein
Beispiel: Auf gleicher Höhe, nur etwas weiter weg vom Fluß,
liegt Barmen. In dieser Stadt wurde ein Mann geboren, der
sein Leben lang als seriöser Geschäftsmann im Kontor saß und

am Ende seiner Tage auf ein solides Vermögen blicken konnte. Bekannt wurde er allerdings dadurch, daß er einen kleinen Teil seiner Einnahmen für ein reichlich seltsames Hobby ausgab. Sein Name war Friedrich Engels.

Hauser

OCHSENTOUR

Für eine erfolgreiche Karriere als Konservativer empfiehlt es sich, möglichst früh echtes Engagement für das Gemeinwesen unter Beweis zu stellen, und zwar als Ministrant. Neuerdings steht auch Mädchen dieser Einstieg offen. Beitritt zu Schüler-Union oder RCDS ist entbehrlich, Mitgliedschaft in der Jungen Union (Frauen zusätzlich in der Frauen-Union) dagegen obligatorisch. Dort nämlich bekommt man die Grundausbildung für innerparteilichen Kampf um Mandate und Listenplätze. Mit Rücksicht auf die angestrebte politische Laufbahn sollte auch ein passender Beruf als – wenn auch kurze – Durchgangsstation eingeplant werden. Für männliche Konservative empfiehlt sich nach wie vor das Jurastudium mit anschließendem Eintritt in den öffentlichen Dienst. Gelingt es, sich in der engeren Umgebung eines Ministers oder Staatssekretärs zu plazieren und ein Gemeinde- oder Kreistagsmandat zu ergattern, müßte es schon sehr dumm laufen, wenn mittelfristig nicht mindestens ein Landtagsmandat herausspringt. Weiblichen Konservativen mit politischen Ambitionen ist von universitärer Bildung dringend abzuraten. Studierte

Frauen sind unbeliebt. Höher im Kurs stehen erziehungs- und hauswirtschaftliche Berufe oder irgendwas Soziales. Mit der sogenannten Ochsentour, also Plakate kleben, Prospekte verteilen oder hauptamtlicher Parteiarbeit, ist in den konservativen Parteien heute keine Karriere mehr zu machen.

Kienzle

OCHSENTOUR

Bei SPD und Grünen qualifiziert man sich besonders durch »gesellschaftliches Engagement« für öffentliche Ämter. Jusos und Falken gelten als zu traditionell. Empfehlenswert sind Friedens- und Dritte-Welt-Initiativen, Öko- und Frauengruppen aller Art. Praktische Erfahrung in der Kommunalpolitik ist wegen der damit verbundenen Pragmatisierung eher hinderlich, von Vorteil dagegen Mitgliedschaft in der Bürgerinitiative gegen was auch immer, weil sie täglich Gelegenheit zu demonstrativer Betroffenheit gibt. Bei der Berufswahl ist sorgfältig alles zu vermeiden, was als Leistungsdenken oder wirtschaftliches Erfolgsstreben angekreidet werden könnte. Solche politisch äußerst karrierehinderlichen Stigmata lassen sich durch das breitgefächerte Angebot des öffentlichen Dienstes mühelos vermeiden. In hohem Ansehen steht unverändert der Lehrerberuf (Volks- und Hauptschullehrer, Berufsschullehrer, Sonderschullehrer), ausgenommen allerdings Gymnasiallehrer, das weckt den Verdacht des Elitären. Aber auch das Studium der Psychologie oder der Soziologie gilt als karrierefördernd, Naturwissenschaften nur in alternativer Form. Die Frauenquote bei der Linken begünstigt vor allem Mütter, deren Kinder aus dem Haus sind und die praktische Erfahrungen in Ökoläden und Ortsgruppen gesammelt haben, wobei sich auch hier inhaltlich irgendwas mit Frieden oder so immer gut macht. Männer im fortgeschrittenen Alter haben ebenfalls hervorragende Mandatschancen. Rechts wie links aber gilt gleichermaßen: Nichts schadet dem politischen Aufstieg mehr, als durch eine erfolgreiche berufliche Karriere aufzufallen.

OLYMPIA 2000

H

Noch Fragen, Kienzle?

K

Ja, Hauser: Was haben Johannes Paul II., Saddam Hussein und IOC-Präsident Samaranch gemeinsam?

H

Alle drei werden nie einen Platz im Altersheim beanspruchen.

K

Richtig. Johannes Paul II. amtiert lebenslänglich, denn er ist lieber auf Erden die Nummer eins als im Himmel die Nummer zwei.

H

Saddam Hussein muß lebenslänglich amtieren, weil sein Leben sonst nicht länglich, sondern kürzlich ist.

K
Und Antonio Samaranch hat gerade die Altersgrenze für IOC-Präsidenten auf 80 Jahre hinausgeschoben.

H
Das heißt, er will im Jahr 2000 in Sidney die letzten Olympischen Spiele auf Erden eröffnen.

K
Und danach nimmt Samaranch sie mit – in den Himmel oder in die Hölle, je nachdem.

H
Dabeisein ist eben alles.

K
Friede seiner Aschenbahn!

Hauser

ORGANISIERTES VERBRECHEN

Alles, womit sich viel Geld verdienen läßt, Drogen, Waffen, Glücksspiel, Prostitution, Autos, befindet sich immer häufiger in den Händen international operierender Banden. Am Beispiel Italiens, wo sich die Mafia durch Korruption den Schutz der Eliten in Politik und Justiz gesichert hat und selbst an wichtigen Schaltstellen der staatlichen Macht sitzt, wurde deutlich, wie das organisierte Verbrechen eine ganze Gesellschaft aushöhlen kann. Rußland ist dabei, dem italienischen Weg zu folgen. Durch den Fall der Grenzen eröffnet sich der OK in Europa ein breites und lukratives Betätigungsfeld.

Schon heute beträgt die ermittelte Schadenshöhe in Deutschland jährlich rund 3,45 Milliarden Mark, die Dunkelziffer dürfte ein Vielfaches davon sein. Ein wehrhafter Rechtsstaat darf vor dieser Entwicklung nicht länger die Augen verschließen und muß die Strafverfolgungsbehörden endlich in die Lage versetzen, organisierte Kriminalität wirksam zu bekämpfen. Dazu gehören: Ausweitung des Einsatzes verdeckter Ermittler, Rasterfahndung, erweiterte Kronzeugenregelung und Möglichkeiten elektronischer Überwachung. Aber auch: Aufhebung der strikten Trennung von Polizei und Nachrichtendiensten. Polizei und Staatsanwaltschaft können erst bei konkreten Verdachtsmomenten tätig werden, während Nachrichtendienste bereits weit im Vorfeld Informationen sammeln dürfen. Die Bürger wissen, daß ihnen Gefahr nicht vom Staat, sondern vom organisierten Verbrechen droht – vor diesem und nicht vor dem Staat wollen sie wirksam geschützt werden.

Kienzle

ORGANISIERTES VERBRECHEN

Bürgerangst vor Verbrechen bezieht sich in erster Linie auf Massenkriminalität wie Diebstähle, Raubüberfälle oder Einbrüche. Dabei ist die Zahl der Straftaten, wie die für 1994 vorgelegte Statistik des Bundesinnenministeriums zeigt, seit sechs Jahren erstmals deutlich um rund 200 000 bzw. 3,2 Prozent zurückgegangen. Daß die Regierung diesen Rückgang nicht wie auf anderen Feldern als großen Erfolg feiert, ist angesichts sonstiger Selbstbeweihräucherung auf den ersten Blick unverständlich. Doch nicht plötzliche Bescheidenheit steckt dahinter, sondern die Befürchtung, daß in der Bevölkerung die Angst vor Verbrechern und damit die Akzeptanz immer neuer staatlicher Überwachungsmaßnahmen nachlassen könnte. Organisierte Kriminalität mußte in den letzten Jahren als Grund für viele Maßnahmen herhalten, die praktisch in jedem Bürger einen potentiellen Verbrecher sehen, dessen Freiheitsrechte ungeniert eingeschränkt werden dürfen.

Erst vor kurzem hat das Bundesverfassungsgericht per einstweiliger Anordnung wichtige Teile des Verbrechensbekämpfungsgesetzes von 1994 gestoppt, insbesondere die »verdachtlose Rasterfahndung«, die es dem Bundesnachrichtendienst erlaubte, auch ohne einen konkreten Hinweis Daten aus abgehörten Telefongesprächen und Faxübertragungen an andere Behörden weiterzugeben. Wer organisiertes Verbrechen tatsächlich wirkungsvoll bekämpfen will, muß nicht Bürger beschnüffeln, sondern Geldflüsse kontrollieren und bei konkretem Verdacht Konten beschlagnahmen. Solange aber das Bankgeheimnis dem Beichtgeheimnis gleichgesetzt wird, können international operierende Banden weiterhin mit Hilfe von Tarnunternehmen ihre Milliardengewinne über deutsche Kreditinstitute waschen.

Hauser

PAPST
Die letzte Autorität

»Das Recht auf Verteidigung muß umgesetzt werden zum
Schutz der Zivilbevölkerung in einem ungerechten Krieg.«
Militäraktionen seien zur Verteidigung Wehrloser immer ge-
rechtfertigt. Die katholische Kirche habe stets einen »gerechten Krieg« als Antwort auf namenlose Aggressionen für zuläs-
sig erkannt. »Wenn jemand das Recht auf Leben mit Füßen
tritt, dann besteht das Recht auf Selbstverteidigung.«
    Es mußte ein Mann des Friedens kommen wie der polnische
Papst Karol Wojtyla, Johannes Paul II., um den hilflosen Lau-
männern in Politik, Kultur, Wirtschaft und Kirche zu sagen,
wie dem unmenschlichen und undurchschaubaren Treiben auf
dem Balkan ein Ende zu setzen sei. Es ist nicht das erste Mal,
daß dieser entschlossene Kirchenfürst die nur scheinbar Mäch-
tigeren der Erde lehrt, sich in einer Welt des Bösen gegen das
Böse – und käme es nur aus Laxheit der Verantwortlichen – zu
behaupten. Wie schon viele seiner Vorgänger hat auch dieser
Stellvertreter Jesu Christi – Haupt, Vater, Lehrer, Hirt und
Regent der allumfassenden katholischen Kirche – bewiesen,
daß er wirklich der Fels in der Brandung der Sitten-, Orientie-
rungs- und Glaubenslosigkeit ist: »Du bist Petrus, und auf diesen Felsen will ich meine Gemeinde bauen« (Matthäus, 16,18).
    Ohne Johannes Paul II. würden die Völker im Osten Eu-
ropas wohl noch heute unter der Knute kommunistischer
Tyrannen leiden. Auch an seiner Standfestigkeit zerschellte
das rote Regime in Polen. Ohne ihn wäre die polnische Demo-

kratie nicht denkbar. Sein Eintreten für das Leben, auch das ungeborene, ist vielen Vorbild. Sein bescheidener Lebensstil macht vielen – auch Nichtkatholiken – Mut. An Johannes Paul II. prallen sämtliche Forderungen des Zeitgeistes ab. Er ist ein Papst des Ausgleichs, ein römischer Bischof ohne faule Kompromisse. Die letzte Autorität in unserer ansonsten säkularisierten, ausschließlich auf materielle Werte fixierten Welt.

Kienzle

PAPST

Der Heilige Stuhl bleibt hart

Die Titel. Allein diese Titel: Bischof von Rom, Stellvertreter Jesu Christi, Nachfolger des Apostelfürsten, Oberhaupt der allgemeinen Kirche, Patriarch des Abendlandes, Primas von Italien, Erzbischof und Metropolit der Kirchenprovinz Rom, Souverän des Staates Vatikanstaat. Das ist das Verbalgewand des Chefs einer Kirche, die sich auf einen armen, unehelich geborenen, geschundenen Mann aus Nazareth beruft. Die Straßenbezeichnung »Papst« wird durch die offizielle Anrede »Heiligkeit« oder »Heiliger Vater« aufpoliert. Mehr noch: Seit dem 18. Juli 1870 ist ein Papst unfehlbar, wenn er »in voller Lehrautorität« über »Glauben und Sitte« befindet.

Unfehlbar! Und das, obwohl von den bislang 269 Besitzern des »Stuhles Petri« nicht wenige sich über jedes Gesetz hinweggesetzt haben. O tempora! O mores! Marcus Tullius Cicero (106–43 v. Chr.) hat zwar nie einen Papst kennengelernt, er muß sie jedoch vorausgeahnt haben, als er den Ruf »Oh, Zeiten! Oh, Sitten!« ausstieß. Zum Beispiel den unfehlbaren Sittenwächter Eugenio Pacelli, Pseudonym Pius XII. Der schloß 1933 mit den Nazis einen Pakt, den sie Konkordat nennen und der der katholischen Kirche und den Katholiken in Deutschland einen besonderen Status einräumte und noch immer einräumt. Sofort nach Unterzeichnung dieses Bündnisses sah, hörte und sagte Pius nichts mehr. Die Nazistrolche ermordeten Millionen Menschen – der Papst saß auf seinen Ohren, betrachtete sich im Spiegel und hielt sich den Mund zu. Auch ein Diener Gottes.

Und was, woran, wie muß einer glauben, der seit 1978 mit Millionenaufwand durch die Welt jettet, um vor allem den von den Völkern des Nordens ausgebeuteten, völlig verarmten Menschen im Süden des Globus Reichtum zu predigen? Kinderreichtum! Was treibt einen alten Mann an, in einer ungerechten, übervölkerten Welt gegen Verhütung zu wettern? Zwischen Empfängnis und Leichenbegängnis nichts als Bedrängnis. Egal – der Heilige Stuhl bleibt hart!

Hauser

PARTEIEN

Demokratie ist ohne Parteien nicht funktionsfähig. Das Grundgesetz räumt ihnen deshalb eine wichtige Stellung beim politischen Willensbildungsprozeß ein. Aufs Ganze gesehen, können wir mit unserem Parteiensystem zufrieden sein. Mit der Fünfprozentklausel bei Wahlen wurden die Konsequenzen gezogen aus der Weimarer Zeit mit ihrer unheilvollen Zersplitterung der Parteienlandschaft. Mitglied einer demokratischen Partei zu sein zeugt von der Bereitschaft, sich für das Wohl der Allgemeinheit zu engagieren. Modische Kritik an den Parteien kommt meist von jenen, die zu diesem Einsatz nicht bereit sind. Fehler und fehlerhaftes Verhalten sind menschlich und unvermeidlich. Das trifft auf Parteien genauso zu wie auf andere Organisationen. Sowenig aber jemand wegen seiner Zugehörigkeit zu einer Partei ungerechtfertigte Vorteile genießen darf, sowenig darf Parteimitgliedschaft mit negativem Etikett versehen werden.

Kienzle

PARTEIEN

Das Grundgesetz bestimmt im Artikel 21, daß die Parteien bei der politischen Willensbildung mitwirken. Tatsächlich haben die Parteien aus diesem Auftrag für sich eine Art Monopol herausgelesen und entsprechend gehandelt. Weite Bereiche des öffentlichen Lebens, keineswegs nur die Politik, sind dem krakenhaften Zugriff der Parteien ausgeliefert. Die öffentlich-rechtlichen Rundfunkanstalten beispielsweise, per Rundfunkgesetz eigentlich allen »gesellschaftlich relevanten Gruppen« unterstellt, werden von politischen Pressure Groups als legitime Beute betrachtet und behandelt. In einem Land, in dem nur rund drei Prozent der Wahlberechtigten Mitglieder einer Partei sind und davon wiederum nur etwa zehn Prozent sich aktiv betätigen, kann und darf der politische Meinungsbildungsprozeß nicht derart auf Parteien beschränkt bleiben. Wenn die Parteimanager heute unisono über sinkende Mitgliederzahlen und abnehmendes politisches Engagement klagen, so brauchen sie bei der Suche nach den Verantwortlichen nur in den Spiegel zu schauen. Undurchsichtige Seilschaften, Intrigantentum und verkrustete Strukturen, wie sie in den Parteien vorherrschen, wirken abschreckend gerade auf politisch engagierte Menschen. Längst haben Bürgerinitiativen und der Wunsch nach mehr direkter Demokratie den Parteien ihre angemaßten Privilegien streitig gemacht. Wenn die Parteien nicht zu umfassenden inneren Reformen bereit und in der Lage sind, werden sie sich bald selbst überlebt haben. An ihre Stelle treten dann, wie etwa in den USA, lose organisierte Wahlvereine, die sich vor allem um Personen herum bilden.

Hauser

PDS

Die Umbenennung in »Partei des demokratischen Sozialismus« ändert nichts an der Tatsache, daß es sich bei der PDS um die direkte Nachfolgeorganisation der verbrecherischen SED handelt. Wäre es der PDS mit einem wirklichen Neuanfang ernst gewesen, hätte sie zuvor die alte SED auflösen müssen. Aber der Zugriff auf die früheren Machtstrukturen und vor allem das Vermögen der Honecker-Partei waren Gysi & Co. offensichtlich wichtiger als demokratische Glaubwür-

digkeit. Die Erfolge der PDS in den neuen Bundesländern
sind das Ergebnis von Hetze und Lügen, mit denen sie die
Menschen vergessen machen wollen, wer für die katastro-
phale Lage in der früheren DDR verantwortlich ist – und wer
für den Aufbau Ost. Die Sozialdemokraten hingegen sollten
sich schämen, mit den Unterdrückern von gestern heute politisch zusammenzuarbeiten wie in Sachsen-Anhalt. Das völlige Scheitern der PDS in den westdeutschen Bundesländern
zeigt, daß die Wähler diese Partei durchschaut haben. Auch in
Ostdeutschland wird sie bald nicht mehr sein als eine Fußnote
zur Geschichte. Die Deutschen haben vom Kommunismus die
Nase ebenso voll wie vom Nationalsozialismus.

Kienzle

PDS

Die Wahlerfolge der PDS sind Ergebnis falscher Versprechun-
gen der Bundesregierung beim Vereinigungsprozeß. Aus rein
partei- und wahltaktischen Gründen hatte die Regierung Kohl
wider besseres Wissen den Ostdeutschen weisgemacht, mit
der Einführung der D-Mark und der Stimmabgabe für die
Konservativen würden über Nacht aus Trümmern »blühende
Landschaften« entstehen. Angesichts sprunghaft steigender Arbeitslosigkeit, hochschnellender Mieten und plattgemachter
Betriebe muß sich über Trotz- und Protestreaktionen vieler Wähler in der ehemaligen DDR niemand wundern. Auch Selbstge-
fälligkeit und Arroganz, mit der viele Westdeutsche, die ohne

eigenes Verdienst jahrzehntelang in Freiheit und Demokratie gelebt haben, jetzt Millionen Menschen mangelnder Standhaftigkeit gegenüber der Diktatur zeihen und ständige Dankbarkeit für Aufbauhilfe erwarten, hat die Ostdeutschen tief verletzt. Wer glaubt, er könne die PDS politisch ausgrenzen, wo sie durch demokratische Wahlen in die Parlamente gelangt ist, drückt Gysi & Co. in eine Märtyrerrolle und treibt ihnen noch mehr Wähler zu.

PFLEGEVERSICHERUNG

H

Noch Fragen, Kienzle?

K

Ja, Hauser: Was wäre, wenn Weihnachten und Ostern auf einen Tag fielen?

H

Einen Tag? Also, für die Finanzierung der Pflegeversicherung reicht es dann immer noch nicht.

K

Aber brauchen wir beispielsweise den Tag der Deutschen Einheit?

H

Egal, wo Sie den hintun, der bleibt immer unser teuerster Feiertag.

K

Es sei denn, wir verlegen ihn auf den 29. Februar. Dann findet er wenigstens nur alle vier Jahre statt.

Hauser

POLITICAL CORRECTNESS
Negerküsse verboten!

Neueste Variante linker Gehirnwäsche: Unter dem Deckmantel des Fortschritts, der Emanzipation und des Abbaus vermeintlicher Diskriminierung gesellschaftlicher Minderheiten werden Denk- und Diskussionsverbote angestrebt. Mit sektiererischem Eifer entwerfen selbsternannte Tugendwächter, die in der Tradition des jakobinischen Wohlfahrtsausschusses stehen, einen Index als Maßstab dafür, was gedacht und gesagt werden darf. Richtschnur für die Political Correctness (PC) ist der Mainstream der linken und linksliberalen veröffentlichten Meinung sowie die ihm nachhechelnden »progressiven« Konservativen à la Heiner Geißler, Rita Süssmuth und Friedbert Pflüger.

Grundbedingung, um den Anforderungen politischer Korrektheit zu genügen, ist die Abwertung und Ablehnung all dessen, was mit Stolz auf Deutschland zu tun hat. Demzufolge stellen Begriffe wie Heimat, Vaterland, Nationalstaat, kulturelle Identität schwere Verstöße gegen PC dar. Als Revanchist und Neo-Nazi — weil angeblich »Aufrechner« — wird von den PC-Wächtern stigmatisiert, wer darauf hinweist, daß in diesem Jahrhundert nicht nur Deutsche sich schwerer Verbrechen schuldig gemacht haben. Ebenso sind Bekenntnisse zu »Sekundärtugenden« wie Treue, Fleiß, Pünktlichkeit oder Pflichterfüllung politisch inkorrekt, da sich in ihnen angeblich reaktionäres Gedankengut widerspiegelt. Die Feigheit der bürgerlichen Gesellschaft sichert PC-Jägern hohe Abschußquoten.

Ihr bisher prominentestes Opfer war der von den Medien hingerichtete Präsidentschaftskandidat Steffen Heitmann.

»Politically correct« verhält sich, wer die Schaffung einer »multikulturellen« Gesellschaft zur Pflichtaufgabe erklärt, für radikalen Feminismus und völlige Abtreibungsfreigabe eintritt, nationalliberal mit faschistisch gleichsetzt und den Gebrauch des Wortes »Ausländerkriminalität« unter Strafe stellen möchte. Auch auf den alltäglichen Sprachgebrauch haben die PC-Fahnder ein scharfes Auge geworfen. »Negerküsse«, »Mohrenköpfe« oder »Zigeunerschnitzel« genügen den Anforderungen der Political Correctness ebenso wenig wie »Große«, »Kleine«, »Dicke« oder »Dünne«. Hoch im Kurs stehen dagegen »Rot-Grün«, »Schwule« und »Lesben«.

Aus den USA, wo PC nicht nur erfunden wurde, sondern sich zur nationalen Hysterie ausgewachsen hat, naht vermutlich auch die Rettung: »Politically incorrect« gilt in Trendsetter-Kreisen mittlerweile als Gütesiegel.

Kienzle

POLITICAL CORRECTNESS
Diskriminierung guter Absichten

Heiner Geißler hat zu Recht gesagt, wer die Begriffe prägt, prägt auch das Denken. Mit dem Ursprungsgedanken von Political Correctness verbindet sich das Bemühen, Humanität, Rücksichtnahme und Toleranz auch in der Sprache durchzusetzen. Staatliche Diskriminierung gesellschaftlicher Minderheiten

ist auf dem Papier weitgehend beseitigt. Bewußte oder gedan-
kenlose Verletzung findet jedoch weiterhin statt. So haben Sinti
und Roma ein Recht darauf, als solche bezeichnet zu werden
und nicht als Zigeuner, was übersetzt »ziehende Gauner«
heißt. Solche Forderungen sind viel älter als das modische
Kürzel PC.

Aber es geht in Deutschland nicht nur um ein paar Sprach-
regelungen. Rund um die vielen Gedenktage zum Ende des
Zweiten Weltkriegs haben sich jene Kräfte offen aus der Dek-
kung gewagt, die schon lange eine Revision der Geschichts-
schreibung wollen. Verbrämt mit der Forderung, es dürfe keine
Denkverbote und wissenschaftlichen Tabus geben, soll ein
Konsens aufgekündigt werden, dem sich alle demokratischen
Kräfte seit Jahrzehnten verbunden fühlten: nämlich der Über-
einstimmung darin, daß sich die Bundesrepublik unverändert
ihrer historischen Verantwortung für das bewußt bleibt, was von
Deutschen an Schrecken und Gewalt über die Welt gebracht
wurde. Mit Begriffen wie »Normalität« oder Phrasen wie »Einmal muß Schluß sein« wird von rechts- und nationalkonservati-
ver Seite der Versuch unternommen, diese Verantwortung in
Frage zu stellen. Wer die deutschen Opfer des Krieges und der
Vertreibung in den Vordergrund rückt, der unterschlägt
mit Absicht, daß der Krieg von Hitler-Deutschland begonnen
wurde. Mit der Überbetonung des Nationalen und der er-
schreckenden Zunahme von Fremdenfeindlichkeit zeigen sich
gefährliche Züge eines neuen Nationalismus.

Dagegen muß eine liberale und aufgeklärte Öffentlichkeit
entschieden ankämpfen. Doch das Eintreten für eine europa-
freundliche und weltoffene Politik nach außen und für eine
tolerante Gesellschaft nach innen wird von der neuen Rechten
als »Political Correctness« geschmäht. So wird ein Begriff, ur-

sprünglich geprägt gegen jede Art von Diskriminierung, von der Gegenseite besetzt und postwendend zur Diskriminierung guter Absichten mißbraucht.

LETZTE POLITISCHE KORREKTUREN FÜR ALLE, DIE MITREDEN WOLLEN
Quelle: Originalzitate aus Deutschland

Nicht korrekt	Korrekt
Arbeitsscheu	»Anderweitig motiviert«
Atompolitik	»Einstieg in den Ausstieg«
Auseinandersetzung	»Streitkultur«
Ausländerkriminalität	»Von den Medien vermittelte Zuordnung«
Bauch	»Kanzlerbonus«
»Bild«	»Springer-Stiefel«
Blondine	»Anchorwoman«
Egoismus	»Selbstverwirklichung«
Ex-Kommunist	»Linker Demokrat« (in Osteuropa) »Früherer SED-Mann« (in den neuen Bundesländern)
Fett	Amerikanisch: »horizontal herausgefordert« Deutsch: »nicht dem üblichen Schlankheitswahn verpflichtet«

Nicht korrekt	Korrekt
»Focus«	»Häppchenjournalismus« (Lieblingsausdruck der Häppchen-Kritik)
Geldverdienen	»Basic Instinct«
Geschlechtsspezifische Maßnahme	»Quotenfrau«
Geschwätz	»Nicht themenzentrierte Kommunikation«
Gesundes Volksempfinden	»›Gesundes Volksempfinden‹«
Häßlichkeit	Amerikanisch: »Kosmetische Differenz« Deutsch: »Innere Schönheit«
Haut	»Benutzeroberfläche«
Heimatlosigkeit	»Verfassungspatriotismus«
IM	»Gauck-Positiv«
Informationsstau	»Datenautobahn«
Irrer	»Borderline Case«
Kleinwüchsig	Amerikanisch: »vertikal herausgefordert« Deutsch: »kleine Minderheit«
Konkurrenz-Killer	»Sektenbeauftragter«
Krieg	»Krisenbewältigungsfall«
Kampf	»Friedensschaffende Maßnahmen«
Angriff	»Energische Prävention«
Truppen	»Konfliktbewältigungskräfte«
Kriminell	»Kriminalisiert«
Kuriositätenkabinett	»Infotainment«
Ladendieb	»Opfer der Werbung«

Nicht korrekt	Korrekt
Langeweile in der Kunst	»Vertrauen auf den eigenen Rhythmus«
Leistungsträger	»Besserverdienender«
Machtkampf, innerparteilicher	»Troika«
Machtkartell	»Einigkeit der Demokraten«
Massenmord	»Schatten der Vergangenheit«
Nichtraucher	»Passiv-Raucher«
Nichtwähler	»Im politischen Spektrum unterrepräsentiert«
Onanie	»Lustvolle Erkundung des eigenen Körpers«
RAF	»Auf Irrweg geratene Idealisten«
Randale	»Aufhebung der strukturellen Gewalt durch Gegengewalt«
Rausschmiß, ganz oben	»Unüberbrückbare Differenzen in der Zielsetzung«
Rausschmiß, oben	»Lean Management«
Rausschmiß, unten	»Freisetzung«
Religion light	»Esoterik«
Schnauze voll	»Paradigmenwechsel«
Schnitzel	»Ein Stück Tierleiche«
Seiteneinstieg	»Just-in-time-Karriere«
Skinhead	»Orientierungsloser Neonazi«
Sozialprobleme, die andere betreffen	»Multikulti«
Stammtischgebrüll	»Schweigende Mehrheit«
Trivialliteratur	»Nicht kanonisierte Literatur«
Unterentwickeltes Land	»Entwicklungsland«
Unzuverlässigkeit	»Spontaneität«

Nicht korrekt	Korrekt
Veranstaltung zur Feier der Veranstaltung	»Event«
Vernichtung ostdeutscher Konkurrenten	»Evaluierung«
Verpackung	»Erweiterter Kunstbegriff«
Weibliche Schönheit	»Barbie«

DIE SCHÖPFUNG NACH MOSES
– politisch völlig korrekt –

Referentenentwurf aus der »Arbeitsgruppe fundamentale Glaubensfragen« (AFG) von Bündnis 90/Die Grünen

Und GottIn sprach: Lasset uns MenschInnen machen, nach unserem voll ganzheitlichen Bilde, die da in kosmischer Harmonie leben mit den MuschelInnen im Shell-freien Meer, mit den VögelInnen unter dem Ozonhimmel, mit den ViehInnen, allen TierInnen des naturbelassenen Feldes und allen GewürmInnen mit dem aufrechten Gang. Und GottIn verwirklichte sich selbst, indem er/sie ungeheuer kreativ den/die MenschInnen schuf, als Mann und In schuf er/sie ihn/sie. Und GottIn lenkte seine/ihre Energieströme auf sie und sprach zu ihnen: Seid fruchtbar in einer herrschaftsfreien nicht penisfixierten Sexualität, betreibt Geburtenkontrolle und lebt so im Einklang mit allen GetierInnen auf der Erde.

Und GottIn pflanzte einen Garten mit allerlei BäumInnen. In die Mitte aber stellte er/sie ein Phallussymbol, das er/sie daher

»Baum des Lebens« und »Baum der Erkenntnis des Guten und Bösen« nannte. Und GottIn setzte seinen/ihren Menschenversuch in den Garten Eden und sprach zu ihm: Du darfst essen von allen BäumInnen im Garten, aber vom Baum der Erkenntnis des Guten und Bösen sollst du nicht essen, denn an dem Tage, da du von ihm issest, mußt du eines kleinen Todes sterben, und der wird dir sein der Vorbote des großen Todes.

Und GottIn sprach: Es ist nicht gut, daß es bei einem ersten Versuch bleibe, ich will eine bessere Ausgabe schaffen, die ihm eine Beziehung sei. Er/sie zeigte dem Menschen alle PflanzInnen, auf daß er sie benenne. Nachdem dieser von einer genossen hatte, die er besonders paradiesisch fand und Marihuana nannte, ließ GottIn ihn in einen tiefen Schlaf fallen. Und GottIn vermied Tierexperimente, da er/sie eine von den Rippen des Menschen nahm und die Stelle mit Fleisch schloß. Und er/sie baute eine In aus der Rippe und brachte sie zu ihm. Da sprach der Mensch: Die ist Bein von meinem Bein, Fleisch von meinem Fleisch, aber die verbesserte Version mit einem Häkchen mehr, denn hat sie nicht statt einem XY- ein XX-Chromosom? Man wird sie MannIn nennen, weil sie vom Mann als Ausgangsmaterial genommen wurde. Darum wird ein Mann seinen Vater und seine Mutter verlassen und seinem Weibe anhangen, und sie werden kein Fleisch essen und nur schmusen. Und sie waren beide nackt, der Mann und die MannIn, und schämten sich nicht, da sie kein bißchen genitalorientiert waren.

Aber der/die Schlange war listiger als die TierInnen auf dem Naturboden und sprach zur MannIn: An dem Tag, da ihr von diesem nicht gespritzten und nicht genmanipulierten Baum esset, werdet ihr wissen, was gut und böse ist. Und die MannIn vermeinte, daß von dem Phallussymbol gut zu essen wäre, und sie hätte gern gewußt, was böse ist. Und sie nahm von der nicht

kunstgedüngten und nicht gewachsten Frucht und aß und gab
dem Mann auch davon, und auch er brachte sich emotional voll
ein und aß. Da gingen beiden die Augen auf, sie erkannten, daß
das Böse ihre Geschlechtsteile waren. So flochten sie Feigen-
blätter zusammen und machten sich Schurze.

Und sie hörten GottIn, der/die im Garten Eden unlustwan-
delte, und versteckten sich unter den BäumInnen im Garten.
Und GottIn rief den Mann und sprach: »Wo steckst du?« Da
sprach dieser: »So weit bin ich noch nicht, o Herrin, daß ich
schon wo drinstecke, aber ich habe mich verborgen, denn ich
bin nackt.«

Da sprach GottIn: »Wer hat dir das gesagt, daß du nackt bist,
wenn nicht die MannIn? Ihr habt gegessen vom Baum der
Erkenntnis.« Da sprach Adam: »Die MannIn hat vom Baum
genascht und mir zu naschen gegeben.« Sie aber sprach: »Der/
die Schlange hat mich betrogen.«

Da sprach GottIn zu dem/der Schlange: »Weil du das getan
hast, seist du verflucht. Dein Name wird immer dann erwähnt
werden, wenn die MenschInnen Schlange stehen vor der Super-
marktkasse, an der sie ihre vergifteten Lebensmittel bezahlen.«

Und zur MannIn sprach er/sie: »Weil du genascht hast, wirst
du gnadenlos vernascht werden.«

Und zum Mann sprach er/sie: »Auch du wirst zur Strafe
vernascht werden, aber du wirst es tun im Schweiße deines
Angesichts.«

Und GottIn trieb sie aus dem Garten Eden in das Land, wo
die Knolle wächst. Vor den Eingang zum Paradies aber stellte
er/sie die Cherubim mit hoch aufgerichteten blitzenden Flam-
menschwertern. Und die MenschInnen wußten, daß auch diese
ein Symbol waren.

Hauser

POLITIKMÜDIGKEIT

Politikmüdigkeit, wie sie aus der sinkenden Wahlbeteiligung herausgelesen wird, ist in Wahrheit ein Zeichen für allgemeine Zufriedenheit der Bürger mit der Politik. Im Vergleich zu anderen Demokratien signalisiert eine Wahlbeteiligung von durchschnittlich rund 60 Prozent (bei Bundestagswahlen deutlich höher, bei Kommunalwahlen in der Regel darunter) ein Stück Normalität. Die hohe Zahl der Urnengänge und allgemeine Abstumpfung gegen ein unablässig aufgeheiztes Wahlkampfklima trägt sicherlich zur Wahlmüdigkeit bei. Daher sollte man Legislaturperioden generell auf fünf Jahre verlängern und Landtagswahlen soweit wie möglich auf wenige Termine zusammenlegen.

Kienzle

POLITIKMÜDIGKEIT

Mit sinkender Wahlbeteiligung bringen Nichtwähler ihre Verdrossenheit über den politischen Stillstand zum Ausdruck. Auf der einen Seite eine perspektivlos vor sich hin wurstelnde Regierung und auf der anderen Seite eine Sozialdemokratie, die mehr durch innerparteiliche persönliche Querelen als durch klare Alternativen von sich reden macht. Die Bürger sind keineswegs politikmüde, sie sind nur dieser Art des Politikmachens oder besser: -nichtmachens, müde. Die Zunahme von Bürgerinitiativen und erfolgreichen Volksbegehren zeigt, wie sehr sich die Menschen in die Politik einmischen. Politisches Engagement, das signalisiert der Trend, ist weit mehr, als nur alle vier Jahre sein Kreuz bei einer Partei zu machen.

POSTREFORM
Europa oder Bahamas

H

Noch Fragen, Kienzle?

K

Ja, Hauser: War das eigentlich nötig, die Privatisierung der Post?

H

Sie meinen die Postreform zwei?

K

Reform! Schon wieder so ein rechter Etikettenschwindel. Die Post mußte nicht privatisiert, sondern modernisiert werden.

H

Der Zug ist aus dem Bahnhof, Kienzle. Jetzt muß die Post fit gemacht werden. Fit für Profit und fit für Europa.

K

Und Sie glauben, das schaffen Sie mit dieser Postreform?

H

Privatisierung macht aus Pudding Muskeln, Kienzle. Das sieht inzwischen sogar Ihr strampelnder Fitneßfreak Scharping ein.

K

Warum ist der dann doch auf die Rücktrittsbremse getreten?

H

Längst vorbei, Kienzle. Das war damals reine Wahlkampf-Show. Rudolf Scharping weiß aus eigener Erfahrung: Bei Rennrädern tritt man rückwärts im Leerlauf. Das ist zwar optisch nicht ohne Effekt, hat aber keinerlei Bremswirkung auf den Lauf der Dinge. Der Beweis: Die Postbank AG ist trotzdem da.

K

Wozu brauchen wir eigentlich noch eine weitere deutche Privatbank? Gibt es davon nicht genug? Statt sich auf privat umzufrisieren, wäre es besser gewesen, die Post hätte öffentlichrechtlichen Service angeboten.

H

Wie darf ich mir das denn bitte vorstellen?

K

Ich lese Ihnen mal was vor, Hauser: »Seiner Natur nach hat der Postbetrieb eine durch Privatunternehmungen nicht zu bewältigende geographische Ausdehnung und fordert, um schnell, sicher und billig zu arbeiten, Einheitlichkeit und straffe Verwaltung, d. h. Eigenschaften, die nur der Staat gewähren kann.«

H

Das ist ein Pamphlet von der Postgewerkschaft.

K

Nein, Hauser, das ist wörtlich zitiert aus »Meyers Konversationslexikon« von 1904. Damals war Gewerkschaftsmeinung noch lange nicht salonfähig, geschweige denn druckreif für ein so stockkonservatives Lexikon. Aber zugegeben: Der Text könnte, aus heutiger Sicht, auch von August Bebel stammen.

H

Typisch Kienzle: Wenn Ihnen in der Gegenwart die Argumente ausgehen, dann greifen Sie in irgendeine alte Schublade, holen eine Bebelgranate raus und verbebeln alles.

K

Es gibt Wahrheiten, die sind sogar Hauser-resistent.

H

Jetzt erzähl' ich Ihnen mal meine Wahrheit, Kienzle. Vor über 500 Jahren hat eine adlige Privatfirma namens Taxis, später Thurn und Taxis, die Post gegründet. Mehr als 400 Jahre lang hat dieses rein privatrechtlich organisierte Familienunternehmen hochprofitabel gewirtschaftet, und zwar europaweit. Erst seit ihrer Verstaatlichung wurde die Post ein Zuschußbetrieb – mit zuviel Personal und zuviel Leerlauf.

K

Die von Thurn und Taxis, lieber Hauser, das waren gelernte Raubritter, die haben Reisende überfallen und ausgeplündert. Irgendwann wurde ihnen das zu anstrengend, da sind sie auf die geniale Idee gekommen, ihr Gewerbe auf eine gesetzliche Grundlage zu stellen und statt Geld oder Leben einfach Porto zu verlangen.

H

Wo haben Sie nur diese Räuberpistole her, Kienzle, das hört sich ja an, wie von Kujau gefälscht!

K

Irrtum, Hauser, ich hab's aus erster Hand – nämlich von Seiner Durchlaucht, dem Fürsten Johannes von Thurn und Taxis persönlich. Das hat Glorias seliger Gatte nämlich Ende der achtziger Jahre herumposaunt, als die letzte Postreform von einem gewissen Christian Schwarz-Schilling als Jahrhundertwerk gefeiert wurde.

H

Und was wollen Sie uns damit sagen, Kienzle?

K

Ganz einfach, Hauser: Erstens ist das famose Privatunternehmen Thurn und Taxis inzwischen total heruntergewirtschaftet – zuviel Personal, zuwenig Effizienz. Zweitens sitzen die Raubritter heute nicht in Burgen, sondern in Glaspalästen. Und sie warten bloß darauf, daß die Post wieder in ihre Hände fällt.

H

Das sind doch Klassenkampfparolen, Kienzle! Die Postbank als wackelige Regierungsbank, wollen Sie das wirklich, Sie alter Stamokap-Nostalgiker? Der Staat als Monopolkapitalist mit eigenem EC-Automaten, und dahinter sitzt der Finanzminister persönlich und zählt mit – das ist doch kein Weg nach Europa, sondern direkt nach Nassau, Bahamas!

K

Von Monopol war nie die Rede, Hauser.

H

Aber davon, daß der Staat die Kapitalmehrheit an der Postbank AG behalten sollte. Doch das ist so unmöglich wie ein bißchen schwanger oder ein bißchen pleite, sorry, liebe Postgewerkschafter.

K

In einem haben Sie recht, Hauser: Wie soll der Staat auch die Kapitalmehrheit an einer Postbank AG behalten, wenn er überhaupt kein Kapital mehr hat? Dieser Finanzminister kann doch höchstens noch die Schuldenmehrheit behalten.

H

Ach, Kienzle, Rechnen war noch nie Ihre Stärke. Das verbindet Sie mit dem Oppositionsführer – brutto für netto!

K

Das Wort hatte der finanzpolitische Sprecher der Bundesregierung, Herr Nationalökonom Bodo H. Hauser, Krefeld!

H

Ich darf Sie übrigens trösten, Kienzle. In den Aufsichtsgremien der Postbank AG ist genügend Platz für staatliche Kontrolleure – ob mit oder ohne Banklehre.

K

Sie meinen doch nicht etwa die Postbank-Holding, Hauser! Das ist doch bloß wieder so ein warmes Oberstübchen für politische Pflegefälle.

H

Also, jetzt weiß ich überhaupt nicht mehr, was Sie wollen, Kienzle. Einerseits fordern Sie mehr staatliche Kontrolle der Postbank AG, aber bloß nicht durch die Politik; Sie sind für eine Modernisierung der Post, aber gegen Reform an Haupt und Gliedern; vermutlich plädieren Sie auch für deutlichen Personalabbau, aber natürlich ohne daß dabei irgendwelche Leute entlassen werden.

K

Und Sie, Hauser, Sie wollen doch bloß wieder neue Coupons schnippeln. Aber was ist, wenn Ihr Postschalter um die Ecke dichtmacht, weil er sich rein privatwirtschaftlich betrachtet nicht rentiert? Wo klappern Sie dann mit der Schere? Doch nicht etwa in der Krefelder Hauptpost, wo alle zugukken?

H

Woher wollen Sie wissen, Kienzle, ob ich überhaupt
Post-Aktien habe? Oder ein Konto bei der Postbank?

K

Aber Hauser, das sind Sie Ihrem Kanzler einfach schuldig! Ich
wette, Sie haben schon mit der Kurspflege begonnen.

H

Reine Spekulation, Kienzle. Aber es stimmt, ich habe
schon eine Aktie gekauft. Und der Kurs ist danach
gestiegen. Ällerbötsch!

K

Seid verschlungen, Emissionen.

H

Und dieses Plus der ganzen Welt!

K

Die Postreform in ihrem Lauf hält weder Ochs noch Esel auf ...

H

Nein, Kienzle: Wer zu spät kommt, den bestraft der
DAX.

Hauser

PRINZIPIEN

Linke Politik baut auf das Prinzip Hoffnung, konservative auf
das Prinzip des Handelns. Wer sich zu vielen Prinzipien ver-
schreibt, hat meistens gar keine. Die Linken neigen dazu,
jedes Problem zur Frage der Weltanschauung aufzubauschen.

Wo alles in ihren Theorieraster passen muß, wird jeder feuchte Kehricht zum Fall für den Chefideologen. Bis zum Sektierertum ist es dann nur noch ein kleiner Schritt. Konservative dagegen denken nicht in Problemen, sondern in Lösungen und handeln pragmatisch. Dafür werden sie von den Linken als gewissenlose Macher beschimpft. Aber wir halten es weiterhin mit Sir Karl Popper: »Pragmatismus ist Handeln zu sittlichen Zwecken.«

Kienzle

PRINZIPIEN

Ohne Grundüberzeugungen verkommt Pragmatismus zur Prinzipienlosigkeit. Während sich Linke immer bemühen, Gesetzmäßigkeiten des Zusammenlebens zu finden und zu formulieren, beschließen Rechte lieber Gesetze. Prinzipiell ist ihnen alles verdächtig, was staatliches Handeln in Frage stellt und damit durchsichtiger und überprüfbarer macht. Wo es ihnen gerade in den Kram paßt, leisten Konservative sich Prinzipien (siehe Abtreibung), in allen anderen Fällen zimmern sie sich ihr Weltbild nach dem Prinzip Opportunismus. Wer nachprüft, wieviel »geistig-moralische Wende« Helmut Kohl seit seiner Regierungsübernahme in die Tat umgesetzt hat, der weiß, was von christlich-demokratischer Prinzipientreue zu halten ist.

Hauser

PROGRAMME

Jede Partei braucht ein festes programmatisches Fundament, von dem aus sie ihre Politik definiert. Für die Konservativen gehört dazu das christliche Sittengesetz, das Bekenntnis zur sozialen Marktwirtschaft, zur Europäischen Union und zur Nato und die Bejahung des westlichen Wertesystems. Wer über klare Grundsätze verfügt und danach handelt, braucht kein Parteiprogramm, das sich wie ein ministerielles Verordnungsblatt liest. Programme können, wenn sie über lange Zeit Bestand haben sollen, nur Grundsatzpositionen definieren und nicht ausführliche Handlungsanleitungen für jedes Detail liefern. Wähler interessieren sich ohnehin nicht für politische Theorien, sondern – wie Helmut Kohl einmal formulierte – »für das, was hinten rauskommt«.

Kienzle

PROGRAMME

Was Konservative von programmatischen Grundsätzen halten, hat Franz Josef Strauß einmal deutlich gemacht: Man müsse Grundsätze so hoch hängen, daß man mühelos darunter durchgehen kann. Seine Politik sah dann auch entsprechend konzeptlos aus. Wenn politische Parteien nicht zu beliebigen Wahlvereinen verkümmern sollen, müssen sie die Ziele ihres politischen Handelns in Programmen niederlegen, die sie von anderen Parteien deutlich unterscheidbar machen und den eigenen Mitgliedern und Anhängern klare Orientierung bieten.

Die Tatsache, daß Parteiprogramme nicht auf den Bestseller-listen zu finden sind und auch in den eigenen Reihen nur oberflächlich gelesen werden, spricht nicht gegen ihre Not-wendigkeit. Wer sich für eine politische Partei interessiert oder engagiert, will wissen und mitbestimmen, wofür er eintritt. Auch wenn Parteiprogramme nicht in Marmor gehauen sind und sich die aktuelle Wirklichkeit nicht immer nach ihren Maximen rich-tet, so sind sie doch als Formulierung längerfristiger politischer Perspektiven ein notwendiges Übel.

ZEHN BEGLEITERSCHEINUNGEN
DES FERNSEHENS

Kienzle

FERNSEHWOCHE

Jeder Mensch hat seine hausbackene Seite. Dieses Blatt hat viele. Die »Fernsehwoche« weckt die Frau im Manne – mit Puddingrezepten wie bei Großmuttern (man nehme bloß nicht Doktor Oetker!). Ich bin sicher, Alfredissimo Biolek liest sie heimlich unter der Tischdecke.

SUPER TV

Erst glotzte zusammen, dann wuchs zusammen, was zusammengehört. Statt roter Propaganda abonnieren Ost-Gucker nun diesen Kessel Buntes, der sie verläßlich darüber informiert, in welcher Sendung man Waschmaschinen, Kühlschränke oder eine Reise nach Mallorca gewinnen kann. Blühende Presselandschaft!

Hauser

BILD UND FUNK

Neulich am Kiosk »Wild und Hund« verlangt, kriege statt dessen »Bild und Funk«. Seitdem weiß ich, daß Klatsch auch edel sein kann, hilfreich und gut. Die VIP-Reporter dort müssen einen Dauerschnupfen haben vom Schnüffeln im Zugwind der Schlafzimmertüren. Für uns Jäger drucken diese Bett-Hunter wenigstens ab und zu ein Bambi ab.

GONG

Einst der »Spiegel« der Programmpresse, heute nur noch die »Bäckerblume«. Mit Titelbildern für den »Bravo«-Fanclub und Modetips für die Trümmerfrau ist der »Gong« verzweifelt auf der Suche nach Lesern von gestern statt von morgen.

Kienzle

TV MOVIE

Sobald man das Heft auf-
schlägt, werden angenehme
Erinnerungen wach an knar-
zende Klappsitze, knisternde
Bonbontüten, die erste große
Liebe und aufgeregte 100
Minuten im Schummerlicht.
Leider wartet man vergebens
auf den Eisverkäufer, statt
dessen blinkt die Mikrowelle.

TV NEU

Diese Mööördermischung
aus packenden Schicksalen
(Mann beißt Hund), Lebenshilfe für die Hausfrau (Wenn
der Gasmann dreimal klin-
gelt) und Programmtips im
Schreinemakers-Stil (gottlob
ohne Stimme) ist noch billiger als ihr Preis.

TV TODAY

»Focus«-Markwort hat die
»Info-Elite« zwar erfunden,
aber offenbar mit dem falschen Blatt bedient. Die geistige Oberschicht saugt aus

Hauser

HÖRZU

Unkaputtbarer grauer Pan-
ther unter den »Program-
mies«. Verkörpert treudeut-
sche Tugenden: Disziplin
(erscheint seit Kriegsende
wöchentlich), Zähigkeit
(Auflagenschwund weckt
ungeahnte Kräfte) und im-
mer gute Laune. Gedrucktes
ZDF.

TV HÖREN UND SEHEN

Wer Tod und Verderben
Hören und Sehen will, findet die Apokalypse hier an-
genehm verpackt. Solange
man auf der letzten Seite
Sepp Arnemanns Mäuse su-
chen kann, ist die Welt noch
nicht untergegangen.

TV-SPIELFILM

It's cool, man! Workout für
die Augen. Wer täglich
dieses superhippe Movie-
Mag durchscannt, fühlt sich
nach zehn Minuten 30 Jahre
jünger. Für Kienzle das

Kienzle	Hauser
diesem Medienmagazin den Honigseim intelligenten Branchenklatsches. Und die Quote? »Willemsens Woche« hat mehr Zuschauer pro Fremdwort.	absolute Muß, hohoho. Ich muß zum Glück noch nicht.

QUORUM

H

Noch Fragen, Kienzle?

K

Ja, Hauser: Was ist eigentlich der Unterschied zwischen Frauen-*Quote* und Frauen-*Quorum*?

H

Quorum ist, laut Brockhaus, die Anzahl von Mitgliedern einer Körperschaft oder eines Kollegialorgans, die zur Beschlußfähigkeit …

K

Hören Sie auf, Hauser, mit diesem chauvinistischen Schweinkram! Mit-Glieder! Körper-Schaft! Kollegial-Organ! Alles inzwischen politisch unkorrekt. Denken Sie an unsere weiblichen Zuschauer!

H

An die denke ich unentwegt, Kienzle.

QUOTE

                                                    H
        Noch Fragen, Kienzle?

K
Ja, Hauser: Wie viele Menschen schauen uns pro Abend wohl
zu?
                                                    H
        Also, unsere durchschnittliche Einschaltquote liegt bei
        genau vier Millionen.

K
Einschaltquote gibt's nicht mehr, Hauser, das ist alles nur fauler
Zahlenzauber aus dem GfK-Computer.
                                                    H
        Aber die Zuschauer sind trotzdem da, Kienzle, auch
        wenn die GfK es nicht immer beweisen kann.

K
Wenn der Computer spinnt, müssen wir mit dem Schlimmsten
rechnen.
                                                    H
        Wer mit Zuschauern rechnet, der rechnet immer mit
        dem Schlimmsten.

K
Der schlimmste Zuschauer ist aber immer noch besser als gar
keiner.
                                                    H
        Schlimmstenfalls, Kienzle, bleiben wir beide ganz un-
        ter uns. Sie schau'n mir zu, ich schau' Ihnen zu – das
        ergibt unterm Strich für jeden von uns eine Sehbeteili-
        gung von 50 Prozent.

K

Nur der Marktanteil geht dabei leider gegen null.

H

Toll, Kienzle, und das haben Sie ganz ohne Computer
berechnet! Die Quotengräber von der GfK kassieren
dafür glatt 26 Millionen Mark im Jahr.

K

So was nennt man Fernbedienung.

Hauser

RADIKALISMUS

Deutscher Bedarf an radikaler Politik, ob von rechts oder
links, ist nach den Erfahrungen mit Nationalsozialismus und
Kommunismus mehr als gedeckt. Dem eindeutigen Wählervo-
tum gegen jede Form des politischen Radikalismus verdankt
die Bundesrepublik ihre demokratische Legitimation und soziale Stabilität. Die Konservativen haben ihre Lektion aus der
Geschichte gelernt und fühlen sich einer Politik der Mitte, des
Maßes und der Vernunft verpflichtet. Der Erfolg gibt ihnen
recht. Demgegenüber sind die Linken wegen ihrer inneren
Zerrissenheit bis heute unfähig, eine klare Grenze zum Radikalismus an ihren Rändern zu ziehen. Sie können oder wollen
nicht begreifen, wie fließend die Grenzen zwischen radikalen
Reden und gewaltsamem Handeln sind.

Kienzle

RADIKALISMUS

Die Konservativen neigen dazu, fast jedes Nachdenken über staatliche und gesellschaftliche Veränderungen mit dem Etikett »radikal« zu versehen. Dabei ist radikales Denken im Wortsinne – an die Wurzel gehen – für eine lebendige Demokratie unentbehrlich. Auch Jesus Christus war zu seiner Zeit ein »Radikaler« und bekäme unter heutigen Bedingungen wohl kaum eine Stelle im öffentlichen Dienst. Ohne den Mut zum geistigen Radikalismus, der ja nichts mit Gewaltanwendung zu tun hat, hätte es weder die neue Ost- und Deutschlandpolitik noch die ohnehin bescheidenen Fortschritte im Umweltschutz gegeben. Ein Blick auf ungelöste Probleme wie den Süd-Nord-Konflikt oder die Zuwanderung aus den Armutsländern zeigt, daß radikales Umdenken notwendig ist, wenn wir uns in Zukunft vor gewaltsamem politischen Radikalismus schützen wollen.

RÄTEFREIHEIT

H

      Noch Fragen, Kienzle?

K

Ja, Hauser: Warum brauchen wir Deutschen eigentlich das größte Parlament der Welt – 672 Abgeordnete?

H

Das ist der Preis der Rätefreiheit. Wir leisten uns
ja auch die größten Rundfunk- und Fernsehräte der
Welt.

K

Aber müssen es wirklich so viele sein – die Hälfte tät's doch
auch.

H

Muß *Frontal* unbedingt von zwei Leuten moderiert
werden? Die Hälfte tät's doch auch.

K

Sie sind durchaus entbehrlich, Hauser.

H

Und Sie, Kienzle, verdanken Ihren Sitz an meiner Seite
nur einem Überhangmandat.

K

Es wurde Zeit, daß Sie eine starke Opposition bekamen.

H

Es spricht der Alterspräsident der Räterepublik Lerchenberg.

K

Guter Rat ist teuer. Ich erkläre diese Sitzung für beendet.

Hauser

RAUCHEN
Mein Pfeifchen in Ehren

Mein werter ZDF-Kollege und Komoderator Kienzle, der, wie
wir alle wissen, mir immer nur das Beste wünscht, hat mir
dazu gratuliert, daß man mich endlich zur Pfeife des Jahres
gewählt habe. Statt einer Antwort bekam er von mir genüßlich
ein paar Schwaden meiner Hausmarke ins Gesicht geblasen.
Und dann habe ich mich beim »Tabakforum« artig für die
Auszeichnung »Pfeifenraucher des Jahres 1994« bedankt.
  Wenn ich an Norbert Blüms Satz denke, »Freier Rauch für
freie Bürger«, oder auch an einen meiner Vorgänger mit dieser
Auszeichnung, Helmut Kohl, dann kann ich mir kaum vorstellen, daß unter dem gegenwärtigen Kanzler es den Pfeifenrauchern an den Kragen geht. Und wenn ich des öfteren – rein
dienstlich – meine Nase in Kienzles Büro stecke, dann atme
ich zumindest in einer Hinsicht auf: Die mächtige Zigarren-
wolke nämlich, in der sich Kienzle gerne vor mir versteckt,
läßt nicht gerade befürchten, daß links von der Mitte jemals
irgendeine Art von Enthaltsamkeit regieren wird.
  Es war der 6. November 1492 auf der Insel San Salvador, die
zu den Bahamas gehört, und der Himmel war leicht bedeckt
bis trüb. Es war ein Dienstag, aber das ZDF gab es noch nicht,
also auch nicht das zeitkritische Magazin *Frontal*. Und deshalb hatte Kolumbus an diesem Tag Zeit genug für seine
wichtigste Entdeckung, die des Tabaks. Mochte er auch den
Fundort für Indien halten – bei der Entdeckung und Benen-
nung des aromatischsten aller Kräuter gebührt ihm das volle

Copyright: Kolumbus taufte es auf den wohlklingenden Namen Tobago.

Das war vor über 500 Jahren. Schon wenig später organisierte sich erster Widerstand gegen den Tabakgenuß. König
Jacob I. startet im Jahre 1603 die erste Antiraucherkampagne
und begründete damit eine lange Tradition, die über die
Jahrhunderte ungefähr soviel bewegt hat wie Gott mit seinem
dringenden Rat, vom Verzehr einer bestimmten Obstsorte
abzusehen. Die Vorbehalte der Obrigkeit dem Tabak gegenüber lösten sich seitdem zwar nie ganz in Rauch auf, doch
halten sie sich, alles in allem, bis heute einigermaßen in
Grenzen. Gesiegt hat auf jeden Fall heute einer: der Finanzminister. Allein 1994 nahm er über 20 Milliarden Mark an
Tabaksteuern ein. Theo Waigel hat also allen Grund, sich ins
Pfeifchen zu lachen.

Eine Tabak-Prohibition ist also keine Lösung, sie würde den
Staat hart treffen und empfindliche Löcher in die Haushaltskasse reißen. Nun mag ein besonders Schlauer sagen, lieber
ein Loch in der Haushaltskasse als eines in der Lunge. Und
dann steigt dieser Besserwisser in sein Auto, drückt aufs Gas
und läßt Raucher und Nichtraucher gleichermaßen an seinem
heilkräftigen Auspuffrohr schnuppern.

Nein, von allen bekannten Lastern scheint mir doch der
Knaster den Weltuntergang noch am wenigsten zu beschleuni-
gen. Zudem in einer Zeit, in der ein norddeutsches Gericht
vier Kilogramm Rauschgift als die notwendige Menge zum
persönlichen Gebrauch einstuft, fällt es mir äußerst schwer,
den teilweise militanten Aktionen gegen Raucher das angeblich notwendige Verständnis entgegenzubringen. Da halte ich
es doch eher mit Winston Churchill: »Ein leidenschaftlicher
Raucher, der immer wieder von der Bedeutung der Gefahr des

Rauchens für seine Gesundheit liest, hört in den meisten
Fällen auf – zu lesen.«

Und dann habe ich beim Durchblättern von Büchern über
das Pfeifenrauchen einen Spruch von Mark Twain gefunden,
für den ich mich natürlich schon im voraus politisch korrekt
entschuldige: »Zuerst schuf der liebe Gott den Mann, dann
schuf er die Frau. Darauf tat ihm der Mann leid, und er gab
ihm den Tabak.« – Ich bedaure es sehr, daß es so wenige
Frauen unter den Pfeifenrauchern gibt. Und diesmal kann
man den Männern wirklich keine frauenfeindlichen Aktivitä-
ten unterstellen. Im Gegenteil! Ich setze mich hier ausdrücklich für die Damenpfeife ein! Denn die Pfeife hebt sich über
alle geschlechtsspezifischen, kulturellen und weltanschau-
lichen Unterschiede hinweg und schafft, wenn schon nicht
dauerhaftes Verständnis füreinander, so doch zumindest zeitweise Toleranz. »Orale Selbstbefriedigung«, spotten die Ver-
haltenspsychologen. Ich aber sage frei nach Nietzsche: Wenn
du zum Weibe gehst, vergiß die Pfeife nicht!

Bei den Indianern wurde die Pfeife sogar bei privaten Auseinandersetzungen als Beschwichtigungsmittel verwendet.
Brannte ein Krieger mit der Frau eines anderen durch, ver-
langte die Etikette, daß er einen alten Mann als Boten mit
einer Pfeife zum gehörnten Ehemann schickte. Rauchte der
Gatte die Pfeife, so gab er damit zu erkennen, daß er darauf
verzichtete, sich an den Liebenden zu rächen.

Aber bevor ich mir jetzt auf dem gefährlichen Gebiet der
Rauchzeichen zwischen Mann und Frau den Mund verbrenne
oder gar eine Rauchvergiftung hole, will ich lieber schildern,
wie dauerhaft das Pfeifenrauchen meine heikle Büroehe mit
meinem Komoderator Kienzle beeinflußt. Und das liegt an der
besonderen Zündtechnik, die vom Erfinder der Pfeife auf

Zeitgewinn angelegt worden ist. Wenn mir zum Beispiel in
einem Wortgefecht mit Kienzle mal das zündende Argument
nicht gleich zur Hand ist, überlasse ich meinem linken Wider-
part einfach das Wort, für den Augenblick zumindest, und lege
eine taktische Feuerpause ein, indem ich mein Pfeifchen
stopfe, anstecke, nachstopfe – womit man allein schon den
Eindruck erweckt, Pfeifenraucher seien besonders tiefsinnige
Denker, geradezu glutvolle Philosophen, bewehrt mit einer
ewig glimmenden Handfeuerwaffe, aus der sie den Funken der
Erkenntnis schlagen. Und dann, wenn sich der erste Dunst-
schleier lichtet und Kienzle sich von der eingetretenen verbalen Flaute ein wenig verunsichert fühlt, dann blicke ich ihm
unverwandt ins Auge, nehme langsam die Pfeife aus dem
Mund und schleudere ihm meine Argumente entgegen, die ich
in der Zwischenzeit sortieren konnte.

Souveränität, Gelassenheit, Weltoffenheit – diese Eigenschaften werden gemeinhin Pfeifenrauchern zugeschrieben.
Nicht gerade Prädikate, die auf die Mehrheit der Moderatoren
unserer politischen Magazine zutreffen. So mancher Kollege
wirkt, zumindest auf dem Bildschirm, eher so verbissen, als
könnte er in einer dreiviertel Stunde einen Pfeifenstiel restlos
zermalmen. Vielleicht sollten diese Kollegen doch mal in
Ruhe ein Blatt vor den Mund nehmen – und zwar ein gutes
Tabakblatt.

Ich kann jedenfalls in aller Bescheidenheit versichern: Sendungen von Pfeifenrauchern erweitern das Bewußtsein und
haben eine besondere Duftnote. Vielleicht hat sich die Informationsoffensive der Privaten allein schon deshalb in heiße
Luft aufgelöst, weil man dort allenfalls hektische Zigaretten-
paffer antrifft, während man bei uns in der ersten Reihe noch
was von Genuß versteht. Schnuppern Sie doch mal rein. Zu

Risiken und Nebenwirkungen lesen Sie die Programmzeitschrift oder fragen Sie den einen oder anderen »Pfeifenraucher des Jahres«.

REHHAGEL

H

Noch Fragen, Kienzle?

K

Ja, Hauser: Warum ist der Rehhagel eigentlich nicht in Bremen geblieben?

H

Also, wenn *Sie* Ihr Gehalt verdoppeln könnten, Kienzle, würden Sie doch auch nach Bayern gehen.

K

Ich – nach Bayern? Lieber züchte ich Ananas in Alaska!

H

Viereinhalb Millionen in drei Jahren, Kienzle, dafür wechselt man schon mal von einem Soziverein ins Trainingslager der CSU.

K

Ich bezweifle, daß der Rehhagel es schafft, elf verwöhnte Jungmillionäre wieder von ihrer Torschußpanik zu befreien. Allein die Zahl der Ausfälle wegen Verletzung spricht doch Bände.

H

Notfalls reaktiviert er halt ein paar Alt-Bayern. Er war ja schon in Bremen sehr seniorenfreundlich.

K

Maier, Müller, Breitner – die kennt doch keiner mehr.

H

Unser Publikum schon, Kienzle.

K

Das wäre allerdings eine Chance, die Bundesliga zurück ins
ZDF zu holen: Rehhagel hat die alten Spieler – wir haben die
alten Zuschauer.

H

Na, denn: Müller vor, noch ein Tor!

K

Ja, wo laufen sie denn?

Hauser

RENTE

Notfalls weniger – aber sicher

Rentensicherheit gehört seit den fünfziger Jahren zum politischen Grundkonsens in Deutschland. Auch in Zukunft soll
sich daran nichts ändern. Rentengarantie darf aber nicht dazu
führen, daß die Bundesregierung vor der Bevölkerungsent-
wicklung die Augen schließt. Weitgehend übereinstimmenden
Prognosen zufolge wird sich bis zum Jahr 2040 der Anteil der
über Fünfundsechzigjährigen, gemessen am heutigen Stand,
nahezu verdoppeln und dann etwa ein Viertel der Bevölkerung betragen. Bereits im Jahr 2015 kommt die Rentenversicherung in die kritische Phase – mit einer massiven
Verschiebung zwischen Beitragszahlern und Rentnern. Das
bedeutet: Innerhalb der nächsten fünf Jahre muß ein neuer

Rentenkonsens gefunden werden. Sonst bleibt uns nichts anderes übrig, als entweder die Beitragssätze von jetzt 19,2 Prozent bis zum Jahre 2030 auf rund 27 Prozent anzuheben. Oder die Renten drastisch zu kürzen.

Es gibt Wege aus diesem Dilemma. Erstens: Die Eigenvorsorge – dritte Säule im Rentensystem neben der gesetzlichen Rente und der betrieblichen Altersversorgung – muß verbessert werden. Angesichts steigenden Wohlstandes in allen Bevölkerungsschichten ist die Stärkung des sogenannten Subsidiaritätsprinzips die beste Lösung. Zweitens: Die Beitragszeiten müssen länger werden. Längst fällige bildungspolitische Entscheidungen könnten einen früheren Eintritt ins Erwerbsleben ermöglichen. Durch schrittweise Verlängerung der Lebensarbeitszeit sollte die Pensionsgrenze wieder auf das 65. Lebensjahr angehoben werden. Drittens: Es ist zu prüfen, ob die Anpassung der Renten an die Erhöhung der Nettoeinkommen aufrechterhalten werden kann, oder ob die Bruttoeinkommen als Bemessungsgrundlage herangezogen werden sollen.

Das bedeutet: etwas weniger Rente, aber sicher. Nichts wäre unredlicher, als aus politischer Bequemlichkeit und Feigheit den Menschen die Wahrheit über die künftigen Probleme unseres Rentensystems zu verschweigen.

Kienzle

RENTE
Rechte Ängste vor dem Alter

Wenn der Generationenvertrag seine Gültigkeit behalten soll, müssen die Renten sicher bleiben, ohne die nachfolgende Generation durch Belastung mit immer höheren Rentenbeiträgen um die Früchte ihrer Arbeit zu bringen. Durch ständige Panikmache verunsichern die Konservativen in unverantwortlicher Weise Rentner und Beitragszahler. Statt letztere für das Versagen rechter Rentenpolitik zur Kasse zu bitten, sollten erst einmal bessere Rahmenbedingungen für das bestehende Rentensystem geschaffen werden.

Rentenversicherung und alle anderen Sozialversicherungssysteme müssen von versicherungsfremden Abgaben – wie etwa den Kosten für den Aufbau Ost – entlastet werden. In die Finanzierung sind auch Beamte und Freiberufler einzubeziehen. Daneben ist es höchste Zeit für Maßnahmen zur Erhöhung der Zahl der Beitragspflichtigen bzw. Beitragsfähigen: 1. Durch sinnvollere Wirtschafts- und Arbeitsmarktpolitik das vorhandene Erwerbspotential besser ausschöpfen. 2. Den Anteil erwerbstätiger Frauen durch gezielte Förderung erhöhen. 3. Frühinvalidität verringern. 4. Beschäftigungsmöglichkeiten auch für alte Menschen planen, die über die Pensionsgrenze hinaus weiterarbeiten wollen.

Das Prinzip der beitragsbezogenen Rente soll bleiben, allerdings ist auf längere Sicht alternativ auch eine bedarfsgerechte Grundrente denkbar. Ein Einwanderungsgesetz schließlich könnte manche negativen Auswirkungen der Überalterung auf unser Rentensystem erheblich mildern. Fachleute rechnen mit einem Bedarf von rund 300 000 Arbeitskräften in den ersten Jahrzehnten des nächsten Jahrtausends. Unbequeme Wahrheiten, denen konservative Politiker konsequent aus dem Weg gehen aus Angst vor ihrer größten Wählergruppe – den Alten.

Hauser

ROLLERSKATER

Sie kommen daher, als hätten sie das Rad neu erfunden. Sie halten sich nicht an Verkehrsregeln, sie machen Straßen, Radwege und Bürgersteige unsicher, sie überrollen jeden, der nicht rechtzeitig zur Seite springt. Sie deklarieren eine Freizeitmode zur Weltanschauung und fordern freie Bahn für freie Bürger. Rollerskating – das ist Schlittschuhlaufen auf Asphalt – mag hip und trendy sein und München mal wieder Hauptstadt der (Fort-)Bewegung, aber hoffentlich dauert das nicht mehr allzu lange. Müssen erst Kinder unter Busse schlittern, ausweichende Autofahrer ineinanderkrachen und zu Tode erschrockene Omas auf der Intensivstation landen, bis diese Rollkommandos kapieren, daß deutsche Städte mit ihren schmalen Straßen und Bürgersteigen keine idealen Rennbahnen für Rollerskater sind? Amerika, du hast es besser. Wem deutsche Verhältnisse partout zu eng sind, dem sei empfohlen: Na, dann rollt doch nach drüben!

Kienzle

ROLLERSKATER

Was dem Chinesen sein Drahtesel, sind dem mobilen Groß-
stadtbewohner neuerdings seine Rollerskates. Aber wo Menschen in Bewegung kommen, greifen Stehengebliebene erst
mal zum Stoppschild. Wie lange hat es gedauert, bis Radfah-
ren als ökonomische und ökologische Alternative zu jeder Art
von Motorisierung anerkannt und auf unseren Straßen angemessen berücksichtigt wurde? Inline-Skating ist eben nicht nur
Fun for kids, sondern erweist sich auch für immer mehr Erwach-
sene als bequemste Art des städtischen Personennahverkehrs.
Doch deutsche Bürokratie behandelt rollendes Schuhwerk immer noch als Spielzeug und verbannt Bladerunner, obwohl
kaum langsamer als Radfahrer, groteskerweise auf den über-
füllten Bürgersteig. In Amerika ist dagegen grundsätzlich alles,
was Räder hat, ein Vehikel und hat sich als solches vernünftig in
den Straßenverkehr einzufügen. Rollerskater gehören auch bei
uns auf Fahrbahnen, wo sie im Zweifelsfalle eher sich als andere gefährden. Zumindest aber auf den Radweg.

Hauser

SACHZWANG

Verantwortliche aus Politik und Wirtschaft geraten immer wieder in Situationen, die ihnen unpopuläre Entscheidungen abverlangen.

Beispielsweise war es unbestritten notwendig, zur Finanzierung des »Aufbaus Ost« die Steuern zu erhöhen, damit die Staatsverschuldung nicht ins Unermeßliche stieg.

Auch grundsätzliche Kernenergiegegner wie der niedersächsische Ministerpräsident Gerhard Schröder geben öffentlich zu, daß ein Ausstieg aus dieser Form der Stromversorgung frühestens in 30 bis 50 Jahren möglich ist.

Man konnte der Zulassung des Privatfernsehens in Deutschland noch so ablehnend gegenüberstehen, angesichts der Alternative – deutschsprachige Programme, die unkontrollierbar aus dem Ausland per Satellit verbreitet werden – war die Entscheidung für das »duale System« vernünftig und zukunftsorientiert.

Kein Unternehmer entläßt ohne triftigen Grund Mitarbeiter oder macht aus blanker Willkür seinen Laden dicht. Aber die Aussicht, langfristig nur rote Zahlen zu produzieren, erfordert alle Anstrengung, zu retten, was zu retten ist.

Wer Sachzwänge ignoriert und sich weigert, das Notwendige und Unvermeidliche zu tun, handelt unverantwortlich und hat auf der Entscheidungsebene nichts zu suchen.

Kienzle

SACHZWANG

Außer zum Tod gibt es zu allem eine Alternative. Angebliche Sachzwänge müssen immer dann herhalten, wenn aus Denkfaulheit und Bequemlichkeit auf die Suche nach besseren Lösungen verzichtet wurde. Wer Pragmatismus zum obersten Prinzip erklärt – Motto: »Uns bleibt nichts anderes übrig« –, wird für jede Entscheidung irgendeinen »Sachzwang« finden.

Wären nicht durch die überstürzte Einführung der »Westmark« in den neuen Bundesländern völlig falsche Erwartungen geweckt worden, hätte sich der Aufbau Ost behutsamer und kostengünstiger (auch für die Steuerzahler) bewerkstelligen lassen.

In der Energiepolitik ist der »Sachzwang« zur Nutzung der Atomkraft nichts als Ausrede für die mangelnde Bereitschaft, alternative Energieformen ebenso intensiv zu fördern wie die Kernenergie.

In Zeiten wirtschaftlicher Rezession haben phantasiebegabte Unternehmensführer in Zusammenarbeit mit den Belegschaften Wege gefunden, Massenentlassungen und Werksschließungen zu vermeiden. Beispiele: die Viertagewoche bei VW oder die Sanierung der Lufthansa.

Wer sich seine Entscheidungen von »Sachzwängen« diktieren läßt, ist für Führungsaufgaben ungeeignet.

SAT 1

K
Was gibt's Neues, Hauser?

H
Im deutschen Showbusineß geht's rund, Kienzle. Es
kogelt wieder. NIMMERSAT 1 ist auf Shopping-Tour.
Gesucht wird ein Anchorman und Chefredakteur.
Günther Jauch hat ja abgesagt, trotz Honorarangebot
in Millionenhöhe. Jetzt soll Ulrich Meyer den Job
machen – fürwahr ein ausgewiesener Nachrichtenmann!

K
NIMMERSAT 2: Ebenfalls im Gespräch ist ein gewisser
Dieter Lesche. Ein von RTL aus-gewiesener Nachrichten-
mann.

H
NIMMERSAT 3: Ebenfalls im Gespräch ist Friedrich
Küppersbusch, die Rache des Ruhrgebiets an der deut-
schen Sprache. Ein immer noch nicht eingewiesener
Nachrichtenmann.

K
NIMMERSAT 4: Mehr als im Gespräch ist Margarethe Schrei-
nemakers, allerdings nicht mit SAT 1, sondern mit RTL und
PRO 7. Es geht eine Träne auf Reisen.

H
NIMMERSAT 5: Ebenfalls im Gespräch ist Gerd Ber-
ger, ehemals Chef von »ZAK«, ehemals Chef von
»Stern-TV«, ehemals Chef von Schreinemakers und
jetzt vorübergehend bei PRO 7.

K

NIMMERSAT 6: Als einziger nicht mehr im Gespräch, sondern nur noch als Zuhörer geduldet ist der amtierende Informationsdirektor von SAT 1, Heinz-Klaus Mertes. Na, wenigstens darf er sich noch an der Suche nach seinem Nachfolger beteiligen: Abgemeyert.

H

Das ist ja wie beim Fußball: SAT eingekauft, SAT bezahlt, SAT gesehen, SAT abgefunden. Der Nächste, bitte!

K

Und am Ende landen sie alle auf dem Friedhof der Kogeltiere.

SCHNEIDER–WOLF–KINKEL

K

Miami: Jürgen Schneider hat gesprochen. Jetzt sitzt er.

H

Karlsruhe hat gesprochen. Markus Wolf bleibt auf freiem Fuß.

K

Der Wähler hat gesprochen. Klaus Kinkel ist gegangen.

H

Schneider ist natürlich nicht schuldig an der Pleite seiner Firma.

K

Kinkel ist natürlich nicht schuldig an der Pleite *seiner* Firma.

H

Wolf ist natürlich völlig unschuldig an der Pleite *seiner* Firma.

K

Darum Freispruch für Schneider: Er ist ein Opfer der Deutschen
Bank.

> H
>
> Darum Freispruch für Wolf: Er ist ein Opfer der deut-
> schen Einheit.

K

Darum Freispruch für Kinkel: Er ist ein Opfer von Genscher
und Lambsdorff.

> H
>
> Markus Wolf – ein Wolf im Schafspelz.

K

Jürgen Schneider – ein Schaf im Wolfspelz.

> H
>
> Klaus Kinkel – ein Schaf im Schafspelz.

Kienzle

WELTGEIST MIT KUTTELN
Der Schwabe an und für sich

Kennst du das Land, wo jeder lacht,
Wo man aus Weizen Spätzle macht,
Wo jeder zweite Fritzle heißt,
Wo man noch über Balken scheißt,
Wo jede Bank ein Bänkle ist,
Und jeder Zug ein Zügle,
Wo man den Zwiebelkuchen frißt,

Und Moscht sauft aus dem Krügle,
Wo »daube Sau«, »leck mich am Arsch«
In keinem Satz darf fehlen,
Wo sich die Menschen Tag und Nacht
Mit ihrer Arbeit quälen,
Wo jeder auf sein Häusle spart,
Hat er auch nichts zu kauen,
Und wenn er vierzig, fünfzig ist,
Dann fängt er an zu bauen.
Doch wenn er endlich fertig ist,
Schnappt ihm das Arschloch zu.
O Schwabenland, gelobtes Land
Wie wunderbar bist du!

Der Schwabe ist fleißig, evangelisch und scheinheilig, oder er
ist gar nicht. Katholische Schwaben sind keine ganz richtigen
Schwaben, allenfalls Schwaben zweiter Klasse. Ein Schwabe
bleibt evangelisch, auch wenn er aus der Kirche ausgetreten ist.
Im übrigen heißt Schwabe sein eine Sache nie um ihrer selbst
willen tun. Wie kleinkariert Schwaben sein können, zeigt das
Schicksal des umtriebigen Lothar Späth, der des Landes verwiesen wurde, nur weil er diesen Grundsatz beherzigte und ein
kleines bißchen korrupt war. Aber der kann sich trösten: Schon
Schiller wußte, warum er das Schwabenländle floh. Die Folgen
für die Zurückgebliebenen sind unübersehbar. Jetzt regiert der
Teufel persönlich das Ländle, sehr zum Ärger des schwäbischen Pietcong; denn Teufel ist katholisch. Noch schlimmer: ein
früherer Oberstudiendirektor. Überhaupt: das Schwabentum.
Das Land der Dichter und Denker steckt in einer schweren
Identitätskrise.

> Der Schiller und der Hegel,
> Der Uhland und der Hauff,
> Das ist bei uns die Regel,
> Das fällt bei uns nicht auf.

Das gehörte einmal zum Selbstverständnis der schwäbischen
Elite. Lang, lang ist's her. Statt Schiller und Hegel ist heute
Gotthilf Fischer, der Sängerking, zum selbsternannten Aushän-
geschild alles Schwäbischen geworden. Ein arger Abstieg: von
Georg Friedrich Hegel, dem Geburtshelfer des Weltgeistes, zu
Gotthilf Fischer, dem Stimmbändiger gemischter Chöre.

Apropos Weltgeist. Der ist bekanntlich eine Begriffsschöp-
fung des Philosophen Hegel, der, in typisch schwäbischer
Bescheidenheit, erst mit seiner Philosophie dem Weltgeist
zum Selbstbewußtsein verholfen hat. Ohne schwäbische
Nachhilfe wäre der ganz schön aufgeschmissen gewesen,
nur »an sich«, aber nicht »an und für sich«. Hegel, der
Denker, hatte in Napoleon noch »den Weltgeist zu Pferde«
gesehen.

Gotthilf Fischer – in ihm kann man, wenn man nachdenkt,
allenfalls des Sängers Fluch zu Fuß erkennen. Der »Geist weht
eben, wo er will«, wie ebenfalls Hegel formulierte – aber immer
weniger im Schwäbischen.

Auch wirtschaftlich ist es mit dem Musterländle ein bißchen
bergab gegangen. Vorbei die Zeiten, als die Enkel von Benz
und Bosch noch von den Erfindungen ihrer Großväter leben
konnten. Erfunden wird nicht mehr viel. Vielleicht ist es für Lothar
Späth ein Glück gewesen, daß er die Talfahrt nicht mehr mitver-
antworten mußte. Lothar, das Cleverle, war zwar im »Münd-
lichen« – ganz unschwäbisch übrigens – zum Meister aller
Klassen avanciert. Aber vor lauter Segeltörns und anderen Lust-

reisen hat er versäumt, Baden-Württemberg fit fürs Informationszeitalter zu machen.

Die Späthfolgen sind noch nicht überwunden, Bayern und Hessen wirtschaftlich an Baden-Württemberg vorbeigezogen. Das kratzt arg am schwäbischen Selbstbewußtsein. Und das war noch nie sehr stark. Der schwäbische Minderwertigkeitskomplex – über Jahrhunderte gepflegt – hat sogar eine ganze Bewußtseinsindustrie hervorgebracht. Bücher über Bücher, die das Ego der Schwaben aufmöbeln halfen. »Deutschland, deine Schwaben« – der Bestseller von Thaddäus Troll – ist zeitweise sogar zum schwäbischen Katechismus geworden, vor allem von Schwaben gelesen. Der Troll hat ihnen viel Kritisches ins Stammbuch geschrieben, aber heimlich eben doch bestätigt, daß sie die Allergrößten sind.

Das strenge Regiment mit Kirchenzucht und Kehrwoche ist dem neuerworbenen Wohlstand zum Opfer gefallen. Auch im Schwäbischen gibt es längst Vergnügungen, die noch vor wenigen Jahren des Teufels waren: Gartenlokale zum Beispiel, früher mit hohen Steuern belegt, um dem Müßiggang vorzubeugen. Der schwäbischen Pionierleistung, zum Zeichen kommunalen Wohlstandes Zebrastreifen in Marmor legen zu lassen, hat die letzte Rezession ein schmerzliches Ende bereitet: Auch in Sindelfingen, der Heimat der S-Klasse (= Schwaben-Klasse?), werden solche Verkehrszeichen längst wieder mit ordinärer Farbe auf den Asphalt gepinselt.

Die Schwaben sind in den letzten Jahrzehnten ein ziemlich normaler deutscher Volksstamm geworden – und deshalb verdienen sie Nachsicht. Ein Stamm, der saure Kutteln und Gedichte wie »Frühling läßt sein blaues Band ...« hervorbrachte, hat schließlich seine historische Mission erfüllt.

SHELL

H

Auch wenn es sonst nicht meine Art ist, Kienzle, ich
zitiere ein Flugblatt aus der Mensa der Universität Kiel:
»Rettet die Shell-Tankstellen! – Erst wenn die letzte
Shell-Tankstelle geschlossen ist und die letzte Plattform im Meer versinkt, werdet Ihr merken, daß Greenpeace nachts kein Bier verkauft.«

K

Auch wenn es sonst nicht *meine* Art ist, Hauser, ich zitiere den
noch amtierenden Wirtschaftsminister Rexrodt, F.D.P., zum
Thema Shell-Boykott: »Ich möchte sagen, daß wir uns der
Auffassung nicht nur anschließen, sondern daß wir diese Auffassung auch aktiv nach außen transportieren«, Zitatende. Verständlich, der Mann steht ja selbst auf einer ausgepumpten
Plattform, der die Versenkung droht.

H

Es wird immer einfacher, etwas für die Umwelt zu tun:
Jetzt reicht es schon, statt Shell Aral zu tanken.

K

Wenn sogar CSU-Generalsekretär Protzner künftig mit leerem
Benzinkanister meilenweit an Shell-Tankstellen vorbeigeht,
dann dauert es bestimmt nicht mehr lange, und der Papst wird
evangelisch.

H

Bei soviel Umwelt-Opportunismus bleibt Shell nichts
anderes mehr übrig, als Greenpeace die Bohrinsel zu
schenken.

K

Oder sie bitten Christo, die Plattform zu verhüllen.

H

Greenpeace könnte eine Urlaubsinsel für bewährte Aktivisten daraus machen. Die sitzen dann abends ums brennende Ölfaß herum und singen »We Shell Overcome«.

K

Mit Christo würde es aber garantiert ein kommerzieller Erfolg, so daß die arme Shell-AG es sich danach locker leisten könnte, die »Brent Spar« an Land abzuwracken.

H

Der Reichstag als Generalprobe für die Nordsee: Alles Unangenehme wird verhüllt und zur Kunst erklärt – und dann ist die Vergangenheit vergeben und vergessen.

Hauser

SICHERHEITSPOLITIK

Auch nach dem Ende des Kalten Krieges bleibt die militärische Option, Bündnisse wie die Nato inklusive, unverzichtbar für jede wirksame Sicherheitspolitik. Gesinnungspazifismus, der von einer Welt ohne Waffen und Soldaten träumt, erhöht nicht die Sicherheit, sondern gefährdet sie. Die historische Erfahrung lehrt: Wer nicht über eigene Streitkräfte verfügt, hat bald fremde im Land. Das Instrument der Abschreckung, auch und gerade der atomaren, hat Europa eine in seiner Geschichte noch nie dagewesene Friedensperiode beschert.

So wünschenswert alle Abrüstungsschritte sind, sie dürfen nie
ein Stadium erreichen, das andere glauben läßt, militärische
Aktionen gegen uns oder unsere Sicherheitspartner wären
ohne Risiko.

Kienzle

SICHERHEITSPOLITIK

Nach dem Ende des Ost-West-Konflikts sollte endlich damit
begonnen werden, Sicherheitspolitik nicht länger nur nach
militärischen Kategorien zu betreiben. Weltweite Aufrüstung
hat enorme Ressourcen verschlungen, die an anderer Stelle für
langfristige Friedenssicherung fehlten. Das Beispiel Bosnien
führt auf blutige Weise die Folgen verfehlter Rüstungspolitik vor
Augen: UN-Blauhelme werden von Waffen getötet, die Staaten wie die USA, Rußland, Frankreich, England, aber auch
Deutschland direkt oder über Umwege dorthin geliefert haben.
Effiziente Sicherheitspolitik richtet sich gegen die Ursachen von
Gewalt. Zur Sicherheitspolitik gehört auch Entwicklungshilfe,
die in ganz anderen Dimensionen als bisher beim wirtschaftlichen Aufbau mitwirkt. Sicherheitspolitik muß Armut bekämpfen, Fluchtursachen beseitigen und Menschenrechte durchsetzen.

Hauser

SOLIDARITÄT

Der Ruf nach Solidarität gehört zu den Lieblingsformeln der Linken, solange sie nicht selbst aufgefordert sind, solidarisch zu handeln. Wo blieb die Solidarität mit Bosnien, als es um den Einsatz deutscher Soldaten und Tornados ging? Wo ist die Solidarität mit den neuen Bundesländern geblieben, seit es den Solidaritätszuschlag gibt? Wo bleibt die Solidarität mit den Arbeitslosen, wenn Gewerkschaften durch überhöhte Lohnforderungen Unternehmen daran hindern, neue Arbeitsplätze zu schaffen? Statt Solidarität gilt die Devise: Wenn jeder an sich denkt, ist an alle gedacht.

Kienzle

SOLIDARITÄT

Unsoziale Politik der Rechten hat zur Entsolidarisierung der Gesellschaft geführt. Kinderreiche Familien, alte Menschen, Arbeitslose, Sozialhilfeempfänger und ausländische Mitbürger werden immer weiter an den Rand gedrängt, die Umverteilung von unten nach oben geht ungehindert weiter, Egoismus und Ellbogenmentalität machen sich breit. Solidarität kennen die Rechten nur mit den wirtschaftlich Starken oder wenn die Bitte um solidarischen Schulterschluß in Uniform vorgetragen wird.

Hauser

SOZIALISMUS

Weil man sich angesichts des roten Desasters heute selbst in linken Kreisen geniert, als Kommunist aufzutreten, firmieren die Jünger der marxistischen Irrlehre inzwischen als Anhänger des »demokratischen Sozialismus«. Aber auch ohne totalitäre Elemente mausert sich der Sozialismus keineswegs zur akzeptablen Systemalternative. Wo Sozialisten regieren, haben sie mit ihrem unerschütterlichen Glauben an die Allzuständigkeit des Staates Wirtschaft und Finanzen der Länder ruiniert. In ihrem Umverteilungswahn bleibt es ihnen unbegreiflich, daß alles, was verteilt werden soll, zunächst einmal erarbeitet werden muß. Statt dessen beharren Sozialisten auf ihrem geradezu feindseligen Verhältnis zur Leistung und zur Leistungsgesellschaft. Materiellen Erfolg dulden sie nur als Geldquelle für möglichst hohe Abgaben. Nichts läßt das Herz des Sozialisten höher schlagen als das Glücksgefühl des Neides. Wer mehr hat als andere, der kann es ja nur auf Kosten anderer erworben haben. Kein Wunder, daß Sozialisten, die es zufällig zu etwas gebracht haben, Wert darauf legen, nicht Sozialisten genannt zu werden, sondern Sozialdemokraten.

Kienzle

SOZIALISMUS

Der frühere Miesbacher Landrat und heutige Staatssekretär im Bundeslandwirtschaftsministerium, Wolfgang Gröbl, CSU, hat Ende der siebziger Jahre das schlichte Weltbild der Rechten auf den Nenner gebracht: »Sozis hoaßens, Kommunisten sans.« Wer demokratischen Sozialismus und totalitären Kommunismus in einen Topf wirft, hat von der Geschichte der Sozialdemokratie und der Arbeiterbewegung keine Ahnung. Der Traum von Gleichheit und sozialer Gerechtigkeit wird nicht dadurch entkräftet, daß er sich noch nirgends erfüllt hat. Die meisten demokratischen Sozialisten empfinden sich heute als Sozialdemokraten. Gerade die Älteren unter ihnen, die am eigenen Leib oder aus Erzählungen ihrer Väter und Großväter Anfeindung und Verfolgung durch die großbürgerliche Gesellschaft und später durch die Nazis erfahren haben, möchten schon aus historischen Gründen auf die Bezeichnung Sozialist nicht verzichten. Es waren Sozialisten und Sozialdemokraten, die den Kapitalismus zähmen halfen und die sozialen Komponenten der Marktwirtschaft erzwangen. In einem Zeitungsinterview erinnerte Papst Johannes Paul II. an das Wort von Papst Leo XIII., der Ende des letzten Jahrhunderts im Zusammenhang mit der Enzyklika über die Arbeiterfrage von »Samenkörnern der Wahrheit« in den sozialistischen Programmen sprach. – Auf den Papst sollten die Rechten doch wenigstens hören.

»SPIEGEL«

H

Noch Fragen, Kienzle?

K

Ja, Hauser: Was haben eigentlich Jesus Christus, Friedrich der Große und Karl May gemeinsam?

H

Augstein.

K

Genau. Drei Tote, die nie zur Ruhe kommen, weil Rudolf Augstein sie in regelmäßigen Abständen exhumiert, obduziert und aus den Überresten eine »Spiegel«-Titelgeschichte produziert. Aber warum bloß?

H

Ganz einfach, Kienzle: Das sind Besinnungsaufsätze für die eigene Redaktion. Augstein schildert darin, wie er sich den idealen »Spiegel«-Chefredakteur vorstellt. Der muß nämlich folgende Eigenschaften besitzen: Sendungsbewußtsein wie Jesus, klein und herrisch wie der Alte Fritz – und immer so nah an der Wahrheit wie Karl May.

K

Ich denke, den Chefredakteur hat er inzwischen gefunden.

Hauser

SPRÜCHE
Sieben schwarze Weisheiten

1.
Klugheit
Wenn der Klügere immer nachgibt, haben wir bald die Diktatur der Dummen.

2.
Memoiren
Wortreiche Begründungen von Prominenten, warum sie nicht als Autoren berühmt geworden sind.

3.
Abgeordnete
Menschen, die das Glück haben, daß sich ihr Geldgeber nur alle vier Jahre um sie kümmert.

4.
Kommissionen
… leben von Problemen. Warum sollten sie durch Lösungen ihre Existenz gefährden?

5.
Prioritäten …
… legen die Reihenfolge fest, in der wichtige Aufgaben vernachlässigt werden.

6.
Vorbilder
Berühmte Menschen haben selten Vorbilder, denn sie kennen zu viele von denen näher, die anderen als Vorbild dienen.

7.
Europa
Die Zehn Gebote haben 279 Wörter, die amerikanische Unabhängigkeitserklärung hat 300 Wörter. Die EU-Verordnung zur Einfuhr von Karamelbonbons hat 25 911 Wörter.

Kienzle

SPRÜCHE

Sieben »Oscars« für deutsche Politiker
The winners are:

1.
Beste männliche Nebenrolle
Rudolf Scharping für »Mrs. Bonnfire – das stachelige Mädchen«

2.
Beste männliche Hauptrolle
Helmut Kohl für »Kohl Runnings – die fast wahre Story meines Superwahlsieges«

3.
Teuerster Film der Welt
Theo Waigel für »Schuldners Liste«

4.
Lifetime-Ossi
Manfred Stolpe für »Die Akte«

5.
Beste Polit-Komödie
Brigitte Seebacher-Brandt für »Free Willy«

6.
Bestes Rotlicht-Design
Oskar Lafontaine für »Eine verhängnisvolle Affäre«

7.
Bester Liebesfilm
Heinz Eggert für »Männer sind was Wunderbares«

Hauser

STAATS-TV
Vox, wo bist du?

Sie haben über 100 einstmals blühende Tageszeitungen ka-
puttgemacht. Sie haben die dazugehörenden Druckereien
durch den Schornstein ins Nichts entlassen. Sie vertreiben
Flugblätter, die so aussehen, als stammten sie von einem
schwachsichtigen Analphabeten. Sie halten sich noch nicht
einmal eine anständige Parteizeitung. Aber – die deutschen
Sozialdemokraten wollten beim Privatfernsehen mitmischen.

Es muß sie gewurmt haben, zu sehen, wie ihre politischen
Gegner die Medien zu nutzen verstehen. Wie sie sich auf
mancherlei Weise ins Bild zu setzen wissen. Deshalb gluckten
Nordrhein-Westfalens »Sozis« mit einer Reihe von Reichen,
Rednern und Regisseuren zusammen. Mit der rosafarbenen
Lupe suchten sie sich eine fußkranke TV-Truppe zusammen,
deren Ortsvereinsniveau und politische Einfarbigkeit den
tiefroten WDR geradezu als Hort des Pluralismus erscheinen
ließ. Und dann ging's los. Zwei Jahre lang. Zwei lange Jahre.
Zwei Jahre kreißte ein Berg »aus Kompetenz«. Danach gebar
er eine Maus. Eine Maus, die brüllte: »Wir machen ein Voll-
programm. Ein volles Informationsprogramm. Ein Vollinfor-
mationsprogramm. Für Kluge. Nicht nur für Schlaue. Wir
machen VOX – ›die Stimme‹ der schweigenden Minderheit!«
Das war wohl nix. So schlau, den Sender für Kluge einzuschal-
ten, so schlau waren die Deutschen denn doch (noch?) nicht.
Und so senden mittlerweile weltweit bekannte und berüch-
tigte Seicht-TV-Unternehmer mit einer Lizenz für das Gute
und das Schöne gammligen Schrott über die Welle, die eigentlich Intelligenten Freude machen sollte. Wie sagte gleich der
Esel in einem Gedicht von Matthias Claudius: »Ah, die Natur
schuf mich im Grimme! Sie gab mir nichts als eine schöne
Stimme.« Vox, wo bist du?

Kienzle

STAATS-TV
Die Sendung zum Kanzler

Kohl und das Fernsehen – sie schienen nicht füreinander bestimmt. Mit dem Koloß von Oggersheim war auf der Mattscheibe lange kein Staat zu machen. Meist präsentierte er sich
unbeholfen, unsicher und ungnädig auf der Mattscheibe – mehr
Abkanzler als Kanzler. Er gewann zwar Wahlen, aber nie die
Gunst der Wähler. Zu den populären Politikern hat der schwarze Riese in den Meinungsumfragen nie gehört, und das mit dem
Fernsehen wurde erst mit der Wiedervereinigung ein wenig
besser, als Kohl doch noch den Mantel der Geschichte er-
wischte. Mit »Bitte melde dich« von SAT 1 kam dann der Durch-
bruch. Kohl erhörte den Ruf des Privatkanals und meldete sich in
»Zur Sache, Kanzler« zu Wort. Was Adenauer nie geschafft
hatte, das eigene Staatsfernsehen, Kohl wurde es geschenkt –
und zwar von einem stiftköpfigen Chefredakteurs-Bückling, der
das Teppichrollen beim Bayerischen Rundfunk erlernt hatte.

Ein neuer Kohl trat da im Fernsehen auf: selbstbewußt und
selbstgefällig, aber selten »zur Sache«. Der Kanzler ließ sich
durch Fragen kaum in seinem Wortfluß stören. Wie weggefegt
jene schmerzlichen Erinnerungen an die siebziger Jahre, als
Kohlsche TV-Auftritte für ihn sebst, aber auch für die Zuschauer
zur grausamen Mattscheibenfolter mißrieten. Jetzt gab es Kohl
pur, von byzantinischem Glanz umflort, der Kanzler bei der
Selbstinszenierung des eigenen Denkmals. In der SAT-1-Sen-
dung haben sich schließlich Serenissimus und Sendeform aufs
innigste vereint – zur Hofberichterstattung.

Begonnen hatte die Kohl-Show in politisch wohlwollender
Atmosphäre. Respektvoll assistierten drei Jungjournalisten dem
Präsidialkanzler auf der Suche nach richtigen Antworten. Sein
Dauergrinsen, es war das zufriedene Lächeln des Igels, der sich
dem Hasen immer ein Stück voraus wußte. Das Fragertrio ent-
lockte ihm denn auch so fundamentale Wahrheiten wie: »Ich
wollte immer Bundeskanzler werden, ich bin es, und ich muß
damit leben!« Von 80 Millionen Deutschen wollten ganze zwei
Millionen den SAT-1-Kanzler sehen. Nicht gerade ein Quoten-
hit. Und so ähnlich ging es dann weiter. Mal saßen mittelstän-
dische Unternehmer im Studio, um Kohl mit der Gnadenlosig-
keit von barmherzigen Samaritern ins Verhör zu nehmen. Mal
war es ein handverlesener Arbeiter, der mit sanfter Polemik am
Kanzlerbonus schabte, um schnell mit einem verbalen Blatt-
schuß erledigt zu werden. Der Nächste, bitte!

»Zur Sache, Kanzler«, das war eine Sendung so ganz nach
Kohls Geschmack: ohne berufsmäßige Miesmacher von den
»Öffentlich-Rechtlichen«, ohne lästiges Nachfragen, eine Fort-
setzung des Wahlkampfes mit den gleichen Mitteln. Propa-
ganda statt Aufklärung. Kohl als journalistisch-politisches
Gesamtkunstwerk. Der Kanzler hielt Reichstag. Nach seinem
knappen Wahlsieg verschwand erst die Sendung, dann der
Chefredakteur vom Bildschirm. Beide hatten ihren Zweck erfüllt.
»Machtkartell«, schimpften die Sozis und hatten wieder mal
das Nachsehen.

Hauser

STASI

Was die Gestapo im Dritten Reich, das war die Stasi im SED-Regime. Was ist nicht Kluges geschrieben worden, daß wir versäumt hätten, die Nazizeit aufzuarbeiten und die Täter ihrer gerechten Strafe zuzuführen. Nun bestand nach der Wiedervereinigung erneut die Möglichkeit, ein deutsches Unrechtssystem, die DDR und ihre Täter, zu bewältigen. Doch wie sieht das heute, fünf Jahre nach der Einheit, aus? Der oberste Spionagechef, Markus Wolf, hat alle Chancen, glimpflich davonzukommen. Führende Stasi-Leute befinden sich fast ausnahmslos auf freiem Fuß – dank gnädiger Urteile höchster deutscher Gerichte. Verurteilt wurden die Täter an der Grenze, die Mauerschützen. Zu Recht. Aber wieder sind es eben die Kleinen, die zur Verantwortung gezogen werden, und die Großen läßt man laufen. Weil heute nicht Unrecht sein kann, was damals Rechtens war? Und was ist mit denen, die mit der Stasi paktiert haben und die längst wieder in der Politik ganz vorne mitmischen? Was ist das für eine Vergangenheitsbewältigung, wenn bei der Bürgerrechtlerin Bärbel Bohley der Gerichtsvollzieher vor der Tür steht, aber Gregor Gysi, der ihn geschickt hat, frohgemut im Deutschen Bundestag sitzt? Ist es gerecht, daß Opfer des totalitären DDR-Systems um Entschädigung kämpfen müssen, während der »inoffizielle Mitarbeiter« Manfred Stolpe Ministerpräsident von Brandenburg ist? Erst in ein paar Jahren werden Historiker ihr abschließendes Urteil fällen können, ob und wie die Aufarbeitung der SED-Gewaltherrschaft gelungen ist. Optimistisch stimmt die bisherige Entwicklung nicht. Die Stasi hat gesiegt.

Kienzle

STASI

Wer mit den Tätern des NS-Regimes in den ersten Jahrzehnten
der Nachkriegszeit so schonend umgegangen ist wie die Konservativen, der sollte sich hüten, die damals versäumte Abrech-
nung mit einem menschenverachtenden und menschenvernich-
tenden Unrechtsregime jetzt durch Übereifer bei der Verfolgung
ehemaliger Stasi-Mitarbeiter kompensieren zu wollen. Wer die
Zwänge einer Diktatur kennt, weiß, daß gerade Menschen, die
anderen Menschen helfen wollten, auf Zusammenarbeit mit
der Staatssicherheit gar nicht verzichten konnten. Das haben
die Untersuchungen im Fall Stolpe klar ergeben. Daß ausgerechnet diejenigen, die noch kurz vor dem Zusammenbruch der
DDR Erich Honecker mit allen Ehren eines Staatsgastes empfangen haben, heute seinen DDR-Spionagechef Markus Wolf
hinter Gittern sehen wollen, ist geradezu lachhaft. Notabene:
Wer anderen Menschen nachweislich durch seine Mitarbeit
bei der Stasi geschadet hat, ist in herausgehobenen Funktionen
untragbar. Gegenüber allen anderen sollte alsbald ein Schluß-
strich gezogen werden.

»STERN«

H

Noch Fragen, Kienzle?

K

Ja, Hauser: Warum braucht der »Stern« eigentlich schon wieder einen neuen Chefredakteur?

H

Wegen der Meinungsvielfalt, Kienzle. Alle paar Jahre ändert der »Stern«-Verleger Schulte-Hillen eben seine Meinung.

K

Und dann muß der »Stern« in weiten Teilen neu geschrieben werden?

H

Nein, der »Stern« nicht, aber der Vertrag des Chefredakteurs.

K

Armer Rolf Schmidt-Holtz! Wäre er doch lieber beim Fernsehen geblieben.

H

Arm? Kienzle, der Mann kam als armer ARD-Schlukker und geht als Millionär.

K

Und der Neue kommt vom »Spiegel«, also als Millionär, und muß beim »Stern« viel schlucken.

Hauser

STEUERN

Niemand zahlt gerne Steuern. Aber fast jeder sieht ein, daß der
Staat die Einnahmen braucht, um seine Aufgaben finanzieren
zu können. Deshalb gehört Steuerehrlichkeit zu den Grund-
regeln öffentlicher Moral. Der Staat trägt aber selbst zur Steu-
erunehrlichkeit bei, wenn er seine Bürger immer brutaler
schröpft. Die Grenze der Belastbarkeit ist bei uns nicht nur erreicht, sondern längst überschritten. Bis zum 21. Juli, so die Be-
rechnungen des Bundes der Steuerzahler, arbeiten die Deutschen ausschließlich fürs Finanzamt. So was schafft Staatsver-
drossenheit. Vor allem in den mittleren Einkommensschichten
wirkt sich unser Steuersystem in gefährlichem Maße leistungs-
hemmend aus. Warum sich noch anstrengen, mehr zu leisten,
wenn der Fiskus fast den ganzen Mehrwert wegfrißt? Ausgerechnet eine konservative Regierung hat, um den Aufbau Ost zu
finanzieren, die Steuern in ungeahnte Höhen geschraubt. Nicht
auszudenken, unter welcher Abgabenlast wir bei einem roten
Finanzminister ächzen würden. Die linke Neidgrenze stigmatisiert ja schon Facharbeiter und Sekretärinnen zu Besserverdienenden, die es – brutto für netto – abzukassieren gilt.
    Nur ein einfaches Steuersystem ist ein gutes und für den Staat
einträglich. Also runter mit den Spitzensteuersätzen, Reduzierung der Unternehmenssteuern, Schaffung von Leistungsanrei-
zen! Weg mit dem unglaublichen Wust an Sonderregelungen
und der absurden Abschreibungsakrobatik! Das schafft Luft und
Lust für Investitionen, belebt die Wirtschaft und schaufelt mehr
Geld in die Staatskasse statt auf die Konten von Steuerberatern.

Kienzle

STEUERN

Auch Schwarze können nicht mit Geld umgehen. Dieselbe
Regierung, die immer wieder vor den Grenzen der steuerlichen
Belastbarkeit warnt, hat diese längst überschritten und denkt
schon wieder über neue Abgaben nach. Die immer weiter
klaffende Schere zwischen den Einnahmen aus der Lohnsteuer
und der Einkommenssteuer zeigt, daß die unteren Einkommens-
gruppen überproportional abgezockt werden. Otto Normal-
verdiener, dem der Arbeitgeber die Lohnsteuer direkt vom Gehalt einbehält, liest mit wachsender Verbitterung, wie andere
mit Hilfe von Steuerberatern zweistellige Milliardenbeträge am
Finanzamt vorbeischieben. Schwarzarbeit wurde zur Steuer-
hinterziehung der kleinen Leute. Mit noch größeren Verlusten
für die Staatskasse. Die Folge: noch höhere Steuern.
     Reiche, die für sich selbst sorgen, können sich einen finanz-
schwachen Staat leisten. Die Gerechtigkeit gebietet, daß Besserverdienende auch einen höheren Teil der Lasten tragen.
Doch die Finanzämter sind hoffnungslos überfordert, immer
gerissenere Steuerjongleure spielen mit den Prüfern Katz und
Maus. Am raffiniertesten treiben es manche Großunternehmen:
Haben sich nach monatelanger Betriebsprüfung die wackeren
Inspektoren vom Finanzamt endlich durch alle Verstecke ge-
wühlt, werden sie – kurz vor Erstellung des Bescheids – abge-
worben, um künftig für die Gegenseite zu arbeiten. Bis ihre
Nachfolger sich eingearbeitet haben, vergehen wieder Mo-
nate.
     Sinnvoll wäre es, der Staat würde durch Aufstockung des

Personals in den Finanzverwaltungen die ihm zustehenden Steuern auch tatsächlich eintreiben. Viele Milliarden flössen auf diese Weise zusätzlich in die Kasse.

Kienzle

ICH WAR DABEI

Die Erfindung der Talk-Show aus dem Geiste der ARD

Edle Vielfalt hat die ARD in den vergangenen Jahrzehnten immer wieder hervorgebracht, aber gelegentlich auch stille Einfalt. Die Geschichte, bei der es um die Neuerfindung der Talk-Show im deutschen Fernsehen geht, gehört zur letzteren Kategorie.

Es ist ein Freitagabend im Januar 1972. Vorsichtigerweise hat man das Experiment auf nachtschlafende Zeit verlegt: nach 23 Uhr in Südwest 3. Das »Antimagazin« geht gerade zu Ende. Ein außer Kontrolle geratener William S. Schlamm springt an den Moderatoren hoch, vor allem aber an Ulrich Kienzle, der sich eingangs als sein »größter Fan« zu erkennen gegeben hatte, dann aber nachschob: »Weil Sie so herrlichen Unsinn verzapfen.« Schlamm, der kurzgeratene konservative Talkgast und rechte Kommentator in der Runde, brüllt: »Dies war die erste und letzte Sendung!« Und der Amerikaner mit Wiener Abstammung sollte recht behalten. Er kannte nämlich CDU-Generalsekretär Bruno Heck, und der wiederum war mit dem Intendanten des Südfunks verwandt. Und der Intendant war entsetzt. So etwas hatte es bis dahin im Fernsehen nicht gegeben. Wütende Attacken der befragten Studiogäste gegen die Moderatoren, von denen es gleich vier gab. Jeder gegen jeden. Ein verbales Chaos.

Kontroversen im Studio, von den Zuschauern angeheizt, die, wie im Eishockeystadion, von der Bande aus in die Gespräche eingreifen konnten. Außenamtsstaatssekretär Karl Mörsch beschimpft Wolfgang Menge, weil der sein Buch, das er vorstellen soll, gar nicht gelesen hat. Menge: »Ich habe lesen lassen!« Und Lotti Ohnesorge, Moderatorin der »Münchner Abendschau«, zu einem »schwäbischen Sittenwächter«: »Glauben Sie denn, Ihre Töchter onanieren nicht?« Sex, Fußball, Politik und Walter Jens mit einer Live-Kritik der Sendung. Ein mediales Pulverfaß. Ganz nebenbei war Wolfgang Menge als Verbraucherpapst gescheitert. Er hatte sich so sehr in die Schneeketten verwickelt, die er vergleichen wollte, daß der Zuschauer nur Bahnhof verstand. Menge in Ketten – eine öffentlich-rechtliche Laokoongruppe! Alles bis dato unvorstellbar im Deutschen Fernsehen. Unkontrolliert waren Meinungen aufeinandergeprallt, live und ohne redaktionelle Einflußmöglichkeiten – ein Schock. Das »Antimagazin« war einfach zuviel für den sanften Südfunk und seinen CDU-Intendanten Hans Bausch. Die Nullnummer gab's denn auch nur einmal. Das Todesurteil, es war schon gesprochen, als die Moderatoren das Schlachtfeld im Studio verließen.

Ein Glück für die ARD. Dieter Ertel, von dem die Idee zu der Sendung stammte, nahm das »Antimagazin« mit zu Radio Bremen, wo er später Programmdirektor wurde. Der Wiederbelebungsversuch gelang in Bremen auf Anhieb. Und so erblickte, dank kollegialer Feigheit, die Talk-Show »III nach 9« auf der Nordschiene das Licht der Welt.

Eine Erfindung aus dem Geiste der ARD.

TALKGÄSTE ZUM EINSCHALTEN
Wer jede Woche mitreden sollte

Kienzle

1.
Elke Heidenreich

Eine Frau. Eine gescheite Frau. Eine gescheite Frau, die nicht auf den Mund gefallen ist. Und mit einer Gabe, die man im Heuchelfernsehen kaum noch findet: Ehrlichkeit. Schade, daß EH den Bildschirm den Damen mit dem falschen Lächeln und den künstlichen Tränen überlassen hat.

2.
Hilmar Kopper

Mr. Peanuts zahlt öffentlich nur mit kleiner Münze. Aber dem Boß der Deutschen Bank entschlüpft bei seinen Auftritten mehr über die Machtverhältnisse in der Bundesrepublik, als ein ganzes Studio voller Börsenpäpste und Wirtschaftsgurus ausplaudern könnte.

Hauser

1.
Arnulf Baring

Weil ihm bei aller geschliffenen Polemik immer bewußt ist, daß eine Debatte gewisser Regeln bedarf, wenn der Austausch der Meinungen gewährleistet sein soll, und er auch im größten Gebrüll auf ihre Einhaltung achtet.

2.
Michael Wolffsohn

Weil er sich als deutscher Jude in einem von unterschiedlichen Leuten aus unterschiedlichen Gründen gelegten Minenfeld bravourös bewegt und sich seinen beträchtlichen Schneid von niemandem abkaufen läßt.

Kienzle

3.

Jürgen Möllemann

Wunschvorstellung: Von der F.D.P. bleibt am Ende nur noch JM übrig. Jede Woche landet er mit dem Fallschirm pünktchengenau auf einem anderen Talksofa, erzählt den neuesten Genscher-Kinkel-Gerhardt-Witz und verschwindet wieder. Pünktchen.

4.

Claudia Schiffer

Frage an David Copperfield: Können Sie nur Verschwinde-Tricks oder auch verdoppeln? Eine Claudia Schiffer ist zuwenig für das deutsche Fernsehen. Jeder Sender sollte eine haben! Als Quotenfrau und lebenden Blondinenwitz.

5.

Helmut Thoma

Seit SAT 1-Chef Fred Kogel mit gleicher Münze Stars einkaufen geht, wie es der RTL-Goldesel lange genug vor-

Hauser

3.

Marcel Reich-Ranicki

Weil sein Gespür für die Gaghaltigkeit einer Situation aus jeder Talk-Show einen Erfolg macht und er trotzdem mannhaft der Versuchung widersteht, seine sehr dezidierten Meinungen an seine Späße zu verraten.

4.

Johannes Gross

Weil er erheblich mehr gelesen hat als alle seine Gegner zusammengenommen, was ihn zu einem gefürchteten Argumentekiller macht. Wer nicht mehr weiterweiß, beschimpft ihn daher gern als einen »Rechten«.

5.

Norbert Blüm

Weil diese Schmuckfeder im Arbeitnehmerflügel der Union nicht in der politiküblichen Glaubwürdigkeitslücke haust und er in sei-

Kienzle

gemacht hat, ist dem Thoma, einst Trumpf aller Talk-Shows, der souveräne Schmäh abhanden gekommen. Jetzt giftet er nur noch nervös gegen die näher rückende Konkurrenz. Balsam für gekränkte öffentlich-rechtliche Seelen. Mehr davon!

6.
Stefan Effenberg
Der ideale Talkgast. Mitteilungsfreudig. Impulsiv. Auch der nonverbalen Kommunikation mächtig (Stinkefinger). Ein Mann, der mit Händen und Füßen spricht – der Kopf bleibt für Bälle reserviert.

7.
Bommi Baumann
Distanzierung vom Terrorismus ist als Talkthema zwar abgehakt. Aber wenn jemand so witzig und wortreich mit seiner eigenen Vergangenheit abrechnet wie der ehemalige RAF-Bom-

Hauser

nem Tun den Werkzeugmacher bei Opel, der er einmal war, nicht vergessen hat.

6.
Joschka Fischer
Weil er manchmal viel, nie aber ein Wort zuviel redet und immer wieder etwas Neues auf der Pfanne hat. Er ist scharf, aber nicht (mehr) verletzend und hat manchen seiner Generation mit dem Gemeinwesen versöhnt.

7.
Peter Glotz
Weil diesem von der Partei mangels Stallgeruchs immer wieder mal kleingemachten Parade-Intellektuellen die Freude am Argumentieren aus allen Knopflöchern schießt und er daher der Motor eines jeden Gespräches ist.

Kienzle

benbastler, dann wird das
Selbstreinigungsritual zum
gern gesehenen Evergreen.
Bestes Infotainment.

TALKGÄSTE ZUM AUSSCHALTEN
Wer endlich den Mund halten sollte

Kienzle

1.
Hanna-Renate Laurien
Weil die Berliner Politgouver-
nante ständig versucht, An-
schluß an das 19. Jahrhundert zu finden. Als Christo
den Reichstag wieder ent-
hüllte, stellte sich heraus: Er
hatte nicht das Gebäude,
sondern Hanna-Renate Lau-
rien verpackt.

2.
Prof. Rupert Scholz
Weil der Ex-Verteidigungs-
minister sich in Talk-Shows

Hauser

1.
Uta Ranke-Heinemann
Weil sie nach ihrem Über-
tritt zum Katholizismus gemerkt hat, daß sie nicht
katholisch ist, und seitdem
mit dieser – ihrer einzigen –
Erkenntnis zum Schrecken
ihrer Umwelt ohne Gnade
hausieren geht.

2.
Heidi Schüller
Weil sie auf ihre alten Tage
die Alten entdeckt hat und
durch eine hemmungslose

Kienzle

immer als Wissenschaftler
und Verfassungsrechtler
tarnt, aber stets Parteipropa-
ganda treibt. Wie man in
die CDU hineinruft, so scholz
zurück.

3.
Bärbel Bohley
Weil die selbsternannte Pas-
sionara der Bürgerrechts-
bewegung immer noch nicht
verwunden hat, daß die Geschichte dumm gelaufen ist.
Sie bleibt denn auch auf
ewig beleidigt und blickt zurück im Zorn.

4.
Norbert Blüm
Weil Nobbi nur einen Trick
drauf hat, nämlich einen linken Flügel der CDU vorzu-
täuschen. Daß er sich nicht
langsam zu schade ist, im
Auftrag seines Kanzlers immer wieder den Pausen-
clown der Zukurzgekomme-
nen zu spielen?

Hauser

Attacke auf diese einen
Haufen Geld verdienen
möchte, um sich damit in
den ansonsten ziemlich un-
verdienten Ruhestand zu
verziehen.

3.
Horst Eberhard Richter
Weil dieser hilflose Helfer
ständig seine vermutlich beträchtlichen privaten Psy-
choprobleme politisiert, um
sie auf diese Weise – zur
Erbauung seiner ähnlich
strukturierten Fangemeinde
– anderen anzuhängen.

4.
Eugen Drewermann
Weil dieser wohl von seinen
Ängsten gejagte Märchen-
onkel in schrecklichen Pull-
overn mit saccharinsüßem,
psalmodierendem Dauerge-
rede über die »Liebe«
Haßorgien gegen ihm Miß-
liebige entfesselt.

Kienzle

5.
Berti Vogts
Weil er der Weltmeister im
Erfinden von Ausreden ist.
Statt im Fernsehen weiter mit-
leidheischend die Schwalbe
der Nation zu machen, sollte
Bundesträne Berti endlich
auf Reisen gehen – in die
Tiefe des Raumes!

6.
Hans Apel
Glaubt man dem Rechtsau-
ßen-Sozi, dann geht es in
der SPD zu wie bei Kain und
Apel. Sein Talk-Show-Refrain:
Die Partei, die Partei, die hat
nimmer recht. Weil sie partout nicht auf ihn hören will,
verschafft er sich via Talkerei
Gehör. Was er zu sagen
hat, taugt aber höchstens
noch für einen Veteranen-
abend unter dem Titel »Hans
und Helmut – Schmidteinan-
der!«

Hauser

5.
Heiner Geißler
Weil der Extrem-Absteiger
und verunglückte Drachen-
flieger mit untrüglicher
Nase für Themen, die mit
Sicherheit nicht tragen, seit
Jahren gut davon lebt, sich
auf Kosten seiner Partei me-
dial zu profilieren.

6.
Herta Däubler-Gmelin
Weil diese Frau, der einer
ihrer drei Namen schon gereicht hätte, sich für emi-
nent durchsetzungsfähig
hält, wenn es um die Wurst
geht, leider aber nur Hektik
– und das auch noch auf
schwäbisch – verbreitet.

7.
Antje Vollmer
Weil jeder, der als Betrachter des Politgeschäfts nicht
völlig gefühllos ist, bei dieser Stimme ständig mitzit-

Kienzle

Hauser

7.
Bischof Dyba
Seinen Titel hat er aus dem
schwarzen Erdteil importiert.
Titularbischof Dyba, außen
weiß, innen kohlraben-
schwarz, wird vom Fernsehen
geholt, um Vorurteilen gegen
Abtreibung, Schwule und
Ausländer die höheren Wei-
hen zu geben. Keiner spielt
Mittelalter so gut und so
gern wie er. Oh, Herr, laß
Fernsehabend werden –
aber bitte ohne Dyba!

tert, da er nie weiß, ob noch
etwas herauskommt, und
manchmal leider hoffen
muß, es käme nichts mehr.

Hauser

TECHNOLOGIEFEINDLICHKEIT

Die letzte technische Neuerung, der Sozialdemokraten uneingeschränkt zugestimmt hätten, sei die Einführung des Farb-
fernsehers gewesen, sagt SPD-Ministerpräsident Gerhard
Schröder. Und Hans-Ulrich Klose, SPD, zeigte sich darüber
erleichtert, daß die Eisenbahn schon erfunden ist, sonst würde
die SPD sicherlich auch dagegen mehrheitlich zu Felde ziehen.

Aversion gegen technischen Fortschritt hat in Deutschland
eine lange Tradition. Schon die Erfindung des Buchdrucks
erschien manchen bedrohlich, denn nun sollten plötzlich alle
lesen dürfen, was bisher nur wenigen Eingeweihten vorbe-
halten war. In den fünfziger und sechziger Jahren war es die
Linke, die sich an Technophilie von niemandem überbieten
lassen wollte. Sozialdemokraten und Gewerkschaften wußten
schließlich, welche Arbeitserleichterung sie dem technischen
Fortschritt verdankten. Doch dann kamen die Achtundsechziger und die Grünen: eine im Wohlstand aufgewachsene, satu-
rierte Generation, die glaubt, sich von der Zukunft verabschie-
den zu können.

Ein Land, dessen einziger Rohstoff der menschliche Geist
ist, kann sich Technologiefeindlichkeit und Technikverweige-
rung nicht leisten, will es nicht seine Existenz als moderner
Industriestaat aufgeben. Allmählich werden die körnersatten
Postmaterialisten denn auch von einer Generation abgelöst,
die mit dem Computer so selbstverständlich umgeht wie ihre
Großeltern mit dem Legobaukasten. Damit wächst die Wahr-

scheinlichkeit, daß auch der linke »Technologieskeptizis-
mus« bald auf dem Trümmerhaufen »progressiver« Verirrun-
gen landet.

Kienzle

TECHNOLOGIEFEINDLICHKEIT

Das Etikett »Technologiefeindlichkeit« wird von blindgläubigen
Technokraten all denen angeklebt, die es wagen, kritisch Vor-
und Nachteile abzuwägen. Gerade die Konservativen, die sich
sonst soviel auf ihr Wertebewußtsein zugute halten, müßten
dem grassierenden Machbarkeitswahn mit Skepsis gegenüberstehen. Statt dessen lassen sie sich von der Industrie immer
weiterreichende Zugeständnisse abluchsen. Fortschritt, Arbeitsplätze, ausländische Konkurrenz – solche Argumente zählen mehr als die Frage, ob alles Machbare denn auch wünschenswert und verantwortbar sei. Schließlich hinterlassen wir
jede Technologie auch mit allen negativen Auswirkungen den
nachfolgenden Generationen. Deshalb muß Forschung, Entwicklung und Anwendung neuer Technologien, siehe Gen- und
Biotechnik, immer auch die Folgen abschätzen. Diese Aufgabe
aber darf man nicht der Industrie überlassen, die technische
Errungenschaften nur nach ihrer Gewinnspanne beurteilt.

BITTE KOMMEN SIE ZURÜCK!
Abschrift eines Anrufes der amerikanischen
Telefongesellschaft AT&T am Samstag, dem 10. Juni '95
(10:30 bis 10:34 Uhr), bei einem Privatkunden

Hallo, hier spricht Tracy von AT&T!
Sie sind vor wenigen Tagen von uns zu einer anderen Fernge-
sprächsgesellschaft gewechselt. Geschah dies aus einem besonderen Grund? Waren Sie vielleicht mit den Leistungen von
AT&T nicht zufrieden? Ach, die Konkurrenz hat Ihnen einen
günstigeren Tarif geboten. Wir möchten trotzdem gerne, daß
Sie zu AT&T zurückkehren. Wir würden Sie mit Sonderkondi-
tionen empfangen. Ich biete Ihnen an: Erstens: AT&T über-
nimmt ab sofort Ihre Telefongrundgebühr. Zweitens: AT&T
gibt Ihnen auf Ihren bisherigen AT&T-Telefontarif 15 Prozent
Rabatt. Drittens: AT&T reduziert für sechs Monate Ihre Fern-
gesprächsrechnung um 50 Prozent. Viertens: AT&T schickt
Ihnen umgehend einen bestätigten Scheck über 50 Dollar. Bitte
kommen Sie zurück! Kein Papierkram. Sagen Sie jetzt einfach ja.
Oder rufen Sie uns an. Natürlich kostenlos.

Hauser & Kienzle

RAUBRITTER ONLINE
Die Telekom verspricht: Telefonieren wird billiger.
Die Telekom lügt.

»Bleiben Sie bei uns. Wir senken die Gebühren.« Der vielver-
sprechende Slogan aller Monopolunternehmen kurz vor dem
Ende. Sie betteln um Gnade vor dem König, den sie viele Jahre
lang beleidigt, verarscht und mißachtet haben. König Kunde:
Bei den Telefongesellschaften dieser Welt hat er was zu sagen.
Nur in Deutschland nicht. Dennoch wird die Deutsche Telekom gegen Ende 1995 die Werbetrommel rühren, von Ge-
bührensenkungen sprechen. Und wieder einmal nur Lügen verbreiten.

Gebührensenkung made in Germany, das sieht etwa so aus:
Eine Minute Ferngespräch zwischen München und Nürnberg
wird von 66,7 auf 64 Pfennig – also um ganze vier Prozent –
billiger. Von New York nach Nürnberg kann man außerhalb der
Tagesstoßzeiten für 70 Pfennig pro Minute telefonieren. Was
uns die Werbeagenturen verschweigen: Ortsgespräche werden
bis zu 150 Prozent teurer! Statt 23 Pfennig wird ein zwölfminü-
tiges Ortsgespräch abends um halb sieben künftig 57,6 Pfennig
kosten, das Anderthalbfache des bisherigen Preises. Die Tarif-
einteilungen in fünf Zeitzonen mit klingenden Namen wie
»Freizeit«-, »Spitzenlast«- und »Abend«-Tarif sind Verschleie-
rungstaktik.

Den Grund verschweigt die Telekom: Technischer Fortschritt
hat den Weg durch die Telefonleitung, zum Beispiel per Fax,
schneller und damit billiger gemacht. Online-Dienste (Compu-

Serve-, Internet-Anbieter etc.) stellen weltweite Computerver-
bindungen frecherweise zum jeweiligen Ortstarif her. Das ließ
die Steinzeitfirma Telekom nicht ruhen. Motto: Wer zeitge-
mäße Kommunikationsmittel benutzt, der muß es ja dicke in
der Tasche haben – heißa, laßt ihn uns melken! Also rauf mit
den Ortstarif. Ein Computer am Telefon-Ortsnetz kostet bald
pro Stunde mehr als das Doppelte des bisherigen Preises. Wer
online arbeitet, und das sind inzwischen zigtausend Menschen,
der weiß, welche Kostenlawine da auf ihn zurollt. Zur gleichen
Zeit überlegen amerikanische Telefongesellschaften, ob man
nicht den Internet-Zugang in die Grundausstattung des Tele-
fonanschlusses integrieren sollte. Ganz zu schweigen davon,
daß in den USA beliebig viele Ortsgespräche meist in der
monatlichen Grundgebühr inbegriffen sind. Wo dies nicht der
Fall ist, wie in New York, gibt es für den Local Call zumindest
keine zeitliche Begrenzung – für viele professionelle Online-
Nutzer die Existenzgrundlage.

In einem von mehreren Panikanfällen senkte die Telekom
am 1. August 1995 die Gebühren dort, wo ihr Monopol
inzwischen gebrochen ist, nämlich bei Telefonaten nach Amerika. Immer mehr Firmen und Privatleute wählen inzwischen
unbequemere, aber erheblich billigere »Callback-Dienste«.
Aber auch nach dieser Reduktion – von 1 Mark 97 pro
Minute auf 1 Mark 44 – verlangt die Telekom noch immer
fast doppelt soviel wie ihre Callback-Konkurrenz (75 bis 85
Pfennig für 60 Sekunden). Big Deal!

Der Rest des neuen Tarifschemas ist eine Frechheit: Doppel-
anschlüsse werden abgeschafft. Folge: Preiserhöhung für die
zweite Leitung um über 100 Prozent. Wer getrennte Anschlüsse
für Fax, Modem und Telefon braucht, wird von der Telekom
brutal abkassiert. Harte Zeiten für das junge, zukunftsträchtige

Netzwerk der Neuen Medien, bestehend aus vielen kleinen Software-Entwicklern, Universitäten, Künstlern und Journalisten, die auf der Datenautobahn den amerikanischen Vorsprung einzuholen versuchen. Den hat, nebenbei, die Telekom wegen ihres dilettantischen Umgangs mit der Online-Technologie (BTX etc.) mit zu verantworten.

Jetzt, wo das Ende der Alleinherrschaft absehbar ist, herrscht also Torschlußpanik beim Info-Monopolisten. Die Telekom holt sich vom Gebührenzahler den letzten Blutstropfen, solange sie noch die Exklusivrechte an der elektronischen Schlagader besitzt. Deswegen wird das weltumspannende Internet über Deutschland große Löcher haben. Durch die gucken wir dann in die multimediale Zukunft und danken der Telekom und ihrem neuen Boß Ron Sommer für ihre weitsichtige Tarifpolitik!

Hauser

TROIKA

In seiner berühmten Rede vor dem Landesausschuß der Jungen Union in der Münchner Wienerwald-Zentrale hat Franz Josef Strauß sich über Helmut Kohls Führungsqualitäten so ausgelassen: Da geht jemand mit drei Hunden spazieren. Der eine hebt das Bein an einem Baum, der zweite jagt einem Wurstzipfel nach, der dritte legt sich in den Straßengraben. Und wenn man dann fragt: Was ist denn da los? lautet die Antwort: Das ist eben mein Führungsstil.

Helmut Kohl hat seinen bayerischen Kritiker bald gründlich Lügen gestraft. Aber auf die in der Führungs-Troika vereinigte SPD-Spitze Scharping, Lafontaine und Schröder paßt dieses Bild wie die Faust aufs Auge. Da sie, jeder für sich, in ihren Bundesländern erfolgreich die Ministerpräsidentensessel erklimmen konnten, meinten sie, gemeinsam würden sie ihrer Partei auch das Kanzleramt zurückerobern. Natürlich hatten alle drei den Kanzlersessel im Auge – jeder für sich.

Was schon im Wahlkampf immer brüchiger wurde, fiel danach völlig auseinander. Je nach Thema ziehen Schröder und Lafontaine mal nach rechts, mal nach links. Rudolf Scharping wurde dabei so schwindlig, daß er seinen eigentlichen politischen Gegner kaum noch wahrnahm. Hätte der SPD-Chef vor der Berufung Schröders in den Duden geblickt, so hätte ihm auffallen müssen, daß der Troika unmittelbar das Wort »trojanisch« folgt. War es am Ende Helmut Kohl, der Schröder als trojanisches Niedersachsenpferd in Scharpings Dreigestirn geschmuggelt hat?

Kienzle

TROIKA

Es ist wie beim Skat. Man kann auch mit einem Buben gegen drei gewinnen, wenn diese nicht in einer Hand, sondern auseinanderliegen und sich gegenseitig herunterstechen. Das gleiche passiert, wenn man sich von PR-Strategen ein Modell und einen Begriff aufschwatzen läßt, dessen Inhalt nicht mit der Verpackung übereinstimmt. Scharping hat sich vom Personen-kult Kohls anstecken lassen in der irrigen Annahme, die Addi-tion von Köpfen könne das fehlende inhaltliche Profil ersetzen. Viele Hunde sind des Hasen Tod, mag er sich gedacht haben. Aber wenn sich die Hunde gegenseitig jagen, bleibt der Hase Sieger.

Hauser

UMWELT

Die Erde ist die einzige, die wir haben – eine Leihgabe von denen, die nach uns kommen. Wie Grund und Boden sich nicht vermehren lassen, ist eine ruinierte Umwelt auch nicht mehr reparierbar. Alle wollen zurück zur Natur, bloß keiner zu Fuß. Der Mensch steht aber nicht außerhalb der Natur, sondern ist Teil von ihr. Wer, wie die Grünen, im Menschen selbst schon einen Störfall für die Umwelt sieht, der hat von der Ganzheit der Schöpfung nichts kapiert. Wer, wie die nord-rhein-westfälische SPD bei ihrem rot-grünen Gruben-Un-glück Garzweiler 2, ein Dreckloch zuschüttet, indem sie das nächste aufreißt, der reduziert Umwelt zum Faustpfand für faule Kompromisse im Kampf um die Macht. Umweltschutz ist kein Experimentierfeld für Utopisten, Maschinenstürmer und Fortschrittsverweigerer, sondern muß eingebettet sein in ein politisches Gesamtkonzept, das auch ökonomische Interessen berücksichtigt. Erfolgreicher Umweltschutz kostet Geld, viel

Geld, und setzt deshalb eine prosperierende Wirtschaft voraus. Deutschlands internationaler Spitzenplatz in Sachen
Umweltschutz wäre ohne eine entsprechend leistungsfähi-
ge Volkswirtschaft undenkbar. Wie die Umwelt in einem
Land ohne Wirtschaftswachstum aussieht, war nach dem
Fall der Mauer anhand der Industrie-Kloaken im Osten zu
besichtigen.

Kienzle

UMWELT

Ökologie und Ökonomie sind keineswegs zwei Seiten dersel-
ben Medaille, sondern stehen in einem Spannungsverhältnis
zueinander. Die Versenkung der Bohrinsel »Brent Spar« im
Meer wäre sicherlich billiger gewesen als die Verschrottung an
Land, allerdings nur um den Preis weiterer Belastung der von
Umweltsündern ohnehin schon ziemlich versauten Nordsee.
Jeder umweltpolitische Fortschritt muß gegen eine sich mit allen
erlaubten und unerlaubten Mitteln wehrende Industrielobby
erkämpft werden. Ganz egal, ob es um Einschränkungen beim
Verpackungsaufwand geht oder hinterher um die Müllbeseiti-
gung – mit Vernunft und Einsicht auf seiten der Verursacher ist
nicht zu rechnen. Und wenn ihnen keine andere Ausrede mehr
für ihren fortgesetzten Umweltwahnsinn einfällt, dann ziehen
sie den Knüppel »Arbeitsplätze« aus dem Sack. Zwar hat auch
die Wirtschaft erkannt, daß sich Umweltbewußtsein werbe-
wirksam einsetzen läßt, doch zwischen PR-Anzeigen und Wirk-

lichkeit stinkt es weiter zum Himmel. Erst wenn Umweltschutz
absolute Priorität vor allen anderen politischen Zielen erhält,
kann es gelingen, den Raubbau an Ressourcen und die syste-
matische Naturzerstörung zu stoppen. Ausgerechnet auf diesem Gebiet aber, wo sich die Konservativen nun wirklich als
Bewahrer und Erhalter profilieren könnten, paktieren sie lieber
mit den Zerstörern und Verschmutzern.

Hauser

UNTERNEHMENSBERATER
Führer für Betriebsblinde

Auch das erfahrenste Management ist nicht gefeit gegen Be-
triebsblindheit. Es ist daher durchaus sinnvoll, sich in schwierigen Situationen, aber auch bei geplanten Umstrukturierun-
gen, externen Sachverstand ins Haus zu holen und sich an
Unternehmensberatungen zu wenden. Frei von innerbetrieb-
lichen Abhängigkeiten und vom Ballast alltäglicher Probleme
einer Firma, kann sich der Unternehmensberater ganz darauf
konzentrieren, Abläufe auf ihre Effizienz zu prüfen, Markt-
chancen zu untersuchen, Produktivität und Zukunftsplanung
auf ihre Erfolgsaussichten abzuklopfen. Aufgrund seiner ständig wechselnden Einsätze hat der Unternehmensberater viele
Vergleichsmöglichkeiten und vermag daher wertvolle Anre-
gungen und Ratschläge zu geben. Weil ihm niemand eigene
Karriereinteressen im Betrieb unterstellen kann, gibt man
ihm viel bereitwilliger Auskunft über Schwachstellen und

Defizite, als dies bei internen Untersuchungen der Fall ist. Gerade auch bei Fragen des Personalabbaus ist der Unternehmensberater eine psychologisch wichtige Hilfe. Sein Urteil ist objektiv und richtet sich nüchtern nach Fakten und Zahlen. Solche Objektivierung erleichtert es dem Management, notfalls auch schmerzhafte Entscheidungen zu fällen. Kein Unternehmensberater soll und kann der Geschäftsführung eines Betriebes die Arbeit abnehmen. Aber in Zeiten rasch wachsender und sich rasant verändernder Märkte kann er unschätzbare Lotsendienste leisten.

Kienzle

UNTERNEHMENSBERATER

Todesschwadronen des Kapitalismus

Man erkennt sie schon von weitem, wenn die Killerkommandos wieder auf Beutetour durch Gänge und Flure eilen: gelackte lange Kerls, italienisches Sakko, englisches Schuhwerk, Buttondown-Hemd, im Kalbslederköfferchen das Mobiltelefon, darunter das noch ziemlich druckfeuchte Diplom einer Business School und – natürlich – die Lizenz zum Töten. So haben sie den deutschen Osten aufgemischt, in Grund und Boden saniert und abgewickelt. So patrouillieren und marodieren sie durch kränkelnde Betriebe, die sich für ihre Dienste mal den letzten Groschen, mal bis zu sechsstellige Monatssätze abluchsen lassen. So prägen sie das miese öffentliche Image von Unternehmensberatern als auf Menschen und Mäuse dressierten Todesschwadronen des Kapitalismus. Längst hat sich in der Wirtschaft herumgesprochen: Das Wirken einer Unternehmensberatung erkennt man daran, daß anschließend die Büros schmutzig sind. Weil nämlich als erste Rationalisierungsmaßnahme die Putzfrauen gefeuert wurden.

Ein Management, das sich durch Betriebsfremde die Vorgänge im eigenen Haus erklären lassen muß, leistet den Offenbarungseid und sollte sich umgehend selbst entlassen. Gewiß, ein Unternehmensberater erfährt vieles, was dem Vorstand verborgen bleibt: über das Betriebsklima, zwischenmenschliche Konfliktsituationen, Machtkämpfe und Intrigen. Diese Erkenntnisse kann er seinen Auftraggebern vermitteln. Und dann? Der Unternehmensberater verläßt das Haus unter Mitnahme seines üppigen Honorars, die Probleme aber bleiben, sie sind nicht kleiner, sondern größer geworden. Die grundsätzliche Schwäche des Beraterwesens liegt daran, daß »Consulting-Firmen« zwar gute, auf den ersten Blick einleuchtende Ratschläge geben können, aber für ihre Umsetzung keinerlei Verantwortung übernehmen. In vielen Fällen dient das Heranziehen von Unternehmensberatern betriebsblinden und führungsschwachen Topmanagern als reines Alibi für unangenehme Entscheidungen. Es kündigt sich halt leichter, wenn man sich zur Begründung auf ein Gutachten von außen berufen kann.

URLAUB

H

Noch Fragen, Kienzle?

K

Ja, Hauser: Wohin fahren Sie eigentlich in Urlaub?

H

Diesmal in die Schweiz.

K

Ihr Geld besuchen?

H

Nein, Kienzle, nach einem Jahr mit Ihnen sehne ich mich nach neutralem Boden.

K

Aber deswegen müssen Sie doch nicht gleich aus der Europäischen Union fliehen.

H

Sie haben ja keine Ahnung, Kienzle. Die Schweiz hat alle europäischen Vorzüge, aber ohne die Nachteile: Soviel Sonne wie in Italien, die Küche so gut wie die französische und die Währung so stabil wie in Deutschland. Und wohin fahren Sie?

K

Nach Südfrankreich. Hat alle Vorzüge von Mainz, aber ohne den einen großen Nachteil – nämlich ohne Sie, Hauser.

H

Vernichten Sie den Roten, wo immer Sie ihn treffen!

K

Und Sie, werden Sie in der Sonne nicht noch schwärzer, als Sie sowieso schon sind!

Hauser

VERGANGENHEIT

Kein anderes Land hat sich so selbstkritisch und umfassend
mit den dunklen Kapiteln seiner Vergangenheit auseinandergesetzt wie die Deutschen. Es bedeutet nicht, die Untaten des
Nationalsozialismus zu relativieren, aufzurechnen oder zu
verkleinern, wenn man darauf hinweist, daß Verbrechen nicht
nur von Deutschen, sondern auch an Deutschen verübt wurden. Fünfzig Jahre nach Kriegsende sollte der Blick frei sein,
auch die Schreckenszeit des Dritten Reiches mit dem historischen Abstand zu betrachten, den wir gegenüber anderen
Epochen der deutschen und europäischen Geschichte ein-
nehmen. In aller Welt wird die demokratische Entwicklung
Deutschlands anerkannt, ebenso unsere Bemühungen um
Aussöhnung mit den Juden nach all dem Leid, das wir über sie
gebracht haben. Wir müssen mit unserer schrecklichen Vergangenheit leben. Aber niemand im Ausland erwartet von uns
ständige öffentliche Selbstgeißelung. Es gibt auch eine nach
vorne gerichtete »Vergangenheitsbewältigung«: Eintreten für
Frieden, Freiheit und Menschenrechte, Kampf gegen Rassen-
haß und Ausländerfeindlichkeit sowie aktive Solidarität mit
unterdrückten Völkern.

Kienzle

VERGANGENHEIT

Winston Churchill hat gesagt: »Die Deutschen hat man entweder an der Gurgel oder unter dem Stiefel.« Fünfzig Jahre nach dem Ende der nationalsozialistischen Schreckensherrschaft haben Schlußstrich-Befürworter Hochkonjunktur: Schluß mit dem Fingerzeig auf deutsche Verbrechen, Schluß mit der Scham darüber, was wir den Völkern Europas und den Juden angetan haben. Wann ist endlich Schluß mit solchen Einladungen zum Vergessen und Verdrängen? Wir müssen uns nicht permanent Asche aufs Haupt streuen und die jüngere Generation mit Schuldgefühlen für etwas beladen, an dem sie selbst unschuldig ist. Aber wie sollen wir angesichts brennender Ausländerheime und Synagogen unseren Kindern klarmachen, was da schon wieder bei uns passiert, wenn nicht durch Aufklärung über die damit verbundene deutsche Vergangenheit? Es darf nicht so weit kommen, daß Trauerarbeit eine deutsche Pflichtschuld wird, um die sich nur noch der Bundespräsident an Gedenktagen und auf Auslandsreisen kümmert. Erinnern tut weh. Das mindestens sind wir den Opfern schuldig.

Hauser

VOLKSEMPFINDEN

Wenn Linke das Wort Volksempfinden in den Mund nehmen
und ihm das Adjektiv »gesund« voranstellen, dann klingt es, als
müßten sie sich gleich übergeben. Nur zu verständlich, denn
die Mehrheit des Volkes empfindet vieles ganz anders als die
Weltverbesserer vom Dienst. Das Volk findet es als gerecht,
wenn jemand, der arbeitet, mehr verdient als einer, der nicht
arbeitet. Das Volk empfindet Mitleid mit Menschen, die an-
derswo aus politischen oder rassistischen Gründen verfolgt
werden, aber das Volk reagiert empfindlich, wenn echte Asylanten und Wirtschaftsflüchtlinge hierzulande gleich behandelt werden. Das Volk empfindet es als Binsenweisheit, daß
wir nicht die Verfemten und Beladenen aus der ganzen Welt
bei uns aufnehmen können. Das Volk lebt gerne mit Ausländern zusammen, empfindet aber den Wunsch, im eigenen
Lande weiterhin die Mehrheit sein zu dürfen. Das Volk findet
sich selbst nicht besser, aber auch nicht schlechter als die
Angehörigen anderer Völker. Das Volk empfindet gesunden
Stolz auf das Geleistete und fragt sich, was daran verwerflich
sein soll. Ist es ein Wunder, daß so viele Linke das Volk nicht
mögen?

Kienzle

VOLKSEMPFINDEN

Das »gesunde Volksempfinden« wird immer dann beschworen, wenn es darum geht, Vorurteile und Stammtischparolen in rechte Politik umzusetzen. Ressentimentgeladene Ausländer- und Asylpolitik, Angstmache beim Thema innere Sicherheit, Ausspielen der sozial Schwachen gegeneinander: lauter empfindliche Punkte, die beim Volk zu falschen Emotionen führen. Das dumpfe Gefühl des Volkes, daß etwas faul ist im Staat der D-Mark, daß die Reichen immer reicher und die Armen immer ärmer werden, daß sich Volksvertreter nur im Wahlkampf für das Befinden des Volkes interessieren – das halten rechte Politiker weder für Volksempfinden noch für gesund, sondern für Folgen linker Volksverhetzung. Gespür fürs Volk beweist man nicht dadurch, daß man ihm nach dem Munde redet, sondern indem man sich fragt, warum das Volk so und nicht anders empfindet. Dabei stellt sich oft genug heraus, in welch hohem Maße Information und Aufklärung das Volksempfinden beeinflussen können. Aufgabe von Politikern ist nicht, den Durchlauferhitzer für die niederen Instinkte zu spielen, sondern mit Vernunft, Weitblick und überzeugenden Argumenten Kopf und Bauch in Einklang zu bringen.

WERBUNG
Harmonie der Harmlosen

                                                        H
       Noch Fragen, Kienzle?

K

Ja, Hauser: Warum ist Werbung im deutschen Fernsehen eigentlich noch immer so stockbieder und langweilig?

                                                        H
       Jedes Volk kriegt die Werbung, die es verdient.

K

Nein, Hauser, in der Fernsehwerbung spiegelt sich die Humor-
losigkeit der deutschen Unternehmerschaft wider. Was witz-
mäßig über grölende Affen hinausgeht, wird nicht zur Sendung
freigegeben.

                                                        H
       Werbung paßt sich immer dem Horizont der Kund-
       schaft an. Die Franzosen verkaufen alles mit Erotik,
       sogar Klopapier, bei den Briten ist schwarzer Humor
       angesagt, die Amis orientieren sich an ihrer Spielfilm-
       kultur – jeder besinnt sich eben, bevor er seinen Spot
       produziert, erst mal auf die nationale Identität.

K

Etwas Schlimmeres kann uns gar nicht passieren. Deutsche
Erotik riecht nach Kernseife, deutscher Humor ist wie holländi-
sches Parfüm, und deutsche Kinokultur ist wie englische Küche.
Oder könnten Sie sich »Doc Schneider« oder »Rennschwein
Rudi Rüssel« als Inspiration für geistreiche Werbespots vor-
stellen?

H
Vielleicht liegt es daran, daß bei uns vergleichende Werbung verboten ist. Wenn man der Konkurrenz eins verplätten darf, macht's gleich viel mehr Spaß – und der Werbeeffekt ist spürbar größer. Siehe Hauser & Kienzle.

K
Ach, Hauser, wir machen doch nur Stellvertreterscherze für Politikverdrossene. Wir profitieren zufällig davon, daß deutsche Politiker noch humorloser sind als die Moderatoren deutscher Politmagazine. Wenn ich allein an die Werbepleiten im letzten Bundestagswahlkampf zurückdenke …

H
Das waren vor allem Pleiten, Pech und Pannen des gescheiterten SPD-Kandidaten Scharping. Erst verwechselte er medienwirksam brutto und netto. Dann übte er im Osten die Kohabitation mit der PDS, präsentierte wenig später prominente CDU-Wähler als Berater. Zum Schluß ließ er sich auch noch von einem Lifestylemagazin als Spätyuppie kostümieren und posierte mit Armani-Brille fürs Modefoto.

K
Wo eine Brille ist, ist auch ein Weg. Scharping hat vielleicht den richtigen Rahmen noch nicht gefunden. Aber er blickt wenigstens voll durch.

H
Fragt sich nur, ob er auch durchhält. Welches Trendsignal wollte er denn mit seiner Politklamotte in »Max« setzen? Genossen! Ab sofort ist Armani-Sozialismus angesagt! Die SPD – jetzt auch Partei der Besserverkleideten?

K

Und Kohl? Auf dem Plakat plötzlich ohne Brille! Da bekam man
es doch mit der Angst. Der sah aus wie ein Opa, der aus
präseniler Eitelkeit und zum blanken Entsetzen der ganzen
Familie plötzlich ohne Sehhilfe Auto fahren will.

H

> Er fuhr aber zum Wahlsieg – mit Politik ohne Bart und
> ohne Brille!

K

Kohl war damals wie heute die einzige Werbeinsel der CDU. Im
Meer der Gesichts- und Gewichtslosen reichte offenbar schon
die Fatamorgana eines dicken Wohlstands-Schwarzen, um die
Zielgruppe an die Urne zu treiben. Die CDU selbst hat inzwischen weniger Attraktivität als eine x-beliebige Zigarette. Da
hilft auch keine Werbung mehr. »Lucky Strike, sonst nichts«
funktioniert noch. »CDU, sonst nichts« – das ist wohl ein für
allemal vorbei.

H

> Na, na, Kienzle, Scharping-Plakate haben die Mitglie-
> der des Art Director's Club of Germany auch nicht
> gerade erotisiert.

K

Aber offenbar den Kanzler. Neben Scharping hingen immer
wieder Plakate mit der Behauptung: »Kohl kommt …«

H

> Wahlplakate sind immer irgendwo daneben, Kienzle,
> das ist ihre Aufgabe. An diese Form vergleichender
> Werbung haben wir uns inzwischen gewöhnt. Woran
> ich mich nicht gewöhnen kann, das sind die Wahlwer-
> bespots im Fernsehen.

K
Die sind der letzte Beweis dafür, daß Wahlkampf nichts mehr mit Politik zu tun hat, sondern mit Putzmittelwerbung. Darum sollten die Parteien gefälligst auch für ihre Wahlspots in unserem Programm bezahlen. Wer sich wie Meister Propper anpreisen läßt, der leistet keinen Beitrag zur politischen Willensbildung, sondern zur optischen Umweltverschmutzung.

H
Wenn wenigstens die Einschaltquoten stimmten! Aber diese langweiligen Parteienspots würden doch allesamt an der Fünfprozenthürde scheitern, dürften sie nicht gratis auf unsere eigenen Quoten Schiffchen fahren.

K
Und das mit Filmchen, die qualitativ selbst für deutsche Werbeverhältnisse weit unter Normalnull liegen.

H
Muß daran liegen, Kienzle, daß auch CDU-Werbung hauptsächlich von Leuten ausgetüftelt wird, bei denen unter schwarzem Seidenanzug, schwarzem Dreitagebart und schwarzer Armani-Brille ein rotes Herz schlägt.

K
Unter Brillen schlägt kein Herz, Hauser.

H
Wäre ein guter Slogan für Fielmann.

K
Sehen Sie, so einfach ist Werbung.

H
Und weil das alle glauben, Kienzle, klagen die Werbeleute bei uns immer über mangelnde gesellschaftliche

Akzeptanz. Deutsche Werbefritzen streben nämlich
immer nach Bedeutung. Doch die wird ihnen bei uns
verweigert. Ganz im Gegenteil zum benachbarten
Ausland. In England, Frankreich und Italien gehört
Werbung zur Kultur-Avantgarde.

K

Und bei uns: Zwanzig Jahre lang schuften sie als Sklaven des
Kapitalismus – und mit 45 treten sie dann bei Greenpeace ein
und texten Parolen gegen Shell. Irgendwie peinlich! Peinlich ist
übrigens das Schlüsselwort des deutschen Werbers. Er hat eine
Urangst davor, peinlich zu sein.

H

Na, im Zeitalter der politischen Korrektheit haben sie
ja viel Gelegenheit, weiter ihre bedeutsamen, humor-
freien und stockbiederen Spots zu produzieren. Und
sich dafür innerhalb der Branche gegenseitig auszu-
zeichnen.

K

Werbung wird gesellschaftlich erst für voll genommen, wenn
sie eine andere Botschaft hat als »Kauf mich!«.

H

Benetton hat versucht, eine andere Message rüberzu-
bringen. Ist ganz entsetzlich schiefgegangen.

K

Dabei ist es denen doch nun wirklich geglückt, eine Diskussion
in Gang zu bringen mit ihren drastischen Plakaten. Endlich mal
Werbung, die nicht lügt, sondern ganz gemein die Wahrheit
sagt.

H

Der Bundesgerichtshof sieht das anders, Kienzle. Mitleid mit ausgebeuteten Kindern, Aids-Infizierten und

Kriegsopfern für Werbezwecke zu mißbrauchen ist »grob sittenwidrig« und verletzt die Menschenwürde.

K

Aber Hauser, wer beutet denn Kinder schamloser aus als die Werbung? Wer hat den Golfkrieg benutzt, um in Kuwait eine beispiellose Werbeschlacht für Cola und Hamburger zu inszenieren? Wer erweckt per Anzeige und Fernsehspot rund um die Uhr den Eindruck, fast jede Krankheit sei rezeptfrei heilbar – und weist nur unter Zwang auf »Risiken und Nebenwirkungen« hin? Der eigentliche Zynismus findet doch in der täglichen Werbung statt. Benetton hat sich nur erlaubt, der gesellschaftlich sanktionierten Geschmacklosigkeit den Spiegel vorzuhalten.

H

Um damit noch mehr Leibchen zu verkaufen! Das eben macht die Sache zum Skandal. Keiner hindert Benetton daran, in Großanzeigen das Elend dieser Welt anzuprangern. Doch das ist keine Aufgabe für die Werbeabteilung. Sobald ich mein Etikett draufklebe, mache ich mich unglaubwürdig. Denn ich erwecke den Eindruck, wer Benetton-Hemden kauft, leistet damit einen Beitrag gegen Aids, Krieg und Kinderarbeit.

K

Wenn Politiker sich wie Produkte anpreisen lassen, ist gerade dieser Eindruck erwünscht: Wählt mich – ich löse alle eure Probleme! Auch ein Fall für den Bundesgerichtshof?

H

Eher fürs Fegefeuer der Peinlichkeiten. Das Mitleid deutscher Werber mit Benetton hält sich übrigens in Grenzen. Von Politkampagnen haben die erst mal genug.

K
Es gibt ein Buch, »Die Konsensgesellschaft«, da ist nachzulesen,
warum unsere Zeit nichts wirklich Aufregendes mehr hervor-
bringt. Keiner will anecken, jeder pegelt sich auf das Niveau
seiner Umgebung ein, Profilierung und Prominenz gelten als
Verstoß gegen die Harmonie der Harmlosen. Paßt ganz besonders auf die Werbebranche.

H

> Dann lieber weiter mit Ihnen, Kienzle, vergleichende
> Werbung in *Frontal.*

K
Uns ist ja nichts peinlich, gell, Hauser?

Hauser

WESTBINDUNG

Es ist das große Verdienst Konrad Adenauers und der Konservativen, den Verlockungen Stalins in bezug auf ein neutrales
Deutschland widerstanden zu haben und die demokratische
Bundesrepublik fest in die westlichen Bündnisse Montan-
union (Vorläufer der Europäischen Wirtschaftsgemeinschaft)
und Nato einzubinden. Erst die – von links heftig bekämpfte
– Verankerung im Westen ermöglichte die spätere Ostpolitik,
die ja lange vor der sozialliberalen Koalition eingeleitet worden war. Jeder »neutrale« deutsche Alleingang nach Osten
wäre bei unseren westeuropäischen Nachbarn auf Mißtrauen
und Ablehnung gestoßen. Helmut Kohl hat diese Politik

Adenauers konsequent fortgesetzt, als er in der heftigen Aus-
einandersetzung um den Nato-Doppelbeschluß jeden deutschen Sonderweg, etwa die Schaffung einer atomwaffenfreien
Zone in Mitteleuropa, ablehnte und die Bundesrepublik als
zuverlässigen Partner fest an der Seite der westlichen Allianz
hielt. Dieses Vertrauen in deutsche Berechenbarkeit und
Bündnistreue war Grundlage für die rasche Zustimmung der
drei westlichen Siegermächte zur Wiederherstellung der
Einheit. Und wieder hat Kohl Wort gehalten, als er dafür
zusicherte, die Rolle des Motors für die europäische Einigung
zu übernehmen.

Kienzle

WESTBINDUNG

Stalins Angebot, im Gegenzug für die Schaffung eines neutra-
len Gesamtdeutschlands schon in den fünfziger Jahren die Einheit zu ermöglichen, ist damals leider ohne gründlichePrüfung
ausgeschlagen worden. Möglicherweise wären den Menschen
in der »Zone« Jahrzehnte der Unterdrückung erspart geblieben. Bis 1969 blieb deutsche Außenpolitik darauf beschränkt,
mit Hackenschlag alle Beschlüsse Washingtons hinzunehmen –
Rechtfertigung des Vietnamkriegs und Unterstützung des
Schah-Regimes inklusive. Erst nach der Regierungsübernahme
durch die sozialliberale Koalition begann die Bundesrepublik,
sich aus der Vasallen-Rolle zu lösen und mit der Ostpolitik
deutsche Interessen in die eigene Hand zu nehmen. Bei seinem

Bemühen um die europäische Integration kann Helmut Kohl
sich heute mehr auf die Unterstützung der Linken verlassen als
auf Teile seiner eigenen Partei. Zum vertrauensvollen Umgang
in der EU gehört allerdings auch, daß man Meinungsverschie-
denheiten nicht unter den Teppich der Diplomatie kehrt, sondern beispielsweise dem französischen Staatspräsidenten Chirac offen sagt, auf welche Welle der Ablehnung er mit der
Wiederaufnahme von Atomversuchen stößt. Überall in der
Welt – und auch bei seinem Partner Deutschland.

Hauser

XENOPHOBIE

Der Wunsch nach Erhalt der eigenen kulturellen Identität
wird oft vorschnell als Xenophobie (Fremdenfeindlichkeit)
diffamiert. Es ist leicht, sich im Villenviertel über Ängste von
Menschen zu mokieren, in deren 300-Seelen-Dorf 160 tami-
lische Asylbewerber zwangseinquartiert sind. Auch linksli-
berale Eltern werden xenophobisch, wenn ihr Kind in der
Schule nur noch zwei deutsche Klassenkameraden inmitten
von 25 türkischen Kindern vorfindet. Andauernde Propagie-
rung der multikulturellen Gesellschaft, als handele es sich
dabei um ein immerwährendes Straßenfest, baut Überfrem-
dungsängste kaum ab, sondern führt in manchen Teilen der
Bevölkerung zu unterschiedlichen Formen von Xenophobie.

Kienzle

XENOPHOBIE

Xenophobie ist nicht angeboren, sondern wird gezüchtet. Übersteigertes Nationalgefühl und die fixe Idee, als Deutscher sei man etwas Besonderes, tragen bei zur Ablehnung von Fremden und Fremdem. Es ist kein Zufall, daß sich Xenophobie besonders bei Unterprivilegierten und sozial Schwachen ausbreitet. Wer durch unsoziale Politik auf die unteren Stufen der Gesellschaft verbannt wurde, sucht verzweifelt jemanden, der noch unter ihm steht, und findet im Regelfall die Ausländer. Wo Ursachen von Armut und Angst vor sozialer Deklassierung erfolgreich bekämpft werden, verliert die Xenophobie ihren wichtigsten Nährboden.

Hauser

ZEITGEIST

In den Medien weht er noch ein wenig, der linke Zeitgeist, aber in der Bevölkerung findet er kaum noch Widerhall. Statt dessen setzt sich die Erkenntnis durch, daß eine Gesellschaft, die nur ihre Rechte einfordert und keine Pflichten auf sich nehmen will, keine gute Zukunft hat. Nachlassende Bereitschaft zu sozialen Bindungen und zur Übernahme von Verantwortung für andere hat die Menschen nicht freier, sondern einsamer gemacht. Durch die deutsche Einheit ist den Menschen wieder bewußt geworden, wie sehr wir alle aufeinander angewiesen sind. Die sogenannten Sekundärtugenden erobern sich allmählich wieder ihren alten Stellenwert. Es geht dabei aber nicht um die Ablösung von linkem durch rechten Zeitgeist, sondern um Wiederherstellung eines Stücks Normalität. Um die Einsicht nämlich, daß der Mensch nicht vom Brot allein lebt und daß erst die Anerkennung gemeinsamer Wertmaßstäbe aus 80 Millionen Individuen eine humane, sich selbst und anderen verantwortliche Gemeinschaft macht.

Kienzle

ZEITGEIST

Als Folge des Einigungsprozesses hat sich das allgemeine Klima in Deutschland deutlich nach rechts verschoben. Um die Auswirkungen jahrelanger ungerechter Verteilungspolitik zu kaschieren, predigen Konservative jetzt Rückbesinnung auf alte Werte und Tugenden, deren Fehlen schuld sein soll an der Verdrossenheit in der Gesellschaft. Auch die Medien setzen statt auf Aufklärung und Vernunft immer mehr auf Emotionen. Sie geben den Menschen Steine statt Brot. Was rechter Zeitgeist, dem sich auch eine Reihe frustrierter Liberaler und Linker angeschlossen hat, an Rezepten bietet, ist nicht viel mehr als Sehnsucht nach ein bißchen heiler deutscher Welt. Hier bahnt sich absichtsvolle Entpolitisierung an, eine neue Denkfaulheit, die Gesellschaftskritik als Nörgelei und Kritikastertum empfin-

det, Konflikten aus dem Wege geht und Ersatzbefriedigung in
privaten Nischen sucht. Es scheint fast so, als mache sich ein
Stück DDR-Nostalgie jetzt in ganz Deutschland breit.

DAS HAUSER-KIENZLE-PRINZIP
Phänomenologie eines binären Codes

1.
Hypothese
Dem Paarungserfolg der konträren Phänotypen Hauser und
Kienzle liegt ein simples Naturgesetz zugrunde, demzufolge
Gegensätze sich nicht nur anziehen, sondern einander bedin-
gen und ohne einander nicht lebensfähig sind.

2.
Erbinformation
Schon im chemischen Bauplan der Schöpfung, der DNS oder
Deshauserkienzlenikotinsäure, erkennen wir deutlich das spi-
ralförmig eng umschlungene Urmuster der später sogenannten
Doppelhelix frontalis.

3.
Mythologie
Erste urkundliche Erwähnung findet das Hauser-Kienzle-Prin-
zip in der griechischen Sagenwelt, in Gestalt des unzertrenn-
lichen Zwillingspaares Castor und Pollux, die in wöchentlichen
Abständen füreinander durch Himmel und Hölle gehen.

4.
Reformationszeit
In der Zeit der großen Glaubenskriege manifestiert sich der
binäre Hauser-Kienzle-Code im Antagonismus von Martin Luther und Thomas Müntzer, wobei Müntzer das Prinzip der
permanenten Revolution verkörpert, während Luther mehr zu
Thesenhaftigkeit und Regierungsnähe neigt.

5.
Geniezeit
Eine nie wieder erreichte Blüte des Hauser-Kienzle-Prinzips
erleben wir Ende des 18. Jahrhunderts, als der linke Feuerkopf
Friedrich Schiller mit seinen »Räubern« nahezu extremistische
Ziele vertritt, während sein Alter ego Goethe in Weimarer
Staatsdiensten das Gute, Wahre und Schöne hochhält.

6.
Industriezeitalter
Die Frühzeit der Kapitalismuskritik wurzelt in der Hauser-
Kienzle-Kohabitation des reichen Unternehmers Friedrich Engels mit dem armen Finanztheoretiker Karl Marx. Ein revolu-
tionäres Gespann, nicht ohne fatale Spätfolgen.

7.
Medienzeitalter
Anfang des 20. Jahrhunderts mendeln sich aus all den bisherigen Verkörperungen des dualen Systems zwei neue Phänotypen hervor, die wir unschwer als Vertreter des Infotainments
erkennen. Amerikanische Wissenschaftler reklamierten die
Entdeckung für sich und tauften sie auf die Namen Laurel und
Hardy. Wir aber wissen es besser und ahnen, wessen unmittel-
bare Vorläufer wir hier vor uns haben.

ZWEIERLEI MASS

Kleines linkes Smalltalk-Lexikon

Kienzle

Abwickeln. – Schiefgewik-kelte westdeutsche Wieder-vereiniger kompensieren in der Ex-DDR nachträglich die unterlassene BRD-Entnazifi-zierung, damit Fußkranke aus den Alt-Ländern im Osten doch noch Karriere machen können.

ADAC. – Straff in »Gaue« organisierter deutscher Auto-wahnsinn. Genuine Massen-bewegung gegen Tempolimit und Umweltbewußtsein, die mitgliedermäßig alle ande-ren Interessenverbände (Ge-werkschaften, Parteien, Kirchen, Sportvereine) in den Auspuff schauen läßt.

Kleines rechtes Smalltalk-Lexikon

Hauser

Abwickeln. – »Unsere Da-men wickelten ihre 2000 Meter Brust ab«, berichtete der unvergessene Sportmo-derator Heinz Maegerlein über Menschen, die ins Schwimmen geraten waren. Auch wenn das einem Staat passiert, müssen die nackten Tatsachen ans Licht.

ADAC. – Demokratisch legi-timierte Vertretung von Au-tofahrern, lauter Menschen wie du und ich, doch immer wieder angegriffen von einer Neidhammelherde aus grün-fundamental getarnten Acht-undsechziger-Senioren, die ihren alten Gleichmacher-fimmel inzwischen an unse-rem Tacho austoben.

Kienzle

Ampel. – Deutsche Version des Geßler-Hutes, vor der man sogar nachts um halb drei auf völlig leerer Strasse in Ehrfurcht erstarrt. Ampeln heben immerhin das Gesetz auf, wonach der von rechts Kommende regelmäßig die Vorfahrt hat.

Asyl. – Außerordentlich hehrer Grundsatz, der bei uns als Folge der NS-Greuel noch immer hochgehalten wird. Seit der schlauen Erfindung des »sicheren Drittlands« ist Deutschland für Asylbewerber allerdings ein »unsicheres Zweitland« geworden.

Begrüßungsgeld. – Ein Instrument aus dem Kalten Krieg, das dazu dienen sollte, DDR-Bürger in das Wirtschaftswunderland zu locken. Wurde daher konsequenterweise sofort nach dem Mauerfall

Hauser

Ampel. – Wo Politik nicht mehr weiterweiß, installiert man gern eine Ampel-Koalition, bei der möglichst alle Farben gleichzeitig leuchten sollen. Aber auch wenn Grün uns noch so heftig zublinkert, Rot heißt nun mal, »nichts geht mehr«.

Asyl. – Wichtiges Grundrecht, doch bis zum sogenannten »Asylkompromiß« oft genutzte Möglichkeit, auch unter Zuhilfenahme professioneller Schlepper, das Geld des deutschen Steuerzahlers zu kassieren, um so das Einkommen aus dem Drogenschmuggel aufzubessern.

Begrüßungsgeld. – Damit begrüßt seit einiger Zeit der Staat Brandenburg seine Neugeborenen als zukünftige Steuerzahler. Vermutlich eine Idee des Ministerpräsidenten Stolpe, der in der Entgegen-

Kienzle

unter großer allgemeiner Be-
geisterung annulliert.

Betreff. – Grundstufe der
Steigerung: 1. »Betreff«, 2.
»Betroffener«, 3. »betroffen«.
1 ist die Sache, 2 ist der, den
sie angeht, und 3 ist das politisch korrekte Triefauge, das
mit seiner »Wut und Trauer«
die Öffentlichkeit nervt.

Bundesadler. – Rechtsorien-
tiertes Wappentier, das je
nach Lage seine Krallen aus-
oder einfährt und zur Zeit
wieder mal sicherheitshalber
seinen Schnabel ein bißchen
wetzt, da nun die europäische Hackordnung neu be-
stimmt wird.

Buschzulage. – Zum 1. 1. '95
auf einheitlich 450 Mark ge-
kürzte »Aufwandsentschädi-
gung« für Westbeamte im
Osten, die auf das ohnehin
höhere Westgehalt draufge-

Hauser

nahme von Prämien eine gewisse Erfahrung besitzt.

Betreff. – Wieherlaut des
deutschen Amtsschimmels,
der dem Bürger vortäuschen
will, daß das Amt hiermit
knapp und präzise mitteile,
um was es wirklich gehe. Zu
Risiken und Nebenwirkun-
gen fragen Sie Ihre Rechts-
mittelbelehrung.

Bundesadler. – Stark abge-
magerter Vogel, dessen Darstellung über der
Rednertribüne des alten
Bundestags immer an Styro-
por denken ließ, was damals
ziemlich genau dem Zustand
der von ihm Repräsentierten
entsprach.

Buschzulage. – Zeigt, was
verhätschelte Westbeamte von
ihrer eigenen Fürsorgepflicht
gegenüber dem Staat halten:
nichts. Als zusammenwuchs,
was angeblich zusammenge-

Kienzle

sattelt wird. Schon der offizielle Name sagt überdeutlich,
wie der Westen den Osten
sieht.

Chaot. – Wer herrschendes
Chaos dergestalt verkörpert,
daß er sich in der Wahl seiner Mittel vergreift, wird von
den Organisatoren des
Chaos gern Chaot genannt,
auf daß jedermann erkenne,
wer das Problem ist und wer
die Lösung.

Dichter & Denker. – Berech-
tigtes nationales Eigenlob insofern, als wir technisch
genügend begabt sind, um
bei Bedarf einen Wasser-
hahn zu dichten. Deutsche
Denker denken mehr als andere, darunter ist aber leider
auch erheblich mehr Mist.

**Durchführungsverord-
nung.** – Der Österreicher hat
die Idee, der Deutsche führt
sie durch, sagt der Dichter

Hauser

hörte, war die Zulage gelegentlich höher als das Gehalt
eines Ostdeutschen.

Chaot. – Rowdy, der von
einer linksliberalen Journaille, die selber gern mal so
richtig die Sau rausließe,
dazu aber sogar vor ihrem
Computer zu feige ist, immer
wieder mit falschem Mitleid
von oben bis unten zuge-
schäumt wird.

Dichter & Denker. – Be-
tagtes Firmenmäntelchen
eines Volkes, das (anders als
die Franzosen) seine Dichter
und Denker nie sonderlich
schätzte und sich selbst
lieber als supereffiziente Macher mit sagenhaftem Organisationstalent sieht.

**Durchführungsverord-
nung.** – Anders als das ihr
zugrundeliegende Gesetz
wird sie von Fachleuten der

Kienzle

Gregor von Rezzori. Dabei hat auch der Deutsche eine Idee, die nämlich, daß es einer VO bedarf, wenn alles gnadenlos »durchgeführt« werden soll.

Einwegflasche. – Grüner Schlüsselbegriff, der die Vergeudung von Ressourcen symbolisiert. Der Einweg ist in Wirklichkeit eine hervorragend ausgebaute Einbahnstraße in den ökologischen Untergang. Die Lehre daraus kann nur das Leergut sein.

Fahne. – Alkoholisierter Atem. Tritt oft in Verbindung mit einem gefärbten Stück Stoff auf, das die gleiche Bezeichnung trägt. Die öffentliche Kombination beider Fahnentypen ist meist das Resultat einer doppelten Bewußtseinstrübung, genannt Nationalrausch.

Hauser

Exekutive in Zusammenarbeit mit der Wirtschaftslobby erstellt und ist daher oft die letzte Rettung des Gesetzgebers vor seinen eigenen Produktionen.

Einwegflasche. – Grüner Schlüsselbegriff aus der Rotations-Zeit. Sollte die Vergeudung politischer Ressourcen symbolisieren. Die Mandatsweitergabe bereits nach einer halben Legislaturperiode wurde abgeschafft, die alten Flaschen durften sitzen bleiben.

Fahne. – In Deutschland sind ihre Farben ein untrüglicher Hinweis auf die Couleurs der sogenannten »bürgerlichen« Presse. Der politische Teil ist dort überwiegend schwarz, das Feuilleton traditionell rot, und der Wirtschaftsteil steht auf Gold. Da weiß man, was man hat.

Kienzle

Gemütlichkeit. – Viel bestaunter temporärer deutscher Geisteszustand, der ob seiner Ingredienzien nicht exportfähig ist. Denn die Gemütlichkeit beim Kameradschaftsabend der KZ-Wachmannschaft macht uns so schnell keiner nach.

Gott. – Eine noch immer gern geglaubte Hypothese, die wegen beliebiger Auslegbarkeit von den Rechten zu politischen Zwecken instrumentalisiert wird. So er existierte, wie geschrieben steht, hätte sein Zornesblitz die C-Parteien längst zu Asche gemacht.

Heavy metal. – Schwermetalle heißen so, weil sie uns das Leben schwermachen. Der übelsten eines ist das Cadmium, das die menschliche Biomasse immer mehr ausfüllt. Von ihm werden wir genommen, ge-

Hauser

Gemütlichkeit. – »Mild, weich wie Butter! … Ihr möchtet alle Welt mit Samthandschuhen anfassen, und doch schlagt ihr gleich (!) mit dem Kolben drein, wenn ihr meint, daß ihr euch endlich (!) wehren müßt« (Karl May über die Deutschen).

Gott. – Wesen, das manche aus der Präambel des Grundgesetzes herausoperieren möchten, weil sie offenbar glauben, daß Gott darauf angewiesen ist, im Vorwort des GG zu stehen. Diesem Irrglauben hängen aber auch etliche seiner Verteidiger an.

Heavy metal. – Anderes Wort für »Bundeswehr«. Das sind Grüne, die ganz schön tough sein müssen, bis endlich auch der letzte Schlaffi kapiert hat, daß der Weltfriede in und out of area – trotz Bündnis 90 – leider

Kienzle

säugt und dereinst darein gebettet.

Ius Sanguinis. – Von den Nazis überlieferte Erblast, wonach ein Russischsprechender, dessen Vorfahren von Katharina der Großen zu den Reussen geholt worden sind, »blutmäßig« deutsch ist, der hier aufgewachsene Türke aber nicht.

Limes. – Vorläufer der DDR-Westgrenze, den man aber – anders als jene – gegen die Feinde von außen und nicht gegen die Opposition von innen errichtet hatte. Wurde später von den Deutschen überrannt, die schon immer etwas gegen Rom hatten.

LPG. – Der nachträgliche Erfolg der »Landwirtschaftlichen Produktions-Genossenschaften« in der Ex-DDR zeigt: Die wahrhaft schöpfe-

Hauser

immer noch nicht ausgebrochen ist.

Ius Sanguinis. – Dürfte in manchen Fällen das vermeintliche Recht zum Blutvergießen verhindert haben. Denn wer Fremde hereinholt, damit deren Kinder eines Tages die Renten zahlen, programmiert, gewollt oder nicht, blutige Konflikte.

Limes. – Von den Römern in Germanien eingerichtete und befestigte Zivilisationsgrenze, die noch heute cum grano salis die mediterrane Kultur christdemokratisch regierter Bundesländer von den nordischen Rotbärten scheidet.

LPG. – Beweist, daß die neuen / alten Herren damals ihren Marx und seinen Spruch von der »Idiotie des Landlebens« gelesen haben.

Kienzle

rische Weiterentwicklung
des Marxismus-Leninismus ist
die GmbH & Co KG. Wenn
das Erich Honecker gewußt
hätte!

Mitbürger, jüdischer. – Die
sprachliche Übertreibung
(»Mit«-) demonstriert das Defizit in der Sache. »Jude« ist
semantisch zu schwach,
»Bürger« auch, es muß der
total mitmenschliche »Mitbürger« sein, wenn die Synagogen brennen.

Mitte. – »Verlust der Mitte«
war der Schlachtruf einer
konservativen Kulturkritik in
den fünfziger Jahren, die
auch Helmut Kohl geprägt
hat. Seit damals drängt alles
in ihm zur Mitte, wie Leibes-
umfang und Wahlerfolge
beweisen.

Nachtbackverbot. – Menschen, die sich nicht vorstellen können, daß der Bäcker

Hauser

Denn sie behandeln ihre
Bauern, deren Land und
Geld sie seit 1989 ergauner-
ten, wie die hinterletzten
Idioten.

Mitbürger, jüdischer. –
Der deutsche Bürger ist der
Burger-King im Lande, über
ihn redet man nicht. Der
Mitbürger ist sein Anhängsel.
Dem so Bezeichneten wird
damit bedeutet, er solle doch
froh sein, daß er endlich
mitmachen darf.

Mitte. – Wo alle Parteien
von der Zwangsvorstellung
getrieben sind, koste es, was
es wolle, die »Mitte« zu be-
setzen, darf man sich nicht
wundern, wenn dabei nichts
anderes als schiere Mittelmä-
ßigkeit herauskommt.

Nachtbackverbot. – Mu-
sterbestimmung einer über-
regulierten Ökonomie, die

Kienzle

in der Nacht nicht bäckt, lesen gelegentlich »Nacktbackverbot« und träumen von Orgien in der Backstube, die Bonn seinen braven Bürgern vermasselt hat.

Naturidentisch. – Anderer Ausdruck für »Chemie im Lebensmittel«, mit der etwas produziert wird, dessen Herstellung auf natürliche Weise zu teuer ist. Mit dem Begriff geht die Industrie noch immer erfolgreich auf Dummenfang.

Nibelungen. – Urdeutsches Epos, in dem die Tumbheit eines starken blondblauäugigen Germanen die ganze Sippe in ein gnadenloses Stalingrad führt, das bis zum allerletzten Mann ausgekämpft wird. Hoheslied deutscher Lust an der Götterdämmerung.

Hauser

inzwischen immer kleinere Brötchen bäckt, weil Deutschlands Juristen bekanntlich alles können und daher selbstverständlich auch statt der Bäcker am Trog stehen.

Naturidentisch. – Genaueste Beschreibung der »Grünen«. Hier fühlt sich ein den wahren Gesetzen der Natur völlig entfremdeter, da von der öffentlichen Hand alimentierter, intellektueller Mittelstand mit ihr so richtig identisch.

Nibelungen. – Mit dem Zusatz »Nibelungen« wird die »Treue« vorwiegend von den Leuten als »Sekundärtugend« madig gemacht, für welche die nur mit ziemlich großer »Treue« zu managende deutsche Einheit von vornherein ein rotes Tuch war.

Kienzle

Null. – Findet sich neuerdings meist dann mutterseelenallein vor dem Komma, wo es um die realen Einkommenszuwächse der Abhängigen geht, und wird von den Leuten bestimmt, die davon selbst ein paar zuviel auf dem Gehaltsstreifen haben.

Oberlehrer. – Mann, der ein deutsches Laster zum Beruf gemacht hat. An ihm scheitert die Wiedervereinigung, da hier die einen belehren dürfen, die anderen aber zuhören müssen. Das können weder Ost- noch Westdeutsche seelisch verkraften.

Ozonloch. – Ein Loch, das unsere Verbindung zum Himmel dergestalt öffnet, daß eines Tages eine Menge Leute dort erheblich schneller reinkommen werden; Hoechst-Manager mit ihren sehr seltsamen FCKW-

Hauser

Null. – Wer selbst eine ist, sieht um sich herum nichts anderes, sei es die »Stunde Null«, die »Nullrunde« oder das »Nullwachstum«. Letzteres (genauer: Nullenwachstum) steigt in Deutschlands Industrie und Verwaltung immer rasanter.

Oberlehrer. – Tritt gern mit Klarsichtmappe auf und heißt dann zum Beispiel Hans-Jochen Vogel. Er will geliebt werden und wird meist nicht einmal gefürchtet. Sein Problem: Auch wer tatsächlich alles besser weiß, heißt »Besserwisser«.

Ozonloch. – Politisches Loch Ness, daß in jeder News-Pause auftaucht. Früher hätten deutsche Techniker überlegt, wieso es von dem Zeug unten zuviel und oben zuwenig gibt. Heute ordnen deutsche Länderpar-

Kienzle

»Ersatz«stoffen natürlich ausgenommen.

Pflicht. – Moralischer Joker,
der immer dann gezogen
wird, wenn der Grund des-
sen, was man angeblich tun
soll, nicht einsichtig oder gar
völlig widersinnig ist. Heute
bedeutet das Ausspielen der
Pflicht-Karte nicht mehr automatisch »Schluß der De-
batte«.

Protestant. – Anhänger
einer historischen Revolution,
die die Christenheit endgültig spaltete. Sehr deutsch,
da er seit Martin Luther immer nur den Altar, nicht aber
den Thron stürzen wollte. Ur-
protestant Luther mutierte am
Ende sogar zum Fan von
Krone & Altar.

Hauser

lamente nach Gutdünken an,
daß Autos ein bißchen langsamer fahren müssen.

Pflicht. – Von allen Seiten
vernimmt man anschwel-
lende Bocksgesänge, wonach
mit »Null Bock« keine Zu-
kunft zu machen ist. Die
Kids haben schon längst begriffen, was ihren Eltern
noch schleierhaft ist. Sie
wollen sich in die Pflicht
nehmen lassen.

Protestant. – Längst ange-
paßte Frühform des religiösen Protestierers, der sich
inzwischen voll in seine erstaunlich kargen Kirchen
eingekuschelt hat und dies
gelegentlich mit allzu mo-
disch-politischen Protesten
zu kompensieren sucht. Die
Steigerung von realitätsfrem-
dem Protestantismus heißt in
manchen Gegenden Sozial-
demokratie.

Kienzle

Querdenken. – Definiert sich am Mainstreamdenken. Wenn der Mainstream mäandert, steht der Querdenker plötzlich mittendrin (Grüne) und ein sturer Geradeausschwimmer draußen (Kinkel). Und beide wissen nicht, wie ihnen geschah.

Romantik. – Dieser genuine deutsche Beitrag (Musik, Literatur) zur Weltkultur fiel deshalb so überzeugend aus, weil er aus der noch heute nachwirkenden Abscheu dieses Landes vor der heraufziehenden Industriezivilisation geboren wurde.

Satire. – Wird bei uns meist nur als der Pfeffer zum Pfeffersteak genossen. Wo die Ansprüche steigen, mag man es inzwischen etwas raffinierter. Da wir die Juden, die es am besten können, nicht

Hauser

Querdenken. – Inzwischen bereits bis auf den Level von Pastor Schorlemmer abgesunkenes politisches Kulturgut. Heutzutage werden sogenannte Querdenker von ihren PR-Managern auf allen Märkten ausgeschrieben und sind schon deshalb keine.

Romantik. – Deutsche Grundströmung des 19. Jahrhunderts, deren politischer Zweig (Hegel, Marx) von einer selbst erschreckend politromantisch denkenden Schreiberkaste als solcher entweder nicht erkannt oder beschämt vertuscht wurde.

Satire. – Institution aus dem deutschen Anbiedermeier, wo die schlimmsten aller gnadenlosen Populisten wirken. Wendet sich an die Bessermeinenden und scheitert genau so wie die F.D.P.

Kienzle

haben wollten, bleibt das
Ganze oft fade.

Sauerkraut. – Urdeutsche
Sättigungsbeilage, von der
unser Spottname »Krauts«
abgeleitet wurde. Schmeckt
seltsamerweise am bestem
im Elsaß, was sehr für den
wohltuenden Einfluß der
französischen Kultur in unserem Lande spricht.

Serbe. – Hat zwei große
Defekte: Er ist orthodox, und
er hat im Krieg als Partisan
gegen uns gekämpft, statt
wie die Kroaten mit uns brav
Juden und Serben zu massakrieren. Daher predigen
rechte Blätter: Serbien muß
sterbien!

Sparpaket. – Wer in
Deutschland spart, schnürt
ein »Paket«. Das hat was Ka-
ritatives und täuscht darüber

Hauser

mit ihrem Appell an die »Besserverdienenden«.

Sauerkraut. – Ergebnis
einer Konservierungsme-
thode, mit der man Men-
schenfutter mittels Silage
über den Winter brachte.
Kann wie viele andere ur-
sprüngliche Arme-Leute-Es-
sen exzellent schmecken.
Tip: Richtig konservieren
macht Sinn.

Serbe. – Balkanbewohner,
der sich irrigerweise noch
immer für einen Angehöri-
gen des Jugo-Staatsvolkes
hält und demzufolge das
Territorium mit einer grau-
enhaften Neuauflage des NS-
Terrors (Neonationalismus
plus Altsozialismus) über-
zieht.

Sparpaket. – Leider keine
Änderung im Posttarif, sondern die immer wieder neu
aufgelegte Mogelpackung,

Kienzle

hinweg, daß die Bundesregierung immer bei den »Kleinen« einspart, die inzwischen die Annahme solcher »Pakete« strikt verweigern.

Vertriebener. – Von einmalig grauenhaftem Unrecht zeugender Sonderstatus, der nur deutschen Menschen eigen sein und außerdem zum Glück auch noch vererbt werden kann. Trachtenträger, der Kritikern gern eine Tracht Prügel anträgt.

Weihnachten. – Seines christlichen Inhalts entleerter Event, bei dem die aufwendige Verpackung verschleiern soll, daß er dem Ausgleich emotionaler Kontenstände dient. Wurde so zum Festposten in der Jahreskalkulation des Einzelhandels.

Hauser

mit deren Hilfe Bonn den Regierten seinen durch nichts zu erschütternden Sparwillen dartun möchte. Kontostand: weiter im Minus.

Vertriebener. – Seit Deutsche nicht mehr die Betroffenen sind, hat man sich eine genauere Bezeichnung dieses Vorgangs angewöhnt: »ethnische Säuberung«. Würden unsere Vertriebenen jetzt wenigstens als »Ethnisch Weggesäuberte« ernst genommen?

Weihnachten. – Der einschlägige »Konsumrausch« (süßer die Kassen nie klingeln) ist ein von Discount-Satirikern hochgejazzter und von überbezahlten, atheistischen Zeilenschindern alle Jahre wieder nachgebeteter langweiliger Standard.

Kienzle

Wendehals. – Ein Land, in dem mit einem Schlag so ziemlich alle von Nazis zu Demokraten mutiert sind, entdeckt voll Abscheu einen Haufen »Wendehälse« in den Neuen Bundesländern. Da wendet der Betrachter seinen Hals mit Grausen.

Zugewinnausgleich. – Regelung, mittels welcher der Staat die im Laufe der Jahre schwächer werdende eheliche Liebe durch die Liebe zum Vermögen ersetzt, um so die Ehe als kleinste »Zelle« der Gemeinschaft doch noch zu retten.

Hauser

Wendehals. – Besonders im deutschsprachigen Raum heimischer Vogel. Wendet den Hals gruppenweise zu bestimmten Zeiten auf Kommando in jede beliebige Richtung. Hackt nach Unangepaßten, die den ihren zur falschen Seite drehen. Stark verbreitet im Journalismus.

Zugewinnausgleich. – Ungefähr 130 Milliarden transferierte Mark pro Jahr, die Ossis als Ausgleich für den Zugewinn »D-Mark« (anstelle der Alu-Chips) erhalten. Trat nicht im Fall einer Scheidung, sondern durch »Wiedervereinigung« ein.

REGISTER